ESSAIS

SUR

L'ENSEIGNEMENT.

IMPRIMERIE DE BACHELIER,
rue du Jardinet, 12.

ESSAIS

SUR

L'ENSEIGNEMENT EN GÉNÉRAL,

ET SUR

CELUI DES MATHÉMATIQUES

EN PARTICULIER;

PAR S. F. LACROIX.

QUATRIÈME ÉDITION,

REVUE ET CORRIGÉE.

PARIS,
BACHELIER, IMPRIMEUR-LIBRAIRE
POUR LES MATHÉMATIQUES,
QUAI DES AUGUSTINS, n° 55.

1838

TABLE DES MATIÈRES.

INTRODUCTION.

PREMIÈRE SECTION.

SECONDE SECTION.

DE L'ENSEIGNEMENT DES MATHÉMATIQUES.

FIN DE LA TABLE.

ESSAIS

SUR

L'ENSEIGNEMENT EN GÉNÉRAL,

ET SUR

CELUI DES MATHÉMATIQUES

EN PARTICULIER.

BUT DE L'OUVRAGE.

Au moment où l'Instruction publique vient de recevoir une nouvelle organisation (1), où a cessé d'exister un ordre de choses entravé par des obstacles de tout genre, qui n'a pu être jugé dans le calme de la raison, ni apprécié par une expérience suffisamment continuée et dé-

---

(1) La première édition de cet Ouvrage a paru dans l'an XIV (1805).

gagée de toutes les circonstances étrangères à la nature des institutions; enfin qui, depuis sa naissance jusqu'à sa destruction, a été attaqué par toutes sortes d'hommes et par les raisons les plus opposées, il est à propos, ce me semble, de fixer, au moins pour l'histoire, le véritable caractère de ces institutions; de chercher si, parce qu'elles ont été créées après la tourmente révolutionnaire, elles n'étaient en effet que le résultat de l'exagération qui a causé tant de maux, ou si, amenées par le progrès des lumières, et conformes aux vues des plus grands hommes du dernier siècle, elles étaient propres à accélérer le développement de l'esprit humain; enfin de présenter un résumé des effets qu'elles ont produits pour la restauration des études, et des observations auxquelles elles ont donné lieu sur les diverses méthodes d'enseignement.

Dans cette discussion, on rencontrera

peut-être des principes généraux, indépendans de toute opinion particulière, de toute circonstance politique, et qui tiennent le milieu entre ces oscillations auxquelles l'espèce humaine paraît condamnée depuis long-temps. Tels sont les motifs qui m'ont fait entreprendre cet ouvrage : j'y consignerai les résultats d'une longue expérience dans l'enseignement, acquise dans des écoles très diverses, par des méthodes très variées, et sous l'influence de régimes administratifs très opposés.

Appelé en l'an III (1794) à coopérer au rétablissement de l'Instruction publique, j'ai vu de près les difficultés qu'on avait à surmonter; j'ai long-temps médité sur les mesures que l'on proposait, ou qu'il était nécessaire de prendre pour consolider le nouveau système d'Instruction; j'ai connu les causes qui ont empêché le succès de ces mesures, ou qui se sont opposées à ce qu'on les prît. Enfin, étranger à tous les partis, et placé dans des circonstances qui m'ont permis de n'être qu'observateur dans la crise violente que nous avons éprouvée, je n'ai rien à dissimuler, rien à considérer derrière moi qui puisse m'empêcher de dire la vérité tout entière, ou du moins ce que je prends pour elle.

INTRODUCTION.

De la Culture des Mathématiques pendant le dix-huitième siècle, et de leur influence sur la marche de l'esprit humain dans cet intervalle.

Dans chaque âge de l'histoire des sciences, on voit celles qui prennent un accroissement plus rapide jeter un plus grand éclat, attirer l'attention générale, devenir en quelque sorte à la mode, et donner à cet âge une impulsion et un caractère qui influent, soit en bien, soit en mal, sur le progrès des lumières, selon que l'esprit s'est attaché à des objets réels, ou qu'il n'a poursuivi que des fantômes.

La philosophie scolastique, enfantée dans un siècle à demi barbare, par des hommes ignorans et superstitieux, qui portaient dans la culture des lettres le mauvais goût qu'on remarque dans les monumens qu'ils nous ont laissés, retarda long-temps l'heureuse influence que l'étude des poètes, des historiens et des philosophes de l'antiquité, devait exercer sur les esprits.

Renversée par la philosophie cartésienne,

qui donnait plus de prise à la raison, qui parlait un langage plus intelligible et plus précis, qui était contemporaine des découvertes les plus importantes dans les Mathématiques et la Physique, la Philosophie scolastique laissa enfin un champ libre aux méditations des bons esprits; et les pas de la raison furent marqués par la perfection du langage, qui ne s'épure que quand le jugement préside au choix et à la liaison des mots, et qui ne s'enrichit que par les idées nouvelles que suggère l'observation attentive de la nature morale et de la nature physique; mais c'était à peine l'aurore du beau jour que les découvertes mathématiques de Newton, de Leibnitz et de leur école préparaient à une génération destinée à perfectionner ce que ces grands hommes avaient commencé, et à rétablir dans ses droits la raison si longtemps étouffée sous le poids des préjugés.

L'hommage que je rends ici aux Mathématiques, en leur attribuant au moins en grande partie l'honneur d'avoir dirigé la marche de l'esprit humain pendant le dix-huitième siècle, n'est point une de ces exagérations que dicte souvent l'intérêt qu'on attache à l'objet dont on s'est le plus occupé. Tous les hommes qui n'ont point consacré leur existence entière à ranger des mots, à étayer avec des lieux communs, cent fois rebattus, la plus mauvaise cause, quand elle est celle de leurs intérêts ou de leurs préjugés, mais qui ont cherché à perfectionner leur jugement autant qu'à meubler leur tête, n'auront pas manqué d'observer combien a dû s'agrandir l'esprit humain, lorsque, aidé des nouveaux calculs et de la loi féconde et admirable de la gravitation, il a conquis le ciel en pénétrant dans son immensité, pour y tracer la route des corps dont l'éclat l'embellit.

Ces sublimes découvertes, le titre le plus imposant sur lequel le génie de l'homme puisse fonder sa dignité, demeurèrent d'abord concentrées dans le pays qui les avait vues naître, tant les sectateurs de Descartes mirent de chaleur à en arrêter la propagation. Les hommes savent si peu, quelle qu'en soit la fausseté, renoncer aux idées dont ils ont été imbus dans l'âge d'où partent leurs souvenirs, qu'à un très petit nombre d'exceptions près, ce n'est dans toute une nation que la jeunesse qui embrasse et fait prévaloir une opinion ou propage des faits nouveaux. C'est ainsi qu'il a fallu tout le zèle qu'apportent à se signaler dans la carrière des sciences ceux qui y font leurs premières armes, pour introduire en France la philosophie de Newton, repoussée par les vieilles universités, à peu près de la même manière que l'avait été celle de Descartes.

La philosophie de Newton était, à la vérité, soutenue par un auxiliaire puissant, le calcul, dont les résultats non-seulement s'accordaient avec l'observation, mais la prévenaient dans les circonstances délicates qu'elle n'avait pas encore développées. Ce n'était plus, comme par les tourbillons de la matière subtile, une explication vague de la manière dont les phénomènes pouvaient se produire : leur quantité aussi bien que leurs formes étaient susceptibles d'une détermination précise; mais cette théorie, telle que l'avait présentée son inventeur, était à la portée de bien peu d'hommes, même parmi ceux qui prenaient alors le titre de géomètres.

Cédant à l'usage établi, de ne regarder comme dignes de voir le jour que les propositions démontrées à la manière des anciens, Newton, plutôt pour parer son ouvrage que pour cacher la marche qu'il avait suivie, supprima la méthode dont il s'était servi dans ses recherches; et la foule des savans, incapable de renouer le fil qu'il avait rompu, criait que l'attraction ressuscitait les causes occultes, bannies avec raison de la philosophie par Descartes. On n'était pas encore parvenu à reconnaître que, dans quelque science que ce soit, il faut nécessairement partir de faits bien observés, les combiner ensuite les uns avec les autres, soit pour découvrir ce qu'ils ont de commun, ou la manière dont ils s'engendrent respectivement, soit pour montrer ce qui doit résulter de leur succession, et avoir la sagesse de ne rien prononcer sur la nature des causes qui les produisent. Recueillir des faits, en déduire des résultats, les appliquer aux circonstances où ils doivent se reproduire, voilà la marche que doit suivre notre esprit pour arriver à la vérité; car c'est ainsi que la nature le développe dans notre première enfance.

S'il fallait éclaircir le livre immortel des *Principes mathématiques de la Philosophie naturelle*, il n'était pas moins nécessaire d'en perfectionner les détails, et d'aborder des questions que l'illustre auteur n'avait fait qu'entrevoir. L'école de Descartes et celle de Leibnitz ayant mis dans tout son jour la supériorité de l'analyse algébrique sur l'analyse et la synthèse géométriques, exclusivement connues et cultivées par les anciens, il était convenable de l'appliquer aux problèmes de Mécanique transcendante, auxquels Newton avait réduit la détermination des circonstances du mouvement des corps célestes, et qu'il n'avait résolu généralement que dans le cas le plus simple; mais il fallait d'abord agrandir les moyens du calcul.

Le hasard, qui accumule si rarement à une même époque les talens du même genre, fit naître, pour hâter le triomphe des nouvelles méthodes, des hommes qui les mirent rapidement en état de se prêter à ce qu'en exigeait l'Astronomie physique. Clairaut, d'Alembert et Euler, s'élançant à la fois dans la carrière, laissèrent bien loin les rivaux qui avaient tenté d'y courir avec eux. Lagrange, Laplace, Legendre, qui furent leurs disciples, ou qui leur succédèrent sans intervalle, portèrent au plus haut degré de perfection les monumens élevés à la science par leurs maîtres. Ce n'est pas ici le lieu de développer les moyens par lesquels ils se sont ouvert la route qu'ils ont parcourue avec un succès si éclatant, de parler des travaux qui furent comme le prélude de leurs brillantes découvertes, des rencontres heureuses qu'ils ont faites dans le cours de leurs recherches : ces détails appartiennent à l'histoire complète des Mathématiques pendant le dix-huitième siècle, et j'ai seulement dessein de rappeler les causes et les circonstances qui ont porté ces sciences au degré d'illustration qu'elles ont atteint de nos jours.

Des vérités remarquables, mais ensevelies dans des calculs et des formules bien supérieures aux connaissances élémentaires répandues dans l'instruction publique, et seulement confirmées par les travaux que quelques astronomes exécutaient dans le silence de leurs observatoires, n'auraient pas suffi pour tourner tous les regards vers les nouveaux progrès de l'Analyse, si les hommes qui la cultivaient n'eussent contracté des liaisons avec l'un de ces génies étonnans par leur facilité et leur fécondité, que la nature semble avoir formés pour faire passer jusqu'aux dernières classes des esprits tout ce qui se fait de beau, tout ce qui se conçoit de grand et d'utile parmi le petit nombre de ceux qui vivent retirés dans le sanctuaire des sciences. Revêtus des formes techniques, les premiers ouvrages d'Analyse et de Mécanique transcendantes seraient restés long-temps ignorés entre les mains d'un très petit nombre de lecteurs, si Voltaire ne s'était empressé d'orner de leurs plus importans résultats, les productions aussi variées qu'agréables qu'il répandait à pleines mains chaque année.

Qui pourrait nier que ses *Élémens de la Philosophie de Newton*, tout imparfaits qu'ils soient sous le rapport scientifique, que son *Épître à Mme Duchâtelet*, où le Système du Monde est décrit en vers comparables aux plus beaux morceaux de Lucrèce, et une foule de traits semés dans la plupart de ses poésies, n'aient popularisé et les fruits des veilles des géomètres, et les opérations savantes exécutées dans les voyages entrepris pour vérifier la figure que, par sa théorie seule, Newton avait assignée à la terre. Mais si les Sciences mathématiques durent beaucoup à Voltaire, il est permis de dire qu'il retira pour sa gloire un grand profit de la connaissance qu'il prit des richesses qu'elles acquéraient sous ses yeux, et de l'attention qu'il donna au commerce des plus célèbres géomètres.

Quel esprit judicieux oserait, par exemple, assurer que c'est à l'éducation qu'il reçut au Collége des Jésuites, que Voltaire dut les succès aussi nombreux que variés qu'il a mérités et obtenus pendant sa longue carrière? Je laisse aux littérateurs à discuter le rang qu'il doit tenir parmi les hommes qui se sont illustrés par le charme des vers, qui ont marché plus ou moins heureusement sur les traces des anciens; mais personne ne contestera que le caractère distinctif de Voltaire, qui lui attache un plus grand nombre de lecteurs, qui le recommande le plus à la postérité, est l'étonnante variété qu'il a su mettre dans ses ouvrages, la facilité avec laquelle il a su prendre tous les tons pour plaire et pour instruire. Est-ce dans les froides leçons de ses régens, dans leurs déclamations ampoulées, dans cette nuée de poètes latins modernes, incapables de produire quelques bons vers français, qu'il a puisé les moyens de soutenir cette variété enchanteresse? Non, mais bien dans la multitude de connaissances qu'il avait acquises par lui-même, dans ses immenses lectures ; c'est pour avoir beaucoup observé, beaucoup pensé, beaucoup appris, qu'il est devenu l'écrivain de son siècle qu'on relit le plus souvent et avec le plus de fruit. Sans doute il fallait son génie pour mettre en œuvre les matériaux qu'il avait accumulés dans sa tête : l'abeille a besoin de ses organes pour élaborer le suc qu'elle recueille sur les fleurs ; mais l'éducation ancienne était aussi loin de pouvoir fournir ces matériaux, qu'un désert aride est peu propre à procurer une abondante récolte de miel.

Frappés de l'attention que le public donnait à des matières dont il ne s'occupait point, avant qu'une plume élégante ne leur eût prêté des charmes, les savans conçurent qu'il y allait de leur gloire à cultiver l'art d'écrire, à étendre leurs idées hors du genre auquel ils s'étaient consacrés ; que des connaissances accessoires pouvaient relever l'objet principal de leurs études, et en les délassant de leurs méditations abstraites, les initier aux objets qui intéressent le plus la société, dont ils s'étaient jusque là trop isolés.

Deux géomètres, Maupertuis et d'Alembert, donnèrent les premiers dans leur siècle, l'exemple de la culture des lettres et de la philosophie morale, alliée à celle des sciences exactes, mais l'un, emporté par une imagination trop ardente, un amour-propre trop irritable, abandonna la Géométrie pour se livrer à une métaphysique au moins hardie, et à des querelles qui empoisonnèrent ses jours; tandis que l'autre, conservant dans ses écrits la modération qu'il montra constamment dans sa conduite, devint l'un des plus ardens promoteurs de la nouvelle, de la vraie philosophie, sans renoncer aux recherches profondes qui lui firent si long-temps goûter la paix, ce bien qu'on ne trouve qu'en se dérobant aux regards des hommes, qu'on perd lorsqu'on s'élève dans leur opinion, et surtout quand on attaque avec succès leurs préjugés.

Si des critiques aussi injustes qu'amers, étrangers à toutes les connaissances positives, et ne s'attachant qu'à de vains sons, auxquels ils donnaient le pas sur la vérité, refusèrent toute espèce de mérite aux productions littéraires de D'Alembert, le temps les a remises à la place qu'elles devaient occuper. Le Discours préliminaire de l'Encyclopédie fut regardé par les hommes impartiaux, même dès qu'il parut, comme le modèle du style qui convient aux matières graves de la philosophie, aussi bien qu'aux sciences de faits : on y reconnut, ainsi que dans plusieurs morceaux des *Mélanges de Littérature*, l'empreinte de la justesse d'esprit, perfectionnée par l'étude des sciences exactes, et ornée par la culture des lettres, par le goût des beaux-arts.

L'habitude de raisonner sur des matières où la plupart des termes, rigoureusement définis, n'ont point de synonymes, et dont les propositions sont circonscrites dans des limites trop précises pour se prêter à des comparaisons qui embrassent toujours plus ou moins que l'idée qu'on se propose de rendre sensible par leurs secours, qui exagèrent ou atténuent les rapports qu'on veut faire ressortir; cette habitude, dis-je, semble devoir conduire à une manière d'écrire privée du nombre et dépourvue des images qui donnent du mouvement et de la vie au style; mais l'imagination qu'on ne peut refuser à ceux qui font de grandes découvertes dans quelque genre que ce soit, seulement enchaînée par des détails sévères, retrouve sa chaleur dès qu'il se présente des sujets qui la comportent.

D'ailleurs ce que le style didactique perd en agrément, il le gagne en précision. En le soignant, on parvient à éviter les répétitions trop fréquentes, le concours des mauvais sons qui offenseraient l'oreille, tandis que la rencontre du mot propre, l'évidence de la liaison des idées qui se touchent immédiatement par les faces les plus analogues, répandent une lumière qui plaît aux esprits solides. Si c'est avec le style élevé qu'il faut parler aux hommes réunis, parce qu'ils ne sont alors susceptibles d'être mus que par leurs passions, c'est avec le style exact qu'on doit présenter les objets soumis à la méditation solitaire, moyen le plus convenable dans l'organisation actuelle des sociétés pour répandre l'instruction. En offrant un modèle auquel on pouvait espérer d'atteindre, lorsqu'on possédait bien sa langue et le sujet qu'on voulait traiter, les écrits du genre de ceux qu'a publiés d'Alembert sur les matières littéraires et philosophiques, ont rendu inexcusable l'auteur qui négligerait dans un ouvrage de quelque nature que ce fût, la pureté de l'élocution et l'ordre des idées; mais il a servi bien plus utilement encore les progrès de la raison, en prêtant à des vérités attaquées par tous les préjugés en crédit, l'appui du nom qu'il s'était acquis par ses grandes découvertes en Mathématiques; et quoiqu'il puisse arriver qu'en raisonnant juste sur des objets bien définis, on erre sur ceux qui présentent un plus grand nombre de faces, ou sont susceptibles de beaucoup de modifications accidentelles difficiles à prévoir et à énumérer, la confiance que les gens du monde accordent à l'homme qui s'est distingué dans les méditations profondes qu'exigent les recherches épineuses de la Géométrie et du calcul, n'est pas sans quelque fondement.

C'était principalement sur cette confiance que Diderot avait appuyé le succès de l'Encyclopédie, dans laquelle, à travers une multitude inévitable d'articles insignifians, il espérait faire passer quelques traits utiles aux progrès de la raison, qui seraient facilement démêlés par les esprits préparés pour les saisir, et qui échapperaient aux regards de la sottise. Son espérance ne fut pas réalisée : la sottise a, pour la défense de son empire, les yeux beaucoup plus perçans qu'on ne croit, et sut prévoir le coup que la philosophie allait lui porter. La persécution commença dès-lors contre les philosophes, qui reçurent le nom d'*Encyclopédistes;* et la persécution compte sur un succès, quand elle a trouvé un nom pour désigner ses victimes. Cependant si les hommes courageux qui plaidaient la cause de la raison eurent à souffrir des attaques de ses ennemis, ces querelles excitant la curiosité des indifférens, en même temps que l'indignation des propagateurs de la philosophie, contribuèrent à répandre les vérités que l'on voulait proscrire : le mouvement fut donné; toutes les branches du système de nos connaissances furent épurées et enrichies.

La métaphysique, rendue par Locke accessible aux esprits justes, qui ne goûtent que les connaissances solides, appuyées sur des faits certains et traitées par une déduction rigoureuse, fut cultivée dans ce sens par Condillac. Il s'occupa beaucoup aussi de celle des Mathématiques, et dut peut-être à ses méditations sur ce sujet la lucidité de ses principes sur l'origine de nos connaissances, sur la méthode propre à faire des découvertes et à les exposer. Les géomètres eux-mêmes avaient déjà senti la nécessité de répandre une nouvelle lumière à l'entrée de l'édifice qu'ils venaient d'élever si haut. Au commencement du dix-huitième siècle, le calcul algébrique, où l'on semble perdre entièrement de vue la nature des objets qu'on y soumet, et arriver comme par enchantement, à un résultat qui se présente quelquefois sous des formes assez difficiles à expliquer, paraissait plutôt propre à éblouir l'esprit qu'à l'éclairer. On ne s'en servait qu'avec l'espèce de crainte qu'inspirent ces instrumens dont la puissance peut tourner contre ceux qui les emploient; mais les prodiges qu'il venait d'opérer et la conformité tant répétée de ses résultats avec ceux de la Géométrie, et même avec les phénomènes physiques, quand il pouvait s'y appliquer, ayant rendu ses expressions familières à ceux qui l'avaient manié si heureusement, ils apportèrent dans la discussion de sa métaphysique cette finesse qu'on remarquait dans les artifices qu'ils avaient imaginés pour augmenter son pouvoir. La manière dont l'Algèbre est présentée dans les Élémens de cette science, que Clairaut publia dès 1748, les réflexions insérées par d'Alembert dans quelques articles de l'*Encyclopédie* et dans ses *Élémens de Philosophie*, sur la marche et les principes fondamentaux des diverses parties des Mathématiques, si propres à satisfaire ceux qui, ne cherchant qu'une instruction générale, n'étudient que pour cultiver leur jugement en l'exerçant sur l'esprit des méthodes, ne furent pas moins utiles à la science que les recherches transcendantes, dont les détails intéressent seulement les personnes qui veulent les appliquer ou les étendre. A mesure que l'analyse s'est développée par les travaux des successeurs de ces grands géomètres, l'ordre des élémens s'est amélioré; et la clarté qu'un enchaînement plus méthodique, une succession plus naturelle, répandent sur les propositions qu'ils renferment, a mis en état d'en compléter la métaphysique.

Condorcet entra dans la lice où s'était signalé d'Alembert. Avec plus de courage encore pour la défense de la philosophie, et un zèle ardent pour la propagation des lumières, sur laquelle il fondait l'espérance d'un perfectionnement indéfini de l'espèce humaine, il eut un style plus élevé, plus vif que celui de d'Alembert. Distingué de bonne heure par quelques vues importantes sur le calcul intégral, le désir de prendre part aux discussions qui intéressaient la société, le détourna souvent des calculs abstraits, où les hommes doués d'une sensibilité vive et d'une imagination mobile trouvent toujours une aridité fatigante dont ils ne sont que rarement dédommagés par l'importance des résultats. Condorcet, prêt à tomber sous la hache des bourreaux, et résolu, pour leur dérober ses derniers momens, de terminer lui-même sa vie, repaissait encore son imagination des progrès que la raison pouvait faire, en appliquant les méthodes de calcul et les tableaux analytiques, au développement et à la classification de toutes les probabilités des évènemens et des opinions relatives à l'ordre social. Il n'avait cessé de rappeler à ces objets le calcul des probabilités, cultivé en premier lieu pour ses applications aux jeux, mais qui peut seul constater comment l'observation répétée du même événement indique la permanence de la cause qui le détermine.

Le goût de l'exactitude, l'impossibilité de se contenter de notions vagues, de s'attacher à des hypothèses, quelque séduisantes qu'elles fussent, le besoin d'apercevoir clairement la liaison des propositions et le but où elles tendent, fruits les plus précieux de l'étude des

Mathématiques, s'étendirent aux autres sciences, par les Académies où chaque membre désire d'abord le suffrage de ses confrères, et principalement de ceux que l'opinion publique honore le plus; et aussi parce que la Géométrie et le calcul entrèrent plus particulièrement dans l'éducation.

Alors la Physique dut s'enrichir non-seulement par des faits nouveaux, mais encore en se débarrassant de la nécessité d'expliquer tous les phénomènes sur lesquels on n'avait pas des données suffisantes.

La Chimie, créée par la soif de l'or et par la crédule espérance de prolonger la vie au-delà du terme que la nature a fixé, était déjà très riche en observations, mais aussi incohérentes que peuvent l'être des remarques faites au hasard, par des hommes qui cherchaient toute autre chose que la perfection d'une science dont ils n'avaient pas même connu le véritable but.

On avait essayé depuis de lier ces observations par une théorie très ingénieuse, mais qui, resserrant la puissance de la nature dans les limites étroites des systèmes de quelques philosophes anciens, présenta bientôt des difficultés insurmontables.

Le défaut de méthode, ainsi que l'imperfection d'une langue fondée sur des rapprochemens bizarres, et non sur des analogies qui, en montrant la connexion des faits, les gravent dans la mémoire, détournaient de la Chimie tous ceux que leur profession n'obligeait pas à l'étudier, lorsque Rouelle et Macquer commencèrent à débrouiller ce chaos, et que Lavoisier, plein des écrits de Condillac, examina avec la plus scrupuleuse exactitude ce qui se passait dans les principaux phénomènes chimiques. De ces analyses, où aucun produit n'avait été négligé, sortit une lumière qui frappa tous les esprits. La Chimie n'enseigna plus comment tous les corps étaient composés avec quatre élémens, mais devint la science qui fait connaître l'action que les diverses substances exercent réciproquement les unes sur les autres, dans le contact de leurs molécules.

Les géomètres, que l'Astronomie physique avaient familiarisés avec les merveilles de la nature, attirés par le nouvel ordre de phénomènes que les chimistes développaient sous leurs yeux, prirent part à des recherches où ils trouvaient l'enchaînement et la précision auxquels ils étaient accoutumés. Laplace, Monge, déjà célèbres par des découvertes importantes dans l'analyse mathématique, concoururent aux grandes et belles expériences qui servent de base à la théorie pneumatique, à la nomenclature méthodique et expressive proposée par

Guyton-Morveau, Lavoisier, Berthollet, Fourcroy, et qui, retraçant avec la plus grande netteté les principaux faits de la science, en a considérablement abrégé l'étude.

Il serait hors de mon sujet d'indiquer tout ce que les travaux des Berthollet, Fourcroy, Guyton, Chaptal, Vauquelin, ont ajouté à la Chimie. Je ne puis non plus m'arrêter sur les intéressantes découvertes de Coulomb dans la Physique, d'Haüy dans la cristallographie qui repose sur des considérations purement géométriques, ni parler des importantes acquisitions de l'Histoire naturelle, aidée surtout par l'Anatomie et la Chimie. L'énumération de ces belles découvertes est devenue inutile ; car l'éclat qui les environne les a fixées dans le souvenir de tous ceux qui s'intéressent aux conquêtes que l'esprit humain fait chaque jour sur l'ignorance.

Le secours mutuel que se prêtent les sciences, à mesure que par leurs progrès, elles acquièrent des contacts plus multipliés, plus étendus, est aussi trop évident aujourd'hui pour qu'il soit nécessaire de le rappeler ; mais il n'est peut-être pas inutile d'observer qu'outre les services qu'elles se rendent réciproquement pour augmenter leurs domaines respectifs, leur rapprochement est le moyen le plus propre à découvrir la méthode générale qui doit diriger l'esprit humain dans la recherche de la vérité. Chaque science ayant reçu de la nature de son objet, de son origine et de ses premiers développemens, un mode de raisonnement souvent vicieux en quelque point, et presque toujours trop particulier, ce n'est que dans leur ensemble qu'on peut espérer de trouver toutes les circonstances qui se rencontrent dans la conduite de nos méditations, et qui sont les matériaux nécessaires pour arriver, par abstraction, à la connaissance de la marche de notre entendement (1). Voilà pourquoi la métaphysique des sciences, qui met pour ainsi dire à part ce qu'elles ont peut-être de plus essentiel, les diverses formes de l'art de penser, au lieu d'être la base de leur édifice, doit en être le couronnement, et comment ce n'est que de nos jours que l'idéologie, réduite à l'analyse exacte des opérations de notre esprit, a fait des pas si remarquables.

C'est ainsi que s'est formé de l'impulsion donnée d'abord par les sciences mathématiques, et bientôt répétée par les sciences physiques, cet esprit de doute et d'examen, de

(1) Locke pensait, à cause de cela, qu'il était nécessaire de prendre une teinture générale des divers objets de nos connaissances. (*Œuvres diverses*, p. 241.)

calcul et d'observation, qui caractérise le dix-huitième siècle. Tout ce qui ne tenait qu'à des combinaisons plus ou moins heureuses de mots, et à des hypothèses même fort ingénieuses, n'eut qu'une célébrité passagère; et comme par malheur l'esprit humain rencontre plus souvent l'erreur que la vérité, le siècle où la raison fit le plus de progrès fut plus occupé de détruire que d'édifier. Mais tandis que l'aspect des maux physiques et moraux dont nous sommes assiégés, des vices dont l'organisation sociale est entachée, plonge dans des méditations pénibles et inquiétantes les esprits profonds qui, mus par une sensibilité réfléchie, ne peuvent s'empêcher de croire à la perfectibilité de l'esprit humain, des hommes que la paresse ou l'égoïsme a soumis irrévocablement à l'empire des préjugés, imputent les orages dont ils furent les témoins à ceux qui en ont été les premières victimes, et condamnent sans examen des progrès qui les ont jetés bien en arrière de leur siècle.

Si on voulait descendre dans l'arène où, comptant plus sur leur audace que sur leurs forces, ils défient ceux qui voudraient défendre la cause de la raison, il serait facile, en opposant les crimes enfantés par l'ignorance et le fanatisme religieux, aux excès qui ont dénaturé les réformes que sollicitait la philosophie, de montrer par l'expérience de tous les temps, qu'il existe au fond du cœur humain un levain qui fermente et produit à certaines époques des fureurs épidémiques dont on ne saurait arrêter le cours. Les passions puisent dans les idées les plus saines des prétextes pour relâcher, par des secousses violentes, tous les liens de la société. L'ambition toujours active appelle à son secours l'envie, qui prend tous les masques pour s'échapper des âmes qu'elle dévore, et produire ses déplorables effets : et de même que le petit nombre de spécifiques que la Médecine possède n'arrêtent pas toujours sur-le-champ le mal auquel ils s'appliquent, mais en abrègent la durée, la philosophie, qu'on veut en vain proscrire, contribua à notre retour à l'ordre, dès qu'elle put faire entendre sa voix après la chute des tyrans.

Si les premiers mouvemens d'une révolution qui devait ébranler l'Europe, faire disparaître plusieurs gouvernemens et renouveler les formes d'un grand état, suspendirent pendant quelque temps la culture des sciences, le besoin ramena bientôt les esprits à ces spéculations. Elles trouvèrent place même dans les discussions de l'Assemblée constituante qui, en décrétant l'uniformité du système métrique, donna lieu aux plus belles opérations géodésiques qui aient été faites jusqu'à présent, et à des recherches de

Physique les plus délicates. Bientôt, obligés de tirer de notre propre sol presque tous les genres d'approvisionnemens pour nos nombreuses armées, nous appelâmes à notre secours la Chimie pour transformer en salpêtre la terre de nos habitations, les débris de nos édifices, et pour préparer l'acier nécessaire à nos ateliers d'armes : ces services et d'autres qu'il serait trop long de détailler ici, plaidèrent si éloquemment la cause des sciences, que la Convention nationale pensa à réorganiser l'enseignement. Alors quelques membres du Comité de salut public, stimulés par les savans qu'ils avaient appelés auprès d'eux pour s'aider de leurs lumières, saisissant l'occasion d'exécuter des plans aussi vastes que nouveaux, proposèrent la formation de l'*École centrale des travaux publics* (1).

Les divers travaux qu'une grande nation fait exécuter, soit pour sa défense, soit pour l'amélioration ou l'embellissement de son territoire, empruntant le secours de presque tous les arts et toutes les sciences, ne sauraient être confiés à des sujets pris au hasard et dépourvus de lumières. Ce n'est que par des études préparatoires très étendues qu'on peut se mettre en état de diriger ces travaux. Quelque variés qu'ils soient

(1) Devenue aujourd'hui *École Polytechnique*.

cependant, ils se classent dans un petit nombre de divisions que la multiplicité des détails qu'elles embrassent ne permet pas de réunir dans une seule tête, mais dont les principes généraux sont communs ou s'appuient réciproquement. Séparer, pour en faire la matière d'une instruction générale, ces principes, des détails particuliers à chaque division qui ne peuvent être enseignés que dans une école spéciale, tel fut le but que se proposèrent Monge, Berthollet, Fourcroy, Guyton et Prieur, fondateurs de l'École centrale des travaux publics.

Les uns devant aux fonctions qu'ils avaient remplies avant la révolution, une connaissance exacte des besoins des services publics, les autres livrés depuis long-temps à l'enseignement, et tous profondément versés dans les sciences, conçurent et exécutèrent le projet de substituer à ces écoles partielles, où de jeunes privilégiés prenaient avant la révolution, des notions incomplètes de Mathématiques pures, une grande école où 400 élèves choisis d'après leur capacité, sans distinction de naissance ni de fortune, recevraient sur l'ensemble des sciences mathématiques, sur la Chimie, la Physique, les principes généraux des arts de construction, de l'attaque et de la défense des postes militaires, des leçons des maîtres les plus distingués, et seraient exercés sous leur inspection aux divers genres de *tracé*, de dessin, et aux manipulations chimiques. Accumuler dans un seul établissement fixé au milieu de la capitale, sous les yeux des premiers savans, et sous la protection immédiate du gouvernement, les élèves, les maîtres et les moyens d'instruction, c'était augmenter l'intensité de ce foyer de lumières, en multipliant d'une part les efforts et de l'autre l'attention; c'était faire contracter aux jeunes gens des liens d'amitié qui devaient par la suite produire l'union des corps où ils allaient entrer, et assurer leur concours pour le bien public, en faisant cesser les prétentions et les jalousies qui ne se sont manifestées que trop souvent; c'était intéresser à la gloire et aux succès de ces mêmes corps, les hommes qui dans les sciences fixaient les regards de l'Europe éclairée (1).

La beauté de ce premier plan réveilla dans tous les esprits le goût de l'étude; et l'École centrale des travaux publics donna, sur toute l'étendue du territoire français, un grand élan vers la culture des Mathématiques, tandis que

(1) Par la suite, les cours qui avaient pour but de faire connaître à tous les élèves, les principes généraux des arts de construction et de l'art militaire, furent supprimés.

dans son intérieur elle faisait faire des prodiges aux maîtres comme aux élèves. Les uns y ont créé des méthodes nouvelles, les autres à peine sortis de son sein, se sont placés au rang des savans (1).

Un autre établissement, conçu peut-être à l'envi du premier, sur un de ces plans qu'on ne peut enfanter que dans un temps où les moyens de ceux qui gouvernent semblent illimités, venait d'être créé pour former des maîtres qui répandissent tout à coup, jusqu'aux frontières de la République, les derniers perfectionnemens des connaissances humaines. Si cette idée gigantesque qui donna naissance à la première *École Normale*, ne put recevoir une exécution complète; si, en appelant à Paris, sous le titre d'*Élèves*, 1500 personnes la plupart avancées en âge, habituées à d'anciennes méthodes, quelques-unes même portées là par des motifs tout-à-fait étrangers aux sciences, on ne put raisonnablement espérer de former 1500 maîtres habiles; il n'en est pas moins vrai que cette école donna une impulsion prodigieuse aux esprits. Une compression terrible ayant anéanti l'instruction publique en France,

---

(1) Déjà plus de vingt de ces élèves ont été admis dans l'Institut de France.

ce n'était que par un choc aussi violent qu'on pouvait lui rendre le mouvement qu'elle avait perdu ; et il faut l'avouer, aucun moyen n'était plus propre que l'École Normale à produire cet effet.

Contrariée par les circonstances physiques aussi bien que par les circonstances politiques (1), cette école n'eut qu'une courte existence; mais les leçons que Lagrange, Laplace, Monge, Berthollet, Haüy, Daubenton, Garat, Volney et d'autres hommes distingués, donnèrent dans cet intervalle, firent naître la plus grande émulation, non-seulement entre les élèves capables de goûter ces leçons et d'en profiter, mais encore parmi tous ceux que l'amour des sciences associait à chaque tentative que l'on faisait pour en ranimer la culture.

Par les faits que je viens de rappeler, il est impossible de méconnaître l'influence que les Mathématiques ont eue sur la restauration des sciences, et comment, en attirant les regards, elles devinrent l'objet principal de la première éducation. En conduisant immédiatement à l'École Polytechnique, elles ouvraient aux

---

(1) Un hiver très rigoureux (celui de 1794 à 1795) et une disette occasionée en partie par la chute du papier-monnaie.

jeunes citoyens, appelés sans distinction à servir la patrie, la carrière dans laquelle ils pouvaient s'élever le plus tôt au grade d'officier, ou qui, en les introduisant dans les services civils, les dégageait d'une obligation au-dessus de leurs forces physiques. Est-il étonnant que la jeunesse désireuse de l'avancement militaire, rendu si prompt et si honorable par les succès de nos armées, et les parens qui voulaient soustraire leurs enfans aux hasards de la guerre, préférassent à toutes les autres une étude indispensable à l'accomplissement de leurs vœux les plus ardens ?

Sans doute cette prédilection, poussée à l'excès, dégénéra dans un engouement nuisible à la propagation des autres branches de l'instruction, non moins nécessaires au développement complet de l'esprit, et d'une utilité bien reconnue pour la plupart des relations sociales. Aussi vit-on reparaître dans les *Écoles centrales*, substituées aux anciens Colléges, consacrés presque uniquement aux langues anciennes, l'enseignement des lettres groupé avec celui des sciences, et formant un cours d'études où les jeunes gens qui n'avaient que peu de temps à donner à leur éducation pouvaient suivre immédiatement les parties les plus convenables à la profession qu'ils se proposaient d'embrasser, moyen inappréciable pour répandre les théories utiles aux arts et au commerce. Dans le peu de temps qu'elles ont subsisté, les Écoles centrales ont rendu de grands services, en appropriant à l'enseignement élémentaire les germes précieux et féconds déposés dans les leçons de l'École normale.

On peut enfin demander si la priorité accordée pendant quelques années aux sciences sur les lettres, dans l'éducation, a été aussi nuisible à ces dernières, qu'il plaît à quelques écrivains de le répéter sans preuves. C'est encore une question presque entière, à cause de la diversité des esprits, de savoir par laquelle de nos connaissances il faut commencer l'instruction des enfans; si l'étude des langues est la seule qui convienne au premier âge; si l'on ne peut pas y substituer avec avantage celle de l'Histoire naturelle, ou même celle de la Géométrie pratique et des opérations de calcul rendues sensibles par la combinaison des mesures de l'étendue, ainsi que le fait Pestalozzi. Oserait-on nier que ceux dont en saisissant le goût particulier on a accéléré les progrès, ne soient revenus aux lettres lorsqu'ils en ont senti le besoin, et n'aient rempli avec beaucoup de facilité le vide de leur première éducation, tandis qu'ils seraient demeurés étrangers aux lettres comme aux sciences, s'ils n'eussent rencontré d'abord celle que la nature les appelait à cultiver spécialement ? On ne manquerait pas d'exemples à citer, s'il était besoin de fonder sur leur autorité les progrès qu'une raison développée fait faire dans l'art d'écrire. D'Alembert a dit avec raison, « Que l'art d'écrire n'est que celui de » penser, et celui de l'éloquence, le don de » réunir une logique exacte et une âme pas- » sionnée. »

Mettons, si l'on veut, à part les poètes et les orateurs, quoique dans ce genre, comme dans tous les autres, les grands hommes doivent plus à eux-mêmes qu'aux circonstances minutieuses de leur éducation. Quelle que soit la perfection des sciences, les modèles du goût sont là pour les imiter, et la nature parle toujours aux imaginations susceptibles de s'échauffer à son aspect, et aux âmes capables de saisir les nuances délicates du sentiment et sa juste expression. Mais quand il serait vrai que la culture des sciences aurait rendu plus rares les grands écrivains, n'a-t-elle pas multiplié les hommes capables d'exprimer avec netteté et précision des idées justes, et de communiquer facilement aux autres ce qu'ils ont appris, ce qu'ils ont imaginé ? Et de même que la prospérité d'un État ne résulte point de quelques grandes fortunes que l'indigence du peuple rend plus scandaleuses, mais de l'aisance générale des citoyens ; la prospérité des lettres, surtout quand on la rapporte au bien qu'elle peut faire à la société, ne doit pas s'estimer sur le degré de perfection auquel sont parvenus quelques êtres privilégiés que leurs contemporains ne savent pas apprécier, mais sur les lumières répandues dans la masse des hommes. D'après ce tarif, la supériorité du dix-huitième siècle sur les autres est évidente.

Mais pourquoi établir entre les sciences et les lettres, pour la prééminence, une lutte que l'amour-propre de ceux qui les cultivent rendrait interminable? Découvrir la vérité et la transmettre aux autres, voilà le but commun de leurs travaux. Parée des grâces du rhythme et de l'harmonie, elle s'empare du cœur et de la mémoire dans les chants de la poésie; animée par la chaleur vivifiante d'une élocution élevée, rapide, elle seule doit régner dans les productions de l'art oratoire, qui devient funeste dès qu'il emploie sa force au triomphe de l'erreur. Le savant doit sans cesse s'attacher aux recherches qui peuvent être utiles, ou parce qu'elles donnent de nouveaux résultats applicables aux arts de la société, ou parce qu'en dévoilant à nos yeux les véritables lois de la nature, en éclairant notre esprit sur ce qui est et sur ce qui ne saurait exister, elles dissipent les préjugés, qui ne cèdent une partie de leur empire que pour en acquérir une autre; car le mouvement constitue si bien l'essence de l'esprit humain, qu'il ne peut cesser d'aller en avant sans qu'aussitôt il ne rétrograde. Ce sont les services qu'ils rendent, et surtout le degré de perfection qu'ils acquièrent, qui font prévaloir dans un siècle un art, une science sur les autres, et non pas les déclamations des hommes qui les professent. Le champ qui procure la plus abondante moisson est le plus cultivé : celle de nos connaissances qui, par la rapidité de ses progrès, fait espérer des succès plus multipliés, plus prompts à ceux qui lui consacrent leurs veilles, captive le plus grand nombre d'esprits.

Les lettres ont régné d'abord ; mais la perfection désespérante des modèles que nous ont laissés les deux siècles précédens, a pu décourager la plupart des hommes qui cherchaient à les imiter, et les forcer à suivre des routes moins sûres, mais plus faciles à parcourir. Les sciences mathématiques ont succédé aux lettres ; et aujourd'hui les sciences physiques, et la Chimie surtout, paraissent avoir l'avantage pour le nombre et l'importance des découvertes.

Ces alternatives de renommée sont plus encore l'ouvrage des choses que des hommes ; et la nature semble suivre dans la marche de l'esprit des générations le même ordre que dans celui des individus. D'abord l'imagination domine : bientôt, s'apercevant que les prestiges de cette enchanteresse ont souvent caché sous des fleurs le précipice où il est tombé, l'homme se jette dans les bras de la raison; il calcule, il pèse toutes les démarches qu'il doit faire; mais reconnaissant ensuite que des circonstances hors de son pouvoir, le hasard même, se jouent des meilleures résolutions, des projets les mieux concertés, il appelle de nouveau à son secours l'imagination, s'il en a conservé, et à son défaut la mémoire, pour se procurer des émotions douces; car le cœur réclame plus impérieusement ces émotions, que l'esprit les lumières. Peut-être retournerons-nous ainsi à la culture des lettres, si celle des sciences devient infructueuse; mais quoi qu'il puisse arriver, leurs titres à la considération et à la reconnaissance de la société sont si réels, qu'il doit être permis d'appliquer à toutes, les réflexions éloquentes sur l'utilité de l'Astronomie physique, par lesquelles Laplace termine si heureusement sa belle *Exposition du Système du Monde.*

« Conservons avec soin, dit-il, augmentons
» le dépôt de ces hautes connaissances, les dé-
» lices des êtres pensans. Elles ont rendu d'im-
» portans services à l'Agriculture, à la Naviga-
» tion, à la Géographie; mais leur plus grand
» bienfait est d'avoir dissipé les craintes occa-
» sionées par les phénomènes célestes, et dé-

» truit les erreurs nées de l'ignorance de nos
» vrais rapports avec la nature, erreurs d'autant
» plus funestes, que l'ordre social doit reposer
» sur ces rapports. VÉRITÉ, JUSTICE : voilà
» ses lois immuables. Loin de nous la dange-
» reuse maxime qu'il est quelquefois utile de
» s'en écarter, et de tromper ou d'asservir les
» hommes pour assurer leur bonheur : de fatales
» expériences ont prouvé dans tous les temps
» que ces lois sacrées ne sont jamais impuné-
» ment enfreintes. » [Page 350 de l'édition in-4°
de l'an VII (1799).]

PREMIÈRE SECTION.

De l'Enseignement en général, pendant le dix-huitième siècle.

L'état de l'enseignement est nécessairement lié à celui de nos connaissances, et doit changer quand elles se perfectionnent et s'étendent. Les idées nouvelles font souvent reconnaître entre celles qu'on avait déjà, des rapports inaperçus qui doivent en modifier l'enchaînement : c'est donc dans la marche des sciences qu'il faut étudier celle de l'instruction publique. Heureux le peuple chez lequel l'une et l'autre feraient des pas égaux !

Les langues modernes ne furent long-temps que des idiomes barbares, qu'on ne croyait pas propres à exprimer la volonté du gouvernement, ni même les transactions de quelque importance entre les particuliers. Le premier pas à faire dans l'instruction, devait être nécessairement celui qui menait à la connaissance de la langue jouissant seule du privilége d'être employée aux affaires, et dans laquelle étaient écrits le petit nombre d'ouvrages où l'on pouvait acquérir l'espèce de savoir alors en vogue ; et ces ouvrages ne contenaient que quelques traditions échappées au naufrage général des sciences et des lettres, mêlées indistinctement avec toutes les erreurs et les préjugés qu'enfantent les siècles de barbarie.

Lorsque le goût de l'étude vint animer la solitude des cloîtres, et de là se propagea dans le monde, on s'exerça principalement sur des questions oiseuses de Théologie et de Métaphysique.

L'homme entouré d'une multitude d'objets que la nature a placés sous sa main pour son usage, ou pour servir au développement de ses facultés, et qu'il était de son intérêt d'étudier en détail, a de tout temps cherché à s'élancer hors du monde qu'il habite, pour saisir des notions qui n'offrent aucune prise à sa raison; et le dernier effort de son entendement a toujours été de reconnaître les limites dans lesquelles il est circonscrit.

Les premiers traits de l'histoire des peuples sont des fables sur la formation de l'univers et sur l'origine des dieux; les premiers efforts pour la restauration des lumières ont eu un objet non moins chimérique; et quand les écrits des anciens ont reparu, au lieu d'y démêler les traces des connaissances qu'on avait perdues, on n'y a cherché que des argumens en faveur des rêveries dont on s'occupait alors exclusivement. On a tourmenté leurs expressions de toutes les manières, pour en tirer des conséquences aussi éloignées du vrai sens, que les hypothèses qu'on voulait étayer l'étaient de la vérité : aussi s'est-on attaché, dans les premiers momens, aux auteurs qui prêtaient le plus à ces illusions. C'est par l'obscurité qui régnait dans ses écrits, par la subtilité de quelques-uns de ses traités, qu'Aristote acquit bientôt dans les écoles cette prodigieuse influence qui retarda si long-temps la naissance de la saine philosophie. Ses titres à l'admiration de tous les siècles furent précisément ceux qu'on ne remarqua point : au lieu de comparer avec les phénomènes et les productions de la nature, les traités de Physique et d'Histoire naturelle, pour les vérifier et les étendre, ce qui aurait fait revivre l'art d'observer, seul moyen d'acquérir des connaissances utiles, il semblait qu'on eût établi comme un point de doctrine que ce qui n'était pas dans Aristote n'était pas dans la nature; et ce qu'on jugea plus important dans ses écrits, fut sa dialectique, fort ingénieuse sans doute, mais presque toujours superflue, et souvent nuisible dans la recherche de la vérité.

Mais tandis que les écoles retentissent toujours de querelles théologiques, aussi absurdes dans leur objet que ridicules dans leur forme, les romanciers, les troubadours montrent, par des productions qui charment leurs contemporains, que les langues vulgaires maniées par le génie, peuvent s'élever à peindre nos sentimens et nos passions, à chanter nos plaisirs et nos peines; ils sont suivis de près par le Dante, Pétrarque et Bocace, qui fixent la langue italienne.

Après la destruction de l'empire d'Orient, les lettres grecques exilées de Constantinople, seul lieu où on les cultivât encore, se réfugièrent en Italie, et de là se répandirent bientôt en Allemagne et en France, lorsque l'imprimerie vint rendre au jour les chefs-d'œuvre de l'esprit humain, que le temps avait mutilés, mais qu'il n'avait pu détruire. Rétablis dans leur premier éclat par les travaux des infatigables commentateurs, ils passent dans toutes les mains, et deviennent enfin des livres classiques.

Ce premier pas dans l'enseignement est de la plus haute importance. L'étude assidue des modèles que nous offre l'antiquité devait, en ramenant parmi nous le goût du beau, c'est-à-dire du vrai, faire sentir combien le corps de doctrine qui composait la philosophie du temps était vain et ridicule; mais ce n'était pas tout de l'apercevoir, il fallait oser le dire. L'autorité, toujours tyrannique lorsque ceux qui l'exercent sont ignorans, s'était étendue jusqu'aux matières philosophiques, qui ne sauraient être de son ressort : elle donna en faveur d'Aristote et de ses sectateurs, des lettres-patentes contre Ramus et la raison (1). Cependant, malgré tous ses efforts pour le soutenir, l'édifice de la philosophie scolastique devait bientôt s'écrouler.

Déjà les navigateurs avaient pénétré dans les lieux les plus reculés; la découverte du Nouveau-Monde, celle du passage aux Indes orientales par le cap de Bonne-Espérance, avaient jeté tout à coup dans la circulation une foule d'objets, et dans toutes les têtes une multitude d'idées qu'on ne pouvait comparer à rien de ce qu'on connaissait auparavant. Beaucoup de gens que l'intérêt, plus encore que la curiosité, déterminait à prendre part aux nouvelles entreprises, s'instruisaient uniquement de ce qu'il fallait savoir pour accomplir leurs projets, et employaient pour rendre compte de ce qu'ils avaient observé, la langue qui leur était le plus familière : il se créa donc alors des sciences indépendantes de l'érudition, et dont l'importance s'accrut de jour en jour.

En se découvrant de plus en plus aux regards

---

(1) On peut voir dans le tome VII des *OEuvres philosophiques* de d'Alembert (p. 195), une partie de ces lettres-patentes, précédée de l'arrêt contre Villon, Bitault et Claves. On sait ce qui serait arrivé à la philosophie de Descartes, sans l'arrêt burlesque qui se lit dans les OEuvres de Boileau.

des hommes, le spectacle de l'univers imprime à leur esprit un mouvement qui les porte à franchir les bornes où l'autorité renfermait la foi, et le dogme est soumis à l'examen de la raison; mais cette raison, toujours le partage du petit nombre, éprouve dans ses progrès des résistances qui altèrent sa pureté: elle dégénère en enthousiasme, tandis que ses contradicteurs se livrent au fanatisme le plus barbare. Alors s'allume un incendie dont la durée doit embrasser plus d'un demi-siècle, et que des torrens de sang ne pourront éteindre: les passions les plus atroces changent en massacres et en proscriptions ce qui n'aurait dû être qu'une simple discussion philosophique.

Il semble que la nature ait attaché le progrès moral de l'espèce humaine aux crises qui agitent les états, comme souvent elle opère le développement de l'individu par des maladies qui mettent son existence en danger. Les abus frappent les yeux de la froide raison long-temps avant qu'elle ose ou qu'elle puisse les attaquer ouvertement. Elle n'en triompherait peut-être jamais, si les passions, ardentes à se montrer dès qu'elles en trouvent l'occasion, ne prenaient part au combat. L'effervescence qu'elles excitent, et qui malheureusement dénature presque toujours par des excès les plus sages principes, renverse en même temps les barrières que l'intérêt et les préjugés leur opposent de toutes parts. Mais les excès ne peuvent être que passagers; bientôt ils s'anéantissent, et les principes, qui ont laissé de profondes traces, font enfin tourner les malheurs des pères au profit de leur postérité.

Si par les troubles qu'ont engendrés leurs opinions, les réformateurs de l'Église, dans le seizième siècle, ont causé de grands maux, l'indépendance qu'ils ont fait germer dans les esprits a eu aussi d'heureux effets (1). C'est peut-être leur influence qui nous donna Montaigne et Bacon , les premiers restaurateurs de la vraie philosophie. L'un, en exposant avec une naïveté piquante ses doutes, a porté à la superstition et au pédantismé des coups dont ils ne se relèveront pas, quelques efforts qu'ils fassent, tandis que l'autre, en présentant le tableau de ce qu'il importait véritablement à l'homme de connaître, a placé la base des sciences dans l'observation de la nature, et a jeté les fondemens d'un plan d'études avoué par la raison, mais

---

(1) Voyez, à ce sujet, la fin du chapitre LIV de l'*Histoire de la Décadence et de la Chute de l'Empire romain*, par Gibbon, et les divers ouvrages couronnés en l'an X (1802), par la classe des Sciences morales et politiques de l'Institut, à la tête desquels il faut placer l'*Essai sur l'Esprit et l'influence de la réformation de Luther*, par Charles Villers.

dont l'exécution devait être encore long-temps l'objet des vœux des hommes éclairés.

En vain le philosophe français se plaint du temps qu'on fait perdre aux enfans dans l'étude des langues mortes ; en vain il nous recommande de cultiver d'abord notre langue et celle de nos voisins avec lesquels nous avons un commerce plus fréquent, on n'en continue pas moins à fatiguer l'enfance de thèmes et de châtimens (1).

En vain Bacon montre aux recherches des savans une série inépuisable de faits à recueillir et d'expériences à tenter; on consacre toujours la plus belle partie de la vie à arranger des mots.

A Montaigne, qui avait ouvert le chemin de la vérité, en répandant sur les questions délicates de la philosophie un doute aussi sage que lumineux, succéda Descartes, qui traça dans sa *Méthode* les règles qu'il fallait suivre pour passer de ce doute à des connaissances plus certaines. S'il s'égara le plus souvent dans

---

(1) Montaigne appelait un collége, une *vraie geôle de jeunesse captive*. (*Essais*, tome Ier, page 183, édit. stéréotype de Didot.) Le xxve chapitre du premier livre, où se trouvent ces expressions, renferme presque tous les principes que J.-J. Rousseau développe avec tant d'éloquence dans *Émile*.

leur application, et ne fit presque, en Physique et en Métaphysique, que substituer des erreurs nouvelles à des erreurs anciennes, il montra comment on pouvait combattre avec succès les unes et les autres; il rendit à la raison ses armes naturelles, dont on l'avait dépouillée pour lui en donner de factices, désignées par des noms bizarres (1); et ses écrits français sont les premiers où l'on remarque cette clarté, cette précision, qui ont rendu notre idiome si propre aux sciences.

A cette époque, les découvertes se succèdent si rapidement qu'il serait impossible de les rappeler ici sans sortir des bornes que j'ai dû me prescrire. Le concours des efforts des Copernic, des Képler, des Galilée, des Pascal, des Newton, des Leibnitz, des Huyghens, secondé par les académies qui s'établissent alors, élève sous le nom de *Philosophie naturelle*, un vaste édifice fondé sur les progrès immenses de l'Analyse et de la Géométrie, et embrassant dans son ensemble la Mécanique, la Physique et l'Astronomie.

La Métaphysique, dégagée par Descartes du jargon inintelligible qu'on lui avait fait parler si long-temps dans les écoles, est ramenée à ses

---

(1) *Barbara*, *Baralipton*, par exemple.

vraies limites par Locke, qui la soumet à des observations précises, faites sur les opérations de notre entendement.

Enfin l'Anatomie, la Médecine, la Chimie, l'Histoire naturelle reçoivent chaque jour des accroissemens qui les rendent de plus en plus importantes pour la société.

D'après le tableau des richesses que les sciences viennent d'acquérir en si peu de temps, qui ne s'attendrait à voir l'enseignement public changer de face?

Les objets d'instruction s'étant multipliés considérablement, il semble qu'on devait chercher à resserrer dans des limites plus étroites ceux dont on s'occupait en premier lieu, afin de pouvoir en introduire de nouveaux, et qu'il était nécessaire surtout de s'attacher à réunir ceux qui présentaient une utilité plus générale.

Ce fut pourtant ce qui n'arriva point en France: l'enseignement public, confié exclusivement à l'un des grands corps de l'État, ne pouvait s'enrichir que lentement des découvertes étrangères à l'intérêt ou à la gloire de ce corps, qui résistait d'ailleurs de tout son pouvoir aux opinions dont il avait à craindre l'influence, et qui n'encourageait spécialement que les études propres à étendre son crédit, à augmenter ses richesses. Choisis presque toujours parmi les ministres du culte, ou essentiellement liés à ce culte par la forme de l'institution, les chefs des universités ne pouvaient sentir que bien faiblement le besoin de modifier des écoles où l'on trouvait tout ce qu'il fallait pour briller dans les discussions théologiques.

La plupart des professions utiles à la société n'existaient pas pour eux; et même ils ne tenaient le plus souvent à la Jurisprudence et à la Médecine que par des rapports fort accessoires.

Il n'en était pas ainsi dans une grande partie des universités étrangères. Tandis que l'instruction de la jeunesse demeurait chez nous bornée à l'étude des langues anciennes et d'une philosophie très superficielle, appropriée seulement à la Théologie, ailleurs on donnait les élémens de toutes les sciences, on favorisait également les progrès de chacune.

Cependant vers le milieu du dix-huitième siècle, il s'éleva de tous côtés un cri général contre l'abus de consacrer presque tout le temps de la jeunesse à la seule étude des langues anciennes, lorsque l'édifice de nos connaissances était parvenu à un tel degré d'étendue, que, pour obtenir des succès, même dans une seule branche, il fallait s'y consacrer de bonne heure.

Des plaintes si bien fondées, fortifiées même par l'aveu de plusieurs membres distingués de l'Université, à la tête desquels il convient de nommer Rollin, portèrent les Radonvilliers, les Dumarsais, les Beauzée, les Lebatteux, à s'occuper des moyens d'abréger l'étude des langues anciennes; et l'expérience confirme tous les jours la bonté de leurs méthodes (1).

Le Gouvernement, dans une institution qui l'eût plus honoré si le bienfait n'eût pas été restreint à une caste privilégiée, s'écarta de la routine en faveur des jeunes élèves destinés spécialement à la profession des armes; et associa l'étude des Mathématiques, de la Physique, de l'Histoire et de la langue maternelle, à celles des langues anciennes, renfermée dans de justes limites. La fondation des *Écoles militaires*, qui remonte bien au-delà des premiers temps de la révolution, fut une grande expérience que l'on fit pour perfectionner l'enseignement public.

A cette tentative du Gouvernement en suc-

---

(1) On ne finirait pas si l'on voulait citer tous les écrivains antérieurs et étrangers à la révolution, qui ont émis de justes plaintes contre l'enseignement des colléges; cependant j'indiquerai encore le *Traité du choix et de la méthode des Études*, par Fleury, ouvrage bien remarquable pour le temps où il a été écrit (la première édition est de 1686), l'article COLLÉGE de l'ancienne *Encyclopédie*, l'*Essai sur l'Éducation nationale*, par Lachalotais, les *Mémoires* de Duclos, (tome X de ses *Œuvres complètes*, page 33.)

cédèrent beaucoup de semblables dans les éducations particulières; et l'on est en droit d'affirmer qu'il n'y a que l'aveuglement ou la mauvaise foi qui puissent répéter que l'éducation ancienne, parce qu'elle a donné de grands hommes, est exclusivement la seule qui puisse en produire encore.

A mesure que les lumières se répandaient dans toutes les classes de la société, la nécessité de réformer l'enseignement devenait plus évidente, et l'opinion publique sur ce point acquérait tant de force que, malgré son attachement à ses anciens usages, l'Université était obligée de s'en écarter chaque jour. La culture des lettres françaises s'étendait de plus en plus dans les colléges; et c'est à ce progrès que nous sommes redevables d'un grand nombre de poëtes élégans et d'écrivains corrects.

On restreignit aussi dans le cours de Philosophie, l'étude de la Logique et de la Métaphysique, pour donner plus de temps à celle des Mathématiques et de la Physique.

C'était beaucoup sans doute que des modifications aussi heureuses; mais combien elles étaient encore loin de répondre à ce qu'exigeait l'état de la société! Le petit nombre de sciences dont on donnait une teinture à la fin du cours d'études, devant être nécessairement précédé de toutes les humanités, l'éducation des colléges n'en demeurait pas moins insuffisante dans son ensemble et trop étendue dans ses détails, pour la plupart des jeunes citoyens.

Aussi en voyait-on beaucoup qui, ne cherchant qu'une instruction préparatoire, ou rebutés par la longueur et la sécheresse de l'enseignement, ou arrachés à l'étude par le besoin de pourvoir à leur existence, se retiraient avant d'atteindre à la philosophie, et n'emportaient avec eux que quelques notions très incomplètes de la langue latine, qui s'effaçaient bientôt de leur mémoire.

L'éducation des colléges ne faisait donc rien en faveur de la nombreuse classe de la société, qui, destinée à cultiver les arts, à se livrer au commerce, et assujettie par conséquent à un apprentissage assez long des professions qu'elle doit embrasser, ne peut consacrer à l'étude qu'un petit nombre d'années, et ne cherche que des connaissances appropriées à son objet.

Au lieu de ne faire cultiver à la jeunesse qu'une seule branche de nos connaissances, il fallait les greffer toutes sur un tronc principal, afin que l'élève, partant de ce tronc, pût s'arrêter aux rameaux dont les fruits convenaient le mieux à ses goûts et à ses besoins. Il fallait qu'en embrassant le système entier des sciences, pour en former un cours d'études complet, les écoles publiques offrissent encore aux jeunes gens dont la fortune ou le temps étaient trop bornés pour qu'ils pussent suivre ce cours, l'occasion de reconnaître à quoi ils étaient propres, ou le genre d'instruction utile à l'état auquel ils se destinaient.

On aurait ainsi rapproché des artistes les sciences qui peuvent diriger leurs opérations: c'eût été le meilleur moyen de perfectionner l'industrie; car le pays où elle est le plus florissante est celui où l'instruction partielle est le plus répandue.

Telles étaient les bases sur lesquelles tous les gens raisonnables désiraient depuis long-temps que l'enseignement public fût établi en France; et ce vœu se manifesta avec énergie dès les premiers jours de la révolution. On présenta aux Assemblées nationales plusieurs plans vastes et imposans, pour répandre les connaissances et en même temps reculer leurs limites; mais les orages qui survinrent firent renvoyer à des momens plus calmes l'organisation de l'instruction publique; et bientôt les divers partis voulant s'en emparer afin de la diriger vers le but où tendaient leurs efforts, elle acheva de s'anéantir au milieu de cette terrible lutte. L'incendie général consuma un édifice qu'il aurait mieux valu sans doute réparer qu'abattre; mais après ce malheur, reconstruira-t-on l'édifice tel qu'il était? et par respect pour le temps qu'il a duré, par l'horreur qu'inspire le fléau qui l'a détruit, s'interdira-t-on des changemens dont la nécessité était démontrée, lors même qu'il existait encore?

Il n'est pas permis de concevoir une telle idée. Quand on peut mettre à profit les fruits de l'expérience et du temps, doit-on y renoncer volontairement et retourner au point d'où l'on était parti?

La vérité, que toutes les passions combattent sans relâche, se fait jour à travers les obstacles qu'on lui oppose de toutes parts, et conserve, au milieu du conflit des opinions, une marche constante et uniforme qui la distingue essentiellement de l'erreur. L'histoire des évènemens ne présente qu'une alternative de biens et de maux; celle de nos pensées, qu'un mélange de découvertes et d'erreurs; mais dans l'une et dans l'autre, l'observateur éclairé ne peut méconnaître une tendance marquée vers le perfectionnement de la société et l'avancement des sciences. Les réformes salutaires n'appartiennent pas exclusivement à l'époque où elles ont lieu; amenées par la force des choses, elles s'annoncent de bonne heure par un vœu d'abord faiblement exprimé, mais qui, fortifié par le concert de tous les bons esprits, devient un vœu général et donne une impulsion irrésistible : les changemens désirés dans l'instruction publique avaient éminemment ce caractère.

Pour la ressusciter, lorsqu'on essaya de renouer les liens de l'ordre social, on fit diverses tentatives que je passerai sous silence, afin d'arriver au plan mis à exécution après l'établissement de la constitution de l'an III. La chute du papier-monnaie et l'étendue des dépenses auxquelles l'organisation actuelle des corps politiques de l'Europe oblige les gouvernemens, ayant malheureusement trop bien prouvé que quelque importans que soient les résultats du progrès des lumières, la lenteur avec laquelle ils se développent plaçait presque au dernier rang les frais qu'occasionnent les institutions qui les amènent, on ne se livra plus, comme dans quelques-uns des projets précédens, à ce luxe d'institutions, fruit d'un zèle ardent pour la culture des lettres, très convenable à une grande nation qui en tirait la plus belle partie de sa gloire, mais incompatible avec les moyens pécuniaires absorbés par de grandes armées de terre et de mer toujours subsistantes, et par une administration intérieure très compliquée.

La loi du 3 brumaire an IV (1795), qui contient le plan dont je veux parler, ne présente que des dispositions simples, peu dispendieuses, et susceptibles d'améliorations graduelles (1). Voici l'extrait de ces dispositions.

L'enseignement est partagé en trois degrés, savoir : dans les *Écoles primaires*, les *Écoles centrales*, les *Écoles spéciales*. A l'égard des premières, où l'on devait enseigner à lire, à écrire, à calculer et les élémens de la morale, tout se réduit aux formes prescrites pour le choix des maîtres, et à la détermination de leur salaire, consistant dans une rétribution payée par les parens des élèves, et dans un logement que le Gouvernement s'engageait à fournir, soit en nature, soit en argent. L'administration départementale avait le droit d'exempter de la rétribution le quart des élèves, pour cause d'indigence.

Le titre II de cette même loi porte :

Il y a une École centrale dans chaque département de la République ; l'enseignement y est divisé en trois sections.

Il y a dans la première section :

Un professeur de Dessin,

Un professeur d'Histoire naturelle,

Un professeur de langues anciennes,

---

(1) Elle fut en grande partie l'ouvrage de M. Daunou, qui en fit le rapport. (*Voyez* les *Moniteurs* des 2, 3 et 11 brumaire an IV.)

Un professeur de langues vivantes, lorsque l'administration départementale aura obtenu pour cette chaire l'autorisation du Corps législatif.

Il y a dans la seconde section :

Un professeur d'élémens de Mathématiques,

Un professeur de Physique et de Chimie expérimentales.

Il y a dans la troisième section :

Un professeur de Grammaire générale,

Un professeur de Belles-Lettres,

Un professeur d'Histoire,

Un professeur de Législation.

Les élèves ne sont admis aux cours de la première section qu'après l'âge de douze ans ; aux cours de la seconde, qu'à l'âge de quatorze ans accomplis ; aux cours de la troisième, qu'à l'âge de seize ans.

Il doit y avoir auprès de chaque École centrale, une bibliothèque publique, un jardin et un cabinet d'histoire naturelle, un cabinet de Chimie et de Physique expérimentales.

Les professeurs des Écoles centrales sont élus par un jury d'instruction composé de trois membres, dans chaque département.

Outre ces dispositions, la loi en contient encore quelques-unes relatives à des détails concernant la nomination des professeurs, le mode suivant lequel ils pourront être destitués, etc.; mais elle renvoie à des règlemens arrêtés par les administrations départementales et confirmés par le Gouvernement, tout ce qui regarde la forme des cours et la discipline.

Dans ces écoles, chaque élève payait une rétribution qui ne pouvait excéder 25 fr., et dont l'administration départementale avait le droit d'exempter le quart des élèves, pour cause d'indigence.

Enfin, les communes qui possédaient dans leur sein d'anciens colléges, étaient autorisées à réclamer auprès du Corps législatif la faculté d'établir à leurs frais des *Écoles centrales supplémentaires*; et ces écoles, organisées sur le modèle des Écoles centrales ordinaires, pouvaient ne renfermer que les parties de l'enseignement déterminées par le vœu des communes qui les réclamaient.

Dans le titre III sont indiquées onze espèces d'Écoles spéciales, savoir:

D'Astronomie,
De Géométrie et de Mécanique,
D'Histoire naturelle,
De Médecine,
D'art vétérinaire,
D'Économie rurale,
Des antiquités,
Des Sciences politiques,
De Peinture, de Sculpture et d'Architecture,

De Musique,

Des Écoles pour les sourds-muets et pour les aveugles-nés.

L'organisation de ces diverses Écoles était renvoyée à des lois particulières. Enfin, une des dispositions du titre V, relatif aux encouragemens, accordait à vingt élèves, dans chacune des Écoles centrales et des Écoles spéciales, des pensions, dont le *maximum* devait être déterminé par le Corps législatif; et les sujets devaient être nommés par le Gouvernement, sur la présentation des professeurs et des administrations départementales.

Après plusieurs tentatives inutiles, qui avaient presque achevé de détruire l'instruction primaire, en cherchant à l'élever, c'était beaucoup se restreindre que d'y borner l'enseignement à la lecture, à l'écriture et au calcul; mais c'était tout ce que l'on pouvait faire; car pour aller au-delà, les hommes n'auraient pas moins manqué que les moyens pécuniaires. Encore, malgré que l'on se fût renfermé dans des limites aussi étroites, la difficulté de mettre les instituteurs en possession du logement que la loi leur accordait, et l'influence que les partis exerçaient ou pouvaient exercer sur leur choix, détournant les parens d'envoyer leurs enfans à ces écoles, n'ont pas permis qu'elles fussent d'aucune utilité pendant la courte durée de leur existence.

Ce premier degré d'instruction, si nécessaire à la plus grande partie des citoyens d'un État, est, sous tous les rapports, un ministère de confiance, qui ne peut être rempli que par des hommes agréables à la multitude qui les emploie, et dont il faut par conséquent laisser le choix entièrement libre, sauf à punir, d'après les lois, l'instituteur qui deviendrait dangereux. Il n'est pas moins nécessaire de laisser, sous la garantie d'une surveillance convenable, la liberté à quiconque se le propose, d'enseigner ces premiers élémens de nos connaissances, sur lesquels il est impossible d'en imposer longtemps aux gens les moins éclairés; car cette liberté établit entre les instituteurs une concurrence qui réduit leur salaire au plus bas degré possible, et met les parens les plus pauvres en état de faire au moins apprendre à lire à leurs enfans, avantage inappréciable. C'est au temps, qui propage de proche en proche les connaissances utiles, et aux gouvernemens éclairés, qui savent distribuer à propos les encouragemens, à répandre dans la masse des Écoles primaires quelques écoles d'un genre plus relevé, dont les succès servent d'objet de comparaison, et font descendre jusqu'au plus grand nombre des hommes les résultats des conceptions heureuses du petit.

C'est du second degré d'instruction que doivent partir ces améliorations; il doit être la véritable source de toute l'instruction publique: servant de base pour s'élever dans les Écoles spéciales jusqu'au dernier terme de nos connaissances, il réagit sur le premier degré, en y rejetant, pour ainsi dire, *son trop plein*, c'est-à-dire en renvoyant à ce degré, comme instituteurs, un grand nombre des sujets qui n'ont pu s'élever jusqu'à l'autre degré, mais bien supérieurs aux maîtres d'école ordinaires (1).

Ce n'est que par rapport aux Écoles centrales, que le plan d'instruction tracé dans la loi du 3 brumaire an IV a reçu une exécution à peu près entière, au milieu des contrariétés de tout genre, des découragemens de toute espèce; et cependant il a eu des succès marqués dans un assez grand nombre de villes, parmi lesquelles il s'en trouve de toutes les classes, relativement à leur importance et à leur situation. Enfin parurent dans les Écoles publiques les principales branches du systéme des connaissances humaines; et chacune des trois divisions du corps qui, remplaçant les académies, était destiné à conserver et à étendre le dépôt de ces connaissances, eut

(1) Le second degré étant donc un véritable centre d'instruction, la dénomination d'*Écoles centrales* n'est pas si mauvaise qu'on l'a prétendu.

ses racines dans des institutions répandues sur toute la surface de l'empire (1).

J'ai fait voir par le progrès des lumières quel aurait dû être celui de l'instruction : maintenant je dois montrer que le plan des Écoles centrales répond à ce progrès. Tel est le but que je me propose en examinant successivement la nature et la convenance de chacun des cours indiqués par la loi.

Présenter en première ligne l'instruction la plus nécessaire aux arts et au commerce, dans une série de cours ordonnés suivant leur rapport d'utilité à l'égard des diverses professions, embrassant le moindre intervalle possible, et convenables aux jeunes gens qui ne peuvent disposer que d'un petit nombre d'années pour leur instruction : voilà ce que demandaient d'un commun accord tous ceux qui s'élevaient contre les formes de l'ancien enseignement, et c'est aussi ce qu'offraient les Écoles centrales.

En effet, les arts d'imitation et de construction ont pour base le dessin; la théorie des autres repose sur les diverses propriétés des

---

(1) L'*Institut national*, organisé pour la première fois par la loi du 3 brumaire an IV, était partagé en trois classes, savoir : la classe *des Sciences physiques et mathématiques*, celle *des Sciences morales et politiques*, celle *de Littérature et Beaux-Arts*.

corps, et par conséquent sur les sciences physiques et mathématiques. Avant d'entrer dans le détail de ces propriétés, et de les séparer les unes des autres pour en analyser les effets, il faut donner une idée de la multitude des productions de la nature, de la variété infinie qui les distingue, et du fil, aussi délié que sûr, dont le génie s'est armé pour pénétrer dans ce dédale. C'est donc par l'étude des premiers élémens de l'Histoire naturelle, qu'on doit commencer celle des sciences physiques. On objectera sans doute que pour obtenir de grands succès dans cette science, il faut en posséder plusieurs autres, comme la Physique proprement dite, la Chimie, la Géométrie, dont elle emprunte continuellement le secours, et qu'il faut ou supposer aux élèves des notions qu'ils n'ont pas, ou faire à tout moment quelque digression, pour leur en donner une idée succincte.

Mais on répond d'abord à cette objection qu'un professeur habile saura toujours choisir dans l'immensité des faits que présente l'Histoire naturelle ceux dont l'étude demande le moins de connaissances accessoires; qu'il ne peut ni ne doit penser à former des naturalistes, mais à révéler au jeune homme fait pour le devenir la vocation qu'il a reçue de la nature, et à rendre sensibles aux autres, par des exemples marquans, les secours que l'esprit humain a su tirer de la description et de l'analyse des différences que présente la structure des corps, pour les reconnaître et les classer. Quelques tableaux bien faits des particularités les plus remarquables de l'organisation des animaux et des végétaux, des mœurs et de l'industrie des premiers, des propriétés usuelles des seconds, ainsi que de celles des substances les plus répandues dans le règne minéral, en intéressant des élèves très jeunes, gravent pour toujours dans leur esprit les principales lois de la nature qu'ils verront sans cesse agir sous leurs yeux, et suffisent pour faire comprendre la marche de la science à l'aide de laquelle l'élève pourra lui-même classer les résultats plus précis et plus développés que lui présenteront dans la suite les professeurs de Mathématiques et de Physique.

Enfin, par les objets nombreux et variés qu'elle met sous les yeux des enfans, l'Histoire naturelle est plus propre qu'aucune autre science à faire naître en eux le goût de l'étude ; et lorsqu'elle montre la nécessité de s'appliquer aux sciences plus abstraites, elle remplit le but le plus difficile à atteindre dans l'enseignement, celui de conduire pas à pas les élèves, à des travaux qui les auraient infailliblement rebutés s'ils n'avaient pas senti la nécessité de s'y livrer.

Le cours de Mathématiques placé dans la

seconde section, lorsqu'il comprenait l'Arithmétique, l'Algèbre, la Géométrie et la Trigonométrie, renfermait tout ce qu'il est nécessaire de savoir pour la pratique des arts mécaniques, de l'architecture et de l'arpentage. En s'attachant à développer la partie philosophique de ce cours, on en pouvait faire une logique appliquée, propre à suppléer et même remplacer avec avantage celle des anciennes écoles. Si c'est par l'exercice qu'on apprend aux enfans à marcher, c'est aussi en faisant contracter l'habitude de raisonner juste qu'on donne au jugement toute la rectitude et la sévérité dont il est susceptible. Un professeur qui aura long-temps médité sur son sujet, saisira avec empressement toutes les occasions d'analyser les différentes formes de raisonnement dont la science qu'il enseigne fournit des exemples; et il rendra sensibles par ces exemples la plupart des fautes que l'on commet dans l'enchaînement des idées.

Si l'on compare un cours renfermé dans des bornes aussi étroites, et dont la durée ne saurait être moins d'un an, avec les brillantes thèses des colléges, où, dans un intervalle de temps moins considérable, un jeune homme pénétrait les mystères les plus profonds de l'infini, entrait presque en lice avec les géomètres, on trouvera que sous ce rapport les

Écoles centrales étaient bien inférieures aux anciens colléges ; mais si, dans les nouvelles institutions, on a substitué une étude approfondie des principes à des connaissances superficielles, l'exercice du jugement à celui de la mémoire, on conviendra sans doute que, loin de rétrograder, l'instruction a fait des progrès réels. Est-ce en effet pour faire parade un moment de quelques efforts de mémoire, ou pour recevoir de profondes impressions dont les traces subsistent long-temps, et qui puissent se renouveler lorsque le besoin l'exigera, que les jeunes gens doivent s'instruire?

Pour apprécier l'instruction mathématique des colléges, il suffit de se rappeler qu'elle s'effaçait avec autant de rapidité qu'on en avait mis à l'acquérir, et que tous ceux qui n'en savaient que ce qu'ils avaient appris dans leur *cours de Physique* étaient obligés de recommencer sur de nouveaux frais cette partie de leur éducation, lorsqu'ils voulaient être admis dans quelques-uns des corps où les candidats étaient assujettis à des épreuves rigoureuses. Et pouvait-il en être autrement, puisque, pour parcourir une plus grande carrière en peu de temps, on effleurait à peine les principes de la science, et l'on ne s'arrêtait que sur des matières dont la difficulté fait seule le mérite, lorsqu'elles ne sont pas préparées par des notions préliminaires suffisamment étendues?

Les professeurs des Écoles centrales, au contraire, convaincus que l'on apprend toujours plus dans le cours de sa vie que dans ses premières études, ou que du moins il reste peu de chose de celles-ci, pensaient que le vrai but de l'enseignement est de préparer les jeunes gens à s'instruire par eux-mêmes, plutôt que d'accumuler dans leur tête des propositions particulières, des faits, des règles que les livres rappellent toujours lorsqu'on sait les entendre. Ils s'attachaient principalement à inspirer à leurs élèves l'amour de l'étude, à leur en aplanir les difficultés en insistant sur l'esprit des méthodes; et lorsqu'ils les avaient mis en état de surmonter les obstacles qui peuvent se rencontrer dans la lecture des bons ouvrages, ils croyaient avoir rempli leur tâche.

Ramené au point de vue qui convient à des Écoles élémentaires, le cours de Mathématiques pures suffit à ce qu'exige celui de Physique, qui, dans le même esprit, doit se borner aux notions générales de la mécanique des corps solides et fluides, aux principaux phénomènes de la pneumatique, de l'optique, de l'électricité, du magnétisme, de la Chimie et du système du monde, en choisissant parmi ces phénomènes ceux qui servent de base aux travaux des principales professions de la société.

Après avoir suivi dans ses ramifications l'enseignement des sciences physiques et mathématiques, parcourons celui des lettres, qui commence par le cours de langues anciennes, placé dans la première section.

Quand l'enseignement des sciences se fait dans la langue maternelle, quand cette langue, perfectionnée par une succession de bons écrivains dans tous les genres, possède un assez grand nombre d'ouvrages propres à former le cœur, orner l'esprit et occuper les loisirs de ceux qui ne font pas une profession de la culture des lettres, quand il s'agit d'une nation assez riche de ses propres découvertes et assez curieuse de celles des autres pour produire des traités complets sur toutes les branches de nos connaissances, l'étude approfondie de la langue, réputée autrefois savante, et regardée alors comme la clef de toute l'instruction, ne saurait plus être que l'objet d'une érudition particulière. Mais comme, pour apprendre ce que c'est qu'une langue et pour en bien remarquer les formes, il faut nécessairement comparer sa marche à celle d'une autre, les élémens du latin, en procurant cet avantage, éveillent, dans ceux qui peuvent s'y livrer, le goût de la littérature ancienne, qui fut la mère et qui demeure encore le modèle de la nôtre.

Tel doit être maintenant le principal but de l'enseignement du latin dans l'éducation générale. Pour l'atteindre, la traduction du latin en français suffit; on y peut faire observer ces inversions, ces tournures particulières qui constituent le génie d'une langue, et elle n'exige presque que la connaissance des déclinaisons et des conjugaisons. Par là, les règles de la syntaxe, si abstraites en elles-mêmes, si mal expliquées dans la plupart des rudimens, deviennent pour ainsi dire des faits d'expérience, et perdent alors cette sécheresse et cette futilité qui ont souvent empêché des enfans doués d'une raison précoce de profiter dans l'étude du latin.

Un intervalle de temps assez court, quand on les fait passer par des difficultés bien graduées, suffit pour mettre les élèves en état de se rendre compte des plus beaux endroits d'un bon auteur, qui ne sont assurément pas les plus difficiles. On répondra sans doute que ce n'est pas là savoir le latin; que, pour posséder une langue, le point le plus important est de connaître la signification d'un grand nombre de mots, et qu'on ne peut y parvenir que par un long usage. Mais encore un coup, ce n'est point là ce dont il s'agit, car le défaut d'usage ferait bientôt perdre ce savoir. Et qu'importe à un négociant, au chef d'une manufacture, à un militaire, à un administrateur, l'intelligence complète des auteurs anciens? S'il veut se délasser par leur lecture, ne trouvera-t-il pas assez de ressources dans les bonnes traductions que nous possédons? Et combien de gens, même parmi les élèves des anciens colléges, pourraient à juste titre se vanter d'en lire plus dans le texte de Tacite et de Virgile que n'en font entendre les traductions soignées (1)?

---

(1) Ceci pourrait être contesté par rapport aux traductions des auteurs anciens, dans lesquelles on a rendu par des dénominations modernes tout ce qui tenait aux usages de leur temps et de leur pays, et où l'on s'est permis d'altérer, le plus souvent sans nécessité, l'ordre et la coupe des phrases du texte. Pour justifier les prétendus équivalens dont on usait, on a dit qu'il fallait prêter aux anciens le langage qu'ils auraient tenu s'ils eussent vécu de notre temps. Mais n'est-ce pas là faire comme les comédiens, qui, pendant long-temps, ont représenté les héros antiques en panier, en grande perruque ou en robe de chambre; et qu'en doit-on conclure, si ce n'est le défaut de jugement des traducteurs, l'ignorance des comédiens, et non pas l'impossibilité de laisser aux monumens de la littérature ancienne, transportés dans notre langue, une grande partie de leur aspect étranger et antique? On est sans doute obligé fréquemment de renoncer à rendre les idiotismes de la langue des originaux, de recourir à des notes pour faire entendre les dénominations qui tiennent à des usages inconnus maintenant; mais ce que le commun des lecteurs peut y perdre ne saurait intéresser que les savans qui s'occupent de la théorie du langage et des diverses bran-

L'exemple de Boursault et de plusieurs autres littérateurs, qui ignoraient absolument le latin, a prouvé qu'on pouvait, sans cette connaissance, écrire avec quelque succès dans notre langue; mais, quoi qu'il en soit, en changeant la marche de la première étude du latin, en la ramenant à des principes plus simples, on ne faisait point de tort à ceux qui devaient la pousser très loin. S'il s'était formé moins de latinistes qu'autrefois, on aurait mieux su sa langue, et l'on eût été plus en état d'apprendre les langues vivantes, parce qu'ayant mieux analysé ce genre de travail, on aurait distingué ce qui convient à toutes les langues, de ce qui est particulier à un idiome, surtout si l'on avait suivi le cours de Grammaire générale, placé dans la troisième section comme le complément de celui des langues anciennes et l'introduction à la Logique et

---

ches de l'érudition. Les traits de vertu, d'amour de la patrie, les préceptes de la raison universelle, conservent encore une grande beauté dans les estimables traductions que possède maintenant notre littérature. Quant à l'intelligence pleine et entière des auteurs anciens, pour s'assurer qu'elle n'était pas plus acquise dans les colléges que dans les Écoles centrales, il n'y a qu'à consulter l'*Ars critica* de Jean Le Clerc, ou seulement en appeler à la conscience des hommes de lettres qui se sont livrés à l'étude approfondie de l'antiquité.

la Métaphysique. Il était même facile au professeur de ce cours d'y faire entrer ce que les deux sciences dont je viens de parler contiennent de réel et de vraiment utile.

Ce n'est peut-être qu'après le cours de Belles-Lettres que celui de Grammaire générale doit être suivi, parce que, renfermant la philosophie du langage, il ne peut être bien saisi que par ceux qui ont appliqué les formes de l'art d'écrire, et qui en ont observé les nuances. L'art d'écrire n'est, à proprement parler, que l'ensemble des règles établies par les critiques, d'après l'examen attentif des productions du génie. Il dirige, mais il ne donne pas le talent d'écrire. Cette faculté enchanteresse d'exprimer avec force ce qui nous affecte vivement, de décrire avec élégance et avec précision tout ce qui tombe sous nos sens, n'emprunte le secours de l'art que pour se conformer aux conventions sanctionnées par l'usage dans la langue où l'on écrit, ou pour disposer les diverses parties du sujet dans l'ordre prescrit par la succession naturelle des idées et la marche du raisonnement.

Quoique des auteurs, assez célèbres dans leur temps, mais entièrement abandonnés à leur imagination, ou soumis au mauvais goût de leur siècle, aient méconnu ces règles, elles étaient pourtant si faciles à trouver, qu'il serait ridicule d'attacher trop d'importance à leur seule énonciation, puisque d'ailleurs on peut, en les observant, ne produire que des ouvrages insipides.

Les passions seules développent le talent d'écrire. Il peut s'annoncer de bonne heure, mais il n'est bien formé que dans l'âge mûr. Avant de pouvoir colorier un tableau, il faut charger sa palette, essayer toutes les teintes, apprendre à former des nuances, et surtout s'être bien pénétré des tons de la nature. Il faut de même avoir beaucoup observé et profondément senti les divers mouvemens de l'âme, pour les imprimer à celle du lecteur. Semblables aux corps sonores qui ne peuvent être mis en vibration que par des sons d'accord avec celui qu'ils rendent, les âmes bien nées ne sont affectées que des sentimens naturels, peints avec vérité : toute expression qui passe le but, les choque autant que celle qui ne l'atteint pas.

Rousseau, dont le talent extraordinaire semble avoir porté au plus haut degré la puissance du langage pour rendre les affections du cœur humain, pourrait être cité en preuve de ce que j'avance. Obligé de suppléer ce qui manquait à sa première éducation, et dirigé par le hasard dans le choix de ses études, il n'a écrit que tard, et après avoir été long-temps le jouet des passions qu'il a peintes avec tant d'énergie.

Un petit nombre de préceptes simples, appliqués à des exemples qui puissent fixer l'attention de l'élève, exercer son jugement, et tels qu'il trouve dans ses pensées et ses sentimens habituels les moyens d'expression qu'il doit employer : voilà comment se compose un cours élémentaire de Belles-Lettres, fait par un professeur convaincu qu'il faut plutôt retarder qu'accélérer la naissance des passions dans le cœur d'un jeune homme, et le soustraire aux émotions vives, sans lesquelles cependant on ne montre qu'une chaleur factice, et l'on ne produit que des déclamations ridicules.

La sensibilité, que rien ne peut remplacer, lorsqu'elle aura acquis toute son énergie, achèvera toujours de développer le talent d'écrire dans celui qui en aura reçu le germe. L'art disparaît quand le cœur est ému : s'il conduit encore la main, ce n'est que par l'effet de l'habitude; mais les profondes affections effacent entièrement la froide symétrie qui résulte de l'observation des règles. Les transitions rapides, les mots sous-entendus, les métaphores hardies, loin d'obscurcir le style des âmes passionnées, lui donnent une force et une grâce particulière, et sont le cachet de la vérité du sentiment. L'exaltation de ce style le rend quelquefois défectueux; mais ses défauts sont faciles à corriger : le fond est toujours noble et varié, les ornemens sont toujours riches; et il n'y a, le plus souvent, qu'à élaguer ou soigner quelques détails, parce que tout y respire cette chaleur et cette vie qu'on ne saurait donner après le premier jet.

L'étude, qui perfectionne ces dons de la nature, ne peut être que celle qu'on fait soi-même, d'après des vues que la seule lecture des écrivains célèbres suffit pour suggérer, quand on est appelé à cultiver les lettres. Pour le plus grand nombre, un style clair et simple est tout ce qu'il faut acquérir; et les différens cours qui donnent lieu à des rédactions, y mèneront d'autant mieux que les sujets à traiter comporteront des définitions plus rigoureuses ou des descriptions plus circonstanciées. La tâche du professeur de Belles-Lettres dans les Écoles centrales était donc plus courte et plus facile à remplir que celle du professeur de la rhétorique des colléges.

Les sciences morales et politiques, qui forment la troisième branche du système des connaissances, sont représentées, dans les Écoles centrales, par le cours d'Histoire, dans lequel se fond l'enseignement de la Géographie, et par le cours de Législation. Ceux qui ne voient dans l'Histoire et dans la Géographie que des sciences de mémoire, ont pu être étonnés du rang qu'elles occupent ici, mais la Géographie ne mériterait pas même le nom de science, si on la réduisait à la simple nomenclature des lieux, qui peut s'acquérir journellement, par l'inspection de cartes, de tableaux, et en consultant des dictionnaires, et qui ne saurait se conserver que par ce moyen. Pour en diminuer la sécheresse, on y joint ordinairement les principaux traits d'histoire relatifs au pays dont on donne la description, l'état de sa civilisation, des forces de son gouvernement, du commerce, de la religion et des mœurs de ses habitans. Tous ces détails, qui dépendent du temps aussi bien que des lieux, feraient double emploi avec l'Histoire, s'ils n'étaient pas réunis à son enseignement. L'autre partie de la Géographie, qui concerne la construction et l'usage des cartes, fondée sur les premières notions de la Géométrie et de l'Astronomie, se partage naturellement entre le cours de Mathématiques pures et celui de Physique, les unes pouvant être indiquées dans l'exposition des propriétés géométriques de la sphère, et les autres dans celle du système du monde.

La narration des faits dans l'ordre de leurs dates, ne composerait pas non plus l'ensemble d'un cours, si les conséquences qui résultent de ces faits n'étaient susceptibles de développement par rapport aux institutions sociales, au progrès de la civilisation, à la conduite des individus, et ne présentaient la série d'expériences par lesquelles le professeur de Législation doit établir ou vérifier les principes généraux de la science qu'il enseigne.

On sent que ces principes ne devaient tenir que peu de place dans l'enseignement des Écoles centrales, qui, tendant toujours vers les applications, ne pouvait s'arrêter sur des spéculations abstraites, dont il est si facile d'abuser, lorsqu'on ne les circonscrit point dans les limites que l'observation des évènemens et l'histoire du cœur humain leur assignent. Mais le professeur pouvait remplir d'une manière bien avantageuse la durée de son cours, en se livrant à l'exposition des principales branches du système de législation civile et criminelle en vigueur dans l'État. Les lois, dans lesquelles on n'a pu prévoir tous les cas particuliers, prennent souvent, par cette raison, aux yeux de l'homme qui les a enfreintes par ignorance, et en se laissant aller à ce que ses lumières naturelles et le bon sens lui dictaient sur sa position, un caractère d'injustice qui l'irrite, qui le rend astucieux. Cet inconvénient très grave, qui souvent a des suites funestes pour les individus, suffirait seul pour rendre indispensable l'enseignement général de la Législation, quand même ce ne serait pas un devoir rigoûreux de mettre, le plus qu'il est possible, à la portée des membres d'un État, les règles auxquelles ils sont assujettis. *Les crimes seront d'autant moins fréquens, que le texte sacré des lois sera lu et entendu d'un plus grand nombre d'hommes*, a dit Beccaria (*Dei Delitti et delle Pene*, § V). (1).

La morale n'étant que la législation des individus, son enseignement, quoiqu'il n'ait point été indiqué dans la loi, est compris implicitement dans celui de la Législation générale, puisque les règles de la conduite des hommes, soit qu'on les établisse de société à société, ou d'individu à individu, trouvent leur base dans la considération de nos besoins et de nos facultés, d'où naissent nos droits et nos devoirs. On ne saurait nier, en effet, qu'il existe une morale universelle, que les philosophes de tous les temps, de tous les lieux,

---

(1) Catherine II, dans son *Instruction* sur un nouveau Code, dit aussi : « C'est à la législation à suivre » l'esprit de la nation (art. 57, chap. VI). Avec les lois » pénales entendues toujours à la lettre, chacun peut » calculer et connaître les inconvéniens d'une mauvaise » action, ce qui est utile pour l'en détourner, et les » hommes jouissent de la sûreté de leurs personnes et » de leurs biens, ce qui est juste, puisque c'est la fin » sans laquelle la société se détruirait (art. 156, » chap. VII). Les lois doivent être écrites en langue » vulgaire, et le code qui les renferme toutes doit » devenir un livre familier (art. 175, chap. VII). »

(*Journal des Savans*, octob. 1817, p. 607.)

de toutes les sectes, ont reconnue et enseignée, et qui a souvent arrêté la superstition et le fanatisme. Si les philosophes ont différé sur son origine, sur ses fondemens, ils ont été d'accord sur ses résultats; ils ont toujours conclu que le moyen le plus assuré, et par conséquent celui que prescrit notre intérêt bien entendu, pour se procurer le degré de bonheur auquel on peut espérer raisonnablement d'atteindre, ou pour diminuer la somme des maux dont on peut être menacé, était de pratiquer la vertu. Heureusement, il est incontestable que la morale usuelle, si nécessaire à tous les hommes, quelque culte qu'ils professent, quelques dogmes qu'ils croient, ne repose que sur des principes avoués par le simple bon sens dès qu'ils sont énoncés, et plus encore sur de bonnes habitudes. Sans cela, l'inquiète curiosité de notre esprit sur les causes placées hors de sa portée, notre goût pour la dispute, et les querelles théologiques qui en sont la suite, et qui n'engendrent des troubles que lorsqu'un gouvernement peu éclairé ou tyrannique ose prescrire des opinions, auraient rendu impossible l'existence de la société, en altérant les règles de la conduite des citoyens les uns envers les autres, par l'introduction des diverses sectes qui se partagent la croyance humaine. Leur conflit et les doutes que produit la controverse, amenant aussi dans un grand nombre d'esprits une incrédulité absolue, sans que pourtant, quoi qu'on en dise, la dépravation croisse en raison du relâchement apparent des liens religieux, il en résulte que les bonnes lois, maintenues avec force, ont un supplément efficace dans les notions générales du juste et de l'injuste, sur lesquelles se règle l'opinion publique (1). Tels étaient sans doute les motifs qui,

(1) Il suffit de lire *Grégoire de Tours*, *Frédegaire* et *la Vie de saint Léger*, pour se convaincre de la vérité de cette assertion. Jamais le peuple n'eut une foi plus robuste qu'à l'époque de ces écrivains (le 6e et le 7e siècle) : les miracles étaient presque continuels; les châtimens opérés par les reliques des saints, par des voies surnaturelles, ne manquaient pas de tomber sur les coupables; et cependant les mêmes crimes étaient toujours aussi multipliés. *Voyez* les deux premiers volumes de la collection des *Mémoires relatifs à l'Histoire de France, depuis l'origine de la monarchie jusqu'au 13e siècle*, publiée par M. Guizot. *Voyez* aussi, dans les *Pensées diverses à l'occasion de la comète* (tome III des *OEuvres diverses* de Bayle, ou tome VIII de l'*Analyse* de ses Œuvres), à quoi se réduit l'influence de la religion sur la conduite de la plupart des hommes, et dans les excellentes *Observations sur la Virginie*, par Jefferson (paragraphe de la RELIGION), combien la plus entière liberté des cultes est loin de nuire à la morale.

On trouve dans les dernières éditions de cet ouvrage

joints à l'intention de faire jouir tous les citoyens, à quelque communion qu'ils appartinssent, du bienfait de l'instruction, avaient fait écarter de l'enseignement général les matières qui ne pouvaient être soumises en tout au raisonnement ou à l'expérience.

Les cours dont je viens d'indiquer l'esprit, coordonnés seulement par l'âge auquel on y était admis, savoir : douze ans pour la première section, quatorze pour la seconde, et seize pour la troisième, se combinaient sans peine, de manière à offrir un enseignement partiel propre à un but particulier, ou à continuer une éducation déjà commencée. Le jeune homme qu'on aurait destiné seulement aux arts ou au commerce, pouvait associer l'étude du dessin, celle des langues anciennes, avec celle de l'Histoire naturelle, et y faire succéder celle des Mathématiques et de la Physique, laisser même de côté les langues anciennes, si, dans sa première instruction, il avait acquis une connaissance suffisante des règles de sa langue et de l'orthographe. Les élémens de la législation positive auraient été utiles au négociant ;

---

l'acte passé en 1786, par l'assemblée de Virginie, pour établir la liberté religieuse. Ce droit imprescriptible y est reconnu et proclamé avec autant de dignité que de force.

le militaire aurait pu se passer de l'Histoire naturelle, et se borner presque au dessin, aux Mathématiques, et à la partie de la Physique qui regarde les machines. Le cours des langues vivantes, que l'Administration départementale n'aurait pas manqué de déterminer d'après les localités, eût été généralement utile; mais le Corps législatif ajourna toutes les demandes qui lui furent adressées à ce sujet.

Quant à l'enseignement complet, dont la durée ne s'élevait pas au-delà de six ou huit années, même en doublant plusieurs cours, on pouvait y prendre une teinture des premiers élémens du savoir en général. Et quel avantage ne serait-ce pas pour la jeunesse, qui le plus souvent ignore à quoi les vicissitudes du sort la conduiront, d'être préparée à étudier et à concevoir les principes d'un art ou d'une science quelconque, par les premières notions qui lui ont été inculquées, et par la connaissance des sources où peuvent se puiser ces principes?

La durée des cours, nécessairement très limitée, ne permettait pas de pousser bien loin l'enseignement de chaque science, surtout en se conformant aux règles de la vraie méthode, qui commande impérieusement de préférer un petit nombre de vérités fondamentales bien développées, à des théories élevées, parcourues rapidement, ou seulement esquissées; et j'entends, à ce sujet, beaucoup de gens se plaindre que les Écoles centrales ne pouvaient faire que des demi-savans.

Les déclamations sur les demi-savans, les demi-connaissances, sont le champ de bataille ordinaire des ignorans et des savans entachés de pédantisme : les uns s'en servent pour justifier leur paresse, les autres pour élever leurs prétentions. La force des objections de ces derniers ne vient que de ce qu'on ne s'entend pas communément sur ce que désigne l'expression *demi-connaissances*. Ce n'est pas de ne savoir que la moitié des choses qu'il est dangereux, si l'on sait bien cette moitié, mais c'est de ne savoir qu'à moitié chaque chose. Toutes les fois que des notions sont claires et précises, qu'elles sont conçues nettement et bien approfondies, quelque peu étendues qu'elles soient, elles peuvent être utiles et jamais nuisibles. Mais quand l'esprit n'aperçoit les résultats qu'à travers des nuages ; que sans avoir parcouru tous les anneaux de la chaîne qui les lie entre eux, il veut s'en créer une explication, il tombe souvent dans le vague ; et par des inductions fausses, des analogies trompeuses, se précipite dans une suite de paralogismes. C'est ce qui arrive quand on passe trop légèrement sur les principes, et ce qui rendait, par exemple, l'instruction mathématique des Écoles centrales, tout élémentaire qu'elle était, si supérieure à celle des anciens colléges, poussée beaucoup au-delà.

Un entendement accoutumé à n'être satisfait que de ce qu'il saisit bien distinctement, à ne s'arrêter que sur des idées lumineuses et complètes, quelque petit nombre qu'il en possède, suffit pour résister aux prestiges du charlatanisme, qui se trahit alors par l'obscurité dont il s'enveloppe, soit à dessein, soit par le défaut d'exactitude de ses théories et des résultats qu'il en a déduits.

Les Écoles centrales remplissaient donc les conditions que les philosophes du dernier siècle désiraient dans les anciens établissemens, puisqu'elles présentaient une instruction complète dont toutes les parties étaient utiles et pouvaient être réunies ou séparées à volonté. Cependant cette association des premiers élémens des sciences physiques et mathématiques, des sciences morales et politiques, à ceux des belles-lettres, qui parmi nous a paru aux personnes accoutumées au cercle étroit où s'étaient renfermées nos universités, un luxe d'enseignement, n'était qu'une réduction très sommaire du système de cours adopté dans les principales universités du nord (1), et même d'un autre plan

(1) Comme il m'a paru que l'enseignement de ces

qui, en vertu d'une loi rendue le 10 ventôse an III (1795), avait eu un commencement d'exécution.

Ce plan établissait dans les Écoles centrales treize professeurs, savoir :

Un de Mathématiques,
Un de Physique et de Chimie expérimentales,
Un d'Histoire naturelle,
Un de Méthode des sciences ou logique,
Un d'Économie politique et Législation,
Un d'Histoire philosophique des peuples,
Un d'Hygiène,
Un d'Arts et Métiers,
Un de Grammaire générale,
Un de Belles-Lettres,
Un de langues anciennes,
Un de langues vivantes,
Un des arts du dessin.

Les difficultés qu'on rencontra pour remplir les cadres de l'organisation prescrite par la loi du 3 brumaire an IV, à cause de la nouveauté de plusieurs enseignemens qui n'étaient pas

---

écoles, quoique annoncé régulièrement dans les gazettes allemandes, n'était pas encore très connu en France, j'ai cru à propos d'en insérer deux programmes à la fin de la première section, pour montrer l'esprit de ces établissemens, bien différens de ceux que nous possédions autrefois sous le même nom.

encore descendus dans les écoles du second degré, avaient été si grandes à l'égard du plan que je viens de rapporter, qu'elles contribuèrent beaucoup à le faire modifier. On dut regretter cependant le cours d'hygiène et celui d'arts et métiers, dont l'utilité, quoique incontestable, paraît n'être pas encore assez sentie.

Les effets bien constatés d'un régime approprié au climat, au tempérament et à la nature des occupations, ne laissent aucun doute aux personnes tant soit peu initiées dans la Médecine, que la propagation des préceptes de l'hygiène ne soit importante non-seulement pour les individus, mais pour l'accroissement de la population ; et d'ailleurs ce cours, nécessairement précédé de notions générales d'Anatomie et de Physiologie, aurait répandu des connaissances très propres à diminuer la funeste influence qu'exerce, même sur des personnes assez éclairées, la multitude de charlatans qui se mêlent de l'art de guérir.

Pour le cours d'arts et métiers, il manquait un ouvrage où les procédés fussent classés et décrits par genres et espèces, en partant de la matière à laquelle on les applique et du résultat qu'on en attend ; ce qui peut être exécuté sans entrer dans les détails d'une description complète de chaque art, parce qu'ils ont entre eux des parties communes qu'il est inutile de répéter. On sent les secours que l'enseignement des Mathématiques et de la Physique prêteraient à celui dont il s'agit, et dans lequel on passerait en revue la partie de la Mécanique qui a pour but l'invention et la composition des machines, partie encore neuve; car jusqu'ici on n'a fait que la théorie mathématique des machines simples, et on n'a donné que des descriptions spéciales des machines connues. De là une foule de répétitions où l'on cherche inutilement l'assemblage qui doit produire l'effet particulier dont on a besoin, où se perdent des constructions très ingénieuses qui ont été inventées déjà plusieurs fois; de là l'impossibilité dans laquelle la plupart des hommes que rebute le défaut de méthode, sont d'apprécier le mérite d'une machine, et qui les rend quelquefois dupes du plus misérable charlatan; tandis que si, aux prolixes compilations qu'on ose à peine feuilleter dans le plus grand besoin, on substituait un traité présentant isolément, par ordre de propriétés, les divers moteurs connus et tous les moyens employés, soit pour transporter dans une direction le mouvement imprimé dans une autre, soit pour accroître la force aux dépens de la vitesse, ou réciproquement, on ne serait plus à la discrétion des mécaniciens, qui, lors même qu'ils sont instruits, ne sont presque jamais exempts de charlatanisme, parce qu'ils sentent la difficulté où l'on est en général de vérifier leurs assertions, en recourant aux matériaux qu'ils n'ont pu rassembler et digérer qu'à force de temps (1).

Les Écoles centrales n'auraient pu être complétées sous les rapports précédens que par une nouvelle loi; mais elles reçurent dans le cours de leur existence, par la simple impulsion du ministère de l'intérieur, une addition qui pouvait devenir très importante (2).

Dans l'organisation des nouvelles Écoles de Médecine, le bibliothécaire se trouvait chargé d'un cours spécial sur la bibliographie des ouvrages relatifs à l'art de guérir; par une extension naturelle de cette idée, le bibliothécaire de chaque École centrale fut invité à donner, sur la bibliographie et l'histoire littéraire, des leçons comprenant tous les détails nécessaires pour faire connaître la marche de l'esprit hu-

---

(1) En 1808, l'École Polytechnique a publié l'*Essai sur la Composition des Machines*, que MM. Lanz et Bétancourt ont rédigé dans le but énoncé ci-dessus; cet ouvrage a été suivi (en 1811) du *Traité élémentaire des Machines*, par M. Hachette.

(2) Ce qui suit est tiré en partie d'une circulaire émanée en l'an VII (1798) du Ministère de l'Intérieur, et dont le plan ainsi que la rédaction me furent confiés.

main dans ses progrès et même dans ses erreurs, en éloignant tout ce qui tient à cette érudition pédantesque propre seulement à étouffer le vrai savoir. Un tel cours ne pouvait évidemment qu'ajouter beaucoup aux avantages que présentait l'établissement des Écoles centrales, et s'accordait bien avec l'esprit qui avait présidé à leur formation. En effet chaque professeur ne peut guère s'occuper dans ses leçons que de la partie dogmatique de la science qu'il enseigne, et tout au plus indiquer à ses élèves les auteurs qui en ont traité avec le plus de succès; mais outre ces pères de la science, dont il est souvent réduit à ne citer que les noms, il existe encore dans chaque partie un grand nombre d'écrivains estimables qui, par des découvertes moins brillantes que celles qui ont illustré les premiers, ou seulement par des rapprochemens heureux, ont fait faire aux connaissances humaines des pas nécessaires à leurs progrès, et ont influé par là d'une manière marquée sur les succès des grands hommes qui sont venus après eux. Un inventaire général de ces matériaux ne pouvait être fait que dans un cours de bibliographie destiné à former le couronnement de l'édifice complet de l'instruction : il retraçait aux élèves l'enchaînement et l'utilité des divers genres de connaissances auxquelles on avait tâché de les initier. Les réflexions générales qui constituent la philosophie des sciences, qui gravent pour toujours dans la mémoire leur marche et la forme de leurs méthodes, et qui se perdent en quelque sorte dans l'exposition successive des diverses propositions de chaque corps de doctrine, venaient se placer là comme d'elles-mêmes, et tiraient de leur réunion un plus haut degré de force et de clarté en même temps qu'elles inspiraient un intérêt plus grand.

Quel spectacle en effet plus digne d'occuper une tête pensante, que la liaison qui existe entre les résultats si nombreux et si variés que l'esprit a déduits des rapports des sens, ce qu'il y a ajouté de son propre fonds, et enfin le parti qu'il en a su tirer pour satisfaire à ses besoins ou pour se procurer les jouissances les plus pures comme les plus douces ! Quoi de plus convenable à un jeune homme prêt à entrer dans le monde pour y exercer des fonctions honorables, que de passer en revue toutes les richesses que l'instruction qu'il vient de recevoir a mises à sa disposition, et de se préparer une espèce d'agenda propre à le diriger dans toutes les recherches qu'il voudra entreprendre, de quelque nature qu'elles soient, et au moyen duquel il pourra augmenter ses connaissances, même au milieu des distractions et des affaires, parce qu'il aura toujours un but certain, et pour y parvenir, une route bien tracée.

En parcourant ainsi toutes les branches du système des sciences, sous les yeux des jeunes gens enflammés du désir de les cultiver, on donne une impulsion féconde à cet esprit de recherche qui, pour se développer, n'attend que l'indication des objets dignes de le captiver, et on met au niveau des savans de la capitale ceux qu'arrête dans leur carrière, la difficulté de suivre loin du foyer des lumières les progrès de l'esprit humain, et qui ne peuvent attendre que du hasard la connaissance des sources où ils puiseraient une instruction nécessaire pour leur épargner une foule de tentatives inutiles, et pour les mener à la vérité par le chemin le plus court.

Sans doute s'il fallait suivre toutes les sciences et tous les arts dans leurs subdivisions, présenter l'extrait raisonné des ouvrages techniques un peu importans, une pareille entreprise aurait droit d'effrayer; mais il suffit de distribuer dans un ordre clair et précis, en s'attachant à la division des matières plutôt qu'à celle des siècles, les livres remarquables; et pour cela, de se former un tableau analytique du système général des connaissances, de montrer, depuis les époques les plus reculées jusqu'à nos jours, la route parcourue par chaque science en particulier, route, pour ainsi dire, jalonnée par les divers ouvrages recommandables qu'a produits chaque siècle, et de s'arrêter sur les rapprochemens auxquels ils donnent lieu, en plaçant à la tête de chaque division des sommaires sur la nature des objets qu'elle renferme, et sur le rang qu'ils doivent occuper dans le système général de nos connaissances. Indépendamment des secours que la personne chargée de cet enseignement aurait pu trouver dans les écrivains du dix-huitième siècle, qui se sont beaucoup occupés de l'analyse des sciences en général, il eût été naturel qu'elle demandât à chacun des professeurs une esquisse de l'histoire et de la métaphysique de la science qu'il enseignait; et avec ces données, il ne restait plus qu'à décrire, comme on a coutume de le faire, les éditions précieuses par leur rareté ou leur correction, les principaux indices auxquels on peut découvrir l'époque des anciens manuscrits, et ce qui concerne la connaissance matérielle des livres (1).

On se serait bien trompé sans doute en se flattant que ce cours de bibliographie aurait, dès ses commencemens et dans toutes les écoles, la même étendue et le même succès; mais quel-

(1) La circulaire que j'ai citée contenait l'essai d'un plan de classification des matériaux du cours proposé. On le trouvera à la fin de la première section de cet ouvrage.

que imparfait qu'il eût été dans les premières années et dans les lieux où les lumières avaient le moins pénétré, il se serait infailliblement perfectionné par l'effet du temps et de la succession des hommes, et plus promptement encore par l'émulation qu'excitait entre les professeurs de toutes les Écoles centrales, la liberté qu'on leur avait laissée dans la direction des études, et qui, en leur assurant tout l'honneur des améliorations qu'ils pouvaient introduire, leur faisait aussi porter toute la responsabilité des fautes qu'ils pouvaient commettre.

L'article de la loi où la forme de l'enseignement, les subdivisions des cours, accessoires purement réglémentaires, qui tiennent plus aux hommes qu'à la chose, étaient renvoyées aux autorités locales, reçut une sanction d'un grand poids, dans le règlement des Écoles centrales du département de la Seine, rédigé par Lagrange, Laplace et Garat, alors membres du jury d'instruction. Ces hommes, si familiarisés avec la marche de l'esprit humain, convaincus que la première et presque l'unique condition pour garantir le succès d'une école, est d'y intéresser l'amour-propre des maîtres, et pour cela de n'en choisir que de capables d'aspirer aux suffrages de leurs élèves et de leurs concitoyens, confièrent encore aux professeurs l'entière direction de l'enseignement. Ils ne craignaient pas qu'aucun d'eux laissât sa classe déserte plutôt que de s'abaisser au niveau des jeunes gens que pouvait lui fournir la ville où il enseignait. Ils ne recommandèrent point que l'enseignement fût élémentaire, parce que, d'une part, le premier intérêt du maître était de le rendre tel, et parce que, de l'autre, l'intérêt public exigeait que pour tirer un meilleur parti des jeunes gens nés avec des dispositions, les seuls dont l'instruction soit vraiment avantageuse à la société, dès qu'il s'agit d'autre chose que de la lecture et de l'écriture, il ne descendît pas au-delà de ce que ces jeunes gens avaient appris dans leur premier enseignement: et comme cet enseignement est multiplié et peu dispendieux dans les grandes villes, les élèves arrivaient aux Écoles centrales avec un degré d'instruction qui devait nécessairement y relever le cours, tandis que dans les villes moins populeuses ou plus éloignées du centre de l'empire, il fallait insister davantage sur les premières notions. Mais cet abaissement ne devait être que momentané; l'instruction aurait bientôt repris de la force, soit par l'effet de la propagation des lumières, soit par l'augmentation des moyens d'enseignement particuliers.

C'était ainsi que l'on pouvait répondre à ceux qui voulaient que l'on supprimât quelques-unes des branches les plus élevées de l'enseignement des écoles placées dans les villes moins importantes, pour y introduire des cours plus élémentaires; qu'on établît, par exemple, jusqu'à l'entière organisation des Écoles primaires, dans chaque École centrale, deux maîtres chargés d'enseigner les premiers principes de la langue française, l'usage du dictionnaire, l'orthographe et la pratique du calcul arithmétique. On ne peut nier que cette innovation n'eût été très utile dans un grand nombre de ces établissemens, mais elle serait devenue chaque jour moins nécessaire; et parce que les parens, encore imbus des préjugés contractés dans leur première éducation, préféraient l'enseignement des langues anciennes, inutile le plus souvent à leurs enfans, à celui des autres sciences qu'ils ne connaissaient pas, ce n'était point une raison de supprimer ce dernier. Les institutions d'un peuple ne se perfectionnent qu'en suivant les vues des hommes éclairés; et si l'on attendait que la multitude demandât des changemens dans les objets qui surpassent ses lumières, les améliorations du système social n'auraient jamais lieu. Il faut que les gouvernemens traitent le peuple comme un père traite ses enfans; qu'ils emploient leur raison à suppléer la sienne, qu'ils mettent à sa portée les objets qui lui sont utiles; qu'ensuite ils aient la patience d'attendre que le temps dessille les yeux aveuglés par la routine, dissipe les préjugés; et alors ils recueilleront le fruit de leur sagesse.

Il ne fallait pas non plus juger l'enseignement donné à des jeunes gens, inégaux en facultés intellectuelles comme en instruction, de la même manière que l'on aurait fait une éducation particulière. Lorsqu'il n'a qu'un seul élève, le maître peut en étudier l'intelligence, et apprécier l'application, régler sur ces données la force de ses leçons, faire naître à propos les sujets d'observation ou d'expérience sur lesquels il veut attirer l'attention de cet élève, et ne perdant aucun de ses mouvemens, saisir l'instant favorable pour accroître ses connaissances ou dissiper ses erreurs. Dans une classe, au contraire, l'enseignement doit avoir une marche uniforme, calculée sur les dispositions moyennes, assez graduée pour ne pas échapper aux élèves médiocrement intelligens, mais laborieux, et cependant assez rapide pour exciter l'intérêt et l'émulation de ceux que la nature a favorisés, et qui annoncent, par des talens précoces, ce qu'ils doivent être un jour.

Il suffit d'avoir quelque teinture des arts, pour savoir qu'il est des produits qu'on rejette dans les établissemens où les matières se manufacturent en grand, et dont l'artiste pourrait encore tirer parti en y appliquant des procédés convenables, mais longs, dispendieux, et qui le détourneraient de l'attention qu'il doit donner à l'ensemble de ses travaux. Ce que l'intérêt particulier dicte aux fabricans de matières inertes, l'intérêt national le prescrit aux législateurs qui organisent l'instruction publique, aux professeurs qui la répandent. La prospérité d'un peuple résulte de l'emploi sagement combiné des choses et des hommes. L'État ne peut ni ne doit faire acception des individus, mais seulement des talens : il lui importe que ceux qui se montrent avec éclat trouvent tous les moyens de se développer pour l'utilité de la patrie, plutôt que pour l'avantage de l'individu qui les possède. L'homme qui ne saurait tirer qu'un faible parti de ses forces morales, servira son pays d'une manière bien plus profitable en exerçant ses forces physiques : c'est un fer qui ne peut recevoir la trempe propre à en former des instrumens précieux, mais qui servira à lier les matériaux d'un grand édifice et à en augmenter la solidité.

La sévérité de l'enseignement dans les écoles publiques du second degré est donc avantageuse à la société, puisqu'elle offre le moyen de reconnaître les esprits propres à recevoir la culture, et d'écarter ceux qui ne sauraient en profiter. La variété des matières de l'enseignement concourt au même but; et la possibilité de s'exercer bientôt dans le genre qui leur plaira le mieux, en ôtant aux élèves le prétexte d'attendre, pour avouer leur incapacité, la fin d'un long cours d'études, leur rend un signalé service; car celui qui a contracté l'habitude de se livrer aux occupations sédentaires du cabinet et à la méditation, quelque peu de succès qu'il y ait, revient difficilement aux travaux manuels; et s'il a passé beaucoup de temps dans des études infructueuses, tandis que ses facultés lui prescrivaient d'apprendre un métier qui pût assurer son existence, il est, à coup sûr, malheureux pour le reste de ses jours. Beaucoup de jeunes gens qui se trompent sur leurs dispositions pour la peinture ou pour les lettres, et n'ayant pas au moins le bon esprit de celui dont parle Diderot, qui s'était fait *tambour*, en quittant la peinture pour la musique, en sont de tristes exemples (1). La marche de l'enseignement du dessin, assez semblable encore à celle de l'enseignement des lettres, est en grande partie cause de cet inconvénient, qui m'a suggéré des idées sur lesquelles je reviendrai dans la suite (2).

---

(1) *Observations sur le Salon de Peinture* de 1765.

(2) *Voyez* le paragraphe du *Complément des Élémens de Géométrie*.

Des hommes, plus par ignorance peut-être que par mauvaise foi, n'ont voulu voir dans les Écoles centrales que des cours oraux, et ont redit jusqu'à satiété qu'il fallait à la jeunesse des classes et non des cours. Cette manière de parler est curieuse dans la bouche de gens qui prétendent posséder la langue dans sa pureté, et qui se croient appelés à faire renaître parmi nous l'éloquence et le bon goût. Ils ont donc oublié que le mot *cours*, appliqué à une science, désigne l'ensemble des leçons données sur cette science, sans rien déterminer sur la manière dont elles sont présentées; que les anciennes études comprenaient deux cours distincts, celui des humanités ou des langues savantes et celui de philosophie, et que ces cours étaient subdivisés en classes.

En conservant au mot *cours* l'acception qu'il avait autrefois, il a bien fallu nommer ainsi, dans les Écoles centrales, les divers enseignemens dont l'objet est distinct; mais comme il s'agissait d'enfans ou de jeunes gens qu'il était nécessaire de familiariser avec les difficultés du travail, et non d'amateurs attirés seulement par la simple curiosité, enfin que l'auditoire était composé de vrais écoliers, la force des choses prescrivait impérieusement au maître de donner des devoirs, des compositions, de faire des interrogations fréquentes, et d'employer les encouragemens et les réprimandes, pour obtenir l'application.

L'expérience a bientôt convaincu que le professeur qui parle long-temps de suite, maintient difficilement le silence et l'attention, même dans un auditoire composé d'élèves qui sont déjà sortis de l'enfance; mais avec de plus jeunes, il est toujours indispensable d'exercer une surveillance très active, et en même temps d'éprouver le plus qu'il se peut leur intelligence. Le professeur a donc besoin d'une grande liberté de corps et d'esprit, pour suivre des yeux tous leurs mouvemens, seul moyen de prévenir les distractions ou les espiégleries que des punitions, toujours trop sévères pour de pareilles fautes, ne peuvent jamais empêcher. Cette même liberté ne lui est pas moins nécessaire pour imaginer des questions propres à s'assurer comment les élèves ont saisi la doctrine qui leur a été enseignée, et pour improviser des explications qui se rapportent à des difficultés qu'il n'a pu prévoir, parce qu'elles sont aussi variées que les tournures d'esprit de ceux qui l'écoutent. D'un autre côté, pendant que l'élève rend compte de ce qu'il a dû apprendre, le maître, devenant auditeur, peut mieux juger des corrections qu'il doit faire à son texte, et des développemens qu'il doit ajouter à son explication.

Pour mettre de l'ordre dans la marche des

leçons, qu'il convient de rendre uniforme, il est avantageux de diviser chacune en deux parties, dont la première soit la répétition de la leçon précédente, par plusieurs des élèves pris au hasard et interrogés successivement, et dont la seconde soit consacrée à l'exposition de matières nouvelles. Cette dernière paraît ne pouvoir être faite que par le professeur lui-même; mais s'il a indiqué à ses élèves un texte rédigé avec assez de soin pour qu'ils puissent s'y conformer, à quelques légers détails près, et qu'il ait des sujets qui réunissent à une intelligence marquée, de la facilité à s'exprimer, il rendra son enseignement bien plus profitable, en les chargeant, chacun à leur tour et après les avoir prévenus d'avance, de préparer, sous son inspection, la matière qui doit faire l'objet de la répétition suivante.

Non-seulement il exercera ainsi, dans l'art de parler, les plus distingués de ses élèves, il les préparera à l'enseignement, auquel plusieurs d'entre eux seront nécessairement appelés par leurs dispositions; mais il pourra souvent profiter de leurs remarques, et des moyens qu'ils auront employés pour lever par eux-mêmes les difficultés qui les arrêtaient dans leur étude particulière. Stimulées par les encouragemens de leur maître, par l'approbation de leurs camarades, leurs jeunes intelligences s'élèveront quelquefois jusqu'à des points de vûe nouveaux ; et ils indiqueront, pour l'ouvrage qu'on aura mis entre leurs mains, des simplifications, des corrections qui peut-être ne se seraient pas présentées à l'auteur. J'avoue, en me rappelant avec plaisir l'empressement et la candeur qu'ils y mettaient, les services que je dois à un grand nombre de jeunes gens aussi studieux qu'aimables, que j'ai eu le bonheur de posséder à mes leçons : mes ouvrages, entrepris uniquement dans la vue de leur épargner la peine de recourir à des matériaux épars, ont considérablement gagné par leurs observations, presque toujours justes, et souvent très fines. Ce moyen n'était pas moins utile à l'instruction générale des élèves, en formant les meilleurs répétiteurs que je pusse leur proposer, parce qu'aucune habitude étrangère n'altérait les principes que ces répétiteurs tenaient de moi ; et que, sans en rien conclure pour la prééminence de la méthode qu'emploie un professeur, il est de toute nécessité qu'elle soit strictement suivie par rapport à ceux qui voient pour la première fois les matières qu'on leur enseigne. Les leur présenter sous des points de vue différens, serait les éblouir et non les éclairer ; ce n'est qu'en parcourant plusieurs fois le sentier par lequel on les a conduits d'abord, qu'ils peuvent en saisir les détours. De plus, des jeunes gens animés du désir de s'exercer et d'affermir leurs connaissances en instruisant les autres, n'exigeaient pour ce soin, qui leur était utile à eux-mêmes, que des rétributions très modérées; et comme chaque année il s'en présentait de nouveaux, qui succédaient à ceux que leurs talens avaient introduits dans des professions lucratives ou honorables, la disposition des répétitions particulières, pour lesquelles on s'adressait à moi, me fournissait des espèces de *bourses*, qui ont contribué à soutenir dans leurs études des écoliers dont la fortune ne secondait pas le talent, et qui auraient été obligés de les discontinuer sans ce secours.

Si l'avantage d'avoir pour les leçons un texte imprimé produit les bons effets que je viens d'indiquer, il concourt aussi à augmenter le temps que les élèves peuvent donner à l'étude et à l'application des règles, et qui se trouvait presque perdu lorsqu'on dictait des cahiers.

Ce procédé ne saurait être tolérable que pour un enseignement nouveau, dont il n'existe point d'élémens sortis de quelque plume un peu distinguée, et dont les matériaux sont disséminés dans des mémoires, ou dans des ouvrages qui ne peuvent passer entre les mains des élèves, sans être considérablement réduits. Alors, que pour une première ou une seconde année, tout au plus, le professeur, dans la vue d'essayer pour ainsi dire sa méthode et sa rédaction, dicte à ses élèves le premier jet du livre qu'il se propose de faire imprimer, cette épreuve lui fournira des occasions de le perfectionner considérablement ; et encore arriverait-il plus sûrement et plus tôt au même but, s'il lui était possible de publier d'abord ce premier jet avec la facilité d'en donner promptement de nouvelles éditions, dans lesquelles il mettrait à profit les remarques qu'il aurait faites. Il pourrait alors entrer dans des détails que ne comportent point des cahiers, bornés nécessairement à des résumés succincts, pour que le temps qu'exige leur transcription n'absorbe pas la durée de la classe, où l'on doit comprendre celle des explications et de la correction des devoirs. Hors de ce dénûment absolu, rien ne peut dispenser un professeur d'adopter pour texte de ses leçons un ouvrage imprimé qu'il développe avec soin, ou qu'il étend dans quelques points, s'il est nécessaire. La rédaction des remarques qu'il ajoutera de vive voix à ce texte, toujours peu nombreuses quand l'ouvrage sera bien choisi, servira d'exercice aux élèves, qui seront tenus de la rapporter comme *devoir*.

C'est à de pareilles rédactions et à celle de la solution des problèmes qu'on leur propose, que doivent se borner les cahiers faits par les élèves eux-mêmes. Je ne saurais approuver l'usage où sont quelques maîtres, d'exiger que les jeunes gens rédigent dans leur particulier les leçons qu'ils ont reçues. Ce travail ne peut être fait avec quelque succès que par ceux qui possèdent déjà l'art d'écrire, et qui savent reconnaître ce que l'addition ou l'oubli d'une phrase incidente, le choix bien ou mal fait d'un mot, peuvent apporter de netteté ou d'imperfection dans l'énoncé d'un principe ou d'un résultat. Il est incontestable que l'auteur, habitué à manier les formes du langage, pour rendre les idées qu'il conçoit, et à qui de longues méditations ont laissé le temps de rencontrer l'expression propre, doit être à cet égard plus généralement heureux que les élèves. Ils feront donc beaucoup mieux d'analyser ses phrases, de se rendre compte de toutes les circonstances qu'elles expriment, que d'essayer d'y substituer leurs aperçus, le plus souvent vagues et incomplets.

Ce que je viens de dire ne convient qu'à l'enseignement des livres où l'auteur, en empruntant à ceux qui l'ont précédé, les propositions qui composent le fond de la science, et en y ajoutant les nouvelles découvertes, ne borne pas son travail à *juxta-poser* les divers morceaux qu'il a rassemblés; mais les fait coïncider le plus qu'il est possible, sait ouvrir des communications nouvelles entre des théories découvertes par des routes opposées, et surtout ne se contente jamais de termes à peu près équivalens et de circonlocutions diffuses, quand il sent qu'on peut atteindre au mot propre et à l'expression précise.

S'il faut tout ce soin pour composer des ouvrages élémentaires dignes de quelque approbation, que doit-on penser de ces hommes que la médiocrité de leur savoir empêche d'écrire pour le public, et qui, voulant paraître, du moins aux yeux de leurs élèves, les égaux de ceux qu'ils jugent à tort et à travers, oublient que dans une série de parties bien ordonnées, la fin est disposée d'après le commencement, et celui-ci préparé pour la fin, se donnent la liberté de faire dans leurs cours des amalgames de traités, et même de morceaux extraits de ces traités, comme s'ils avaient le tact assez sûr pour distinguer ce que chaque écrivain a le mieux présenté? Ils ressemblent assez au peintre malhabile qui, se proposant de composer un tableau sans en exécuter les parties, couperait une tête dans l'un de ceux d'un maître connu, une jambe dans celui d'un autre, et collerait ensuite sur la toile tous ces lambeaux, aussi différens par le style du dessin que par le coloris.

Par la même raison que le défaut d'ensemble et les disparates résultantes de matériaux incohérens nuisent à l'instruction, il n'est pas sans inconvénient de diviser entre plusieurs professeurs l'enseignement des diverses parties d'une même science; tandis qu'en le confiant à un seul, les leçons s'accordent mieux; les matières difficiles, préparées dès les commencemens par des remarques placées à propos, reçoivent de l'enchaînement général un degré de clarté qui leur manquerait absolument dans un cours isolé: enfin le professeur se laisse moins aller au dégoût que donne la répétition fréquente des premiers principes, quand il y voit une préparation à des objets plus intéressans; et comme il recueillera dans les progrès ultérieurs de ses élèves, les fruits du soin qu'il met à leur éclaircir ces principes, il se livre d'autant moins à la routine, que le cercle qu'il doit parcourir est plus grand. D'un autre côté, ceux qui président au choix des professeurs ne peuvent se contenter, dans ce cas, d'hommes aussi médiocres, qu'ils le feraient souvent s'ils ne s'agissait que de classes inférieures, ce qui est toujours nuisible; car, à facilité égale, celui dont le savoir s'étend au-delà des élémens les enseigne beaucoup mieux que celui qui s'y est borné. Si donc l'enseignement doit durer deux ans, et qu'on en charge deux professeurs, que chacun fasse le cours entier avec les mêmes élèves. Mais comme les théories plus élevées ajoutent à la netteté et à l'évidence des premiers principes, dont la nature et le but ne sont souvent bien constatés que par leurs dernières applications, il vaut mieux encore, si l'on a deux ans à donner à un enseignement qui peut à la rigueur être achevé en un seul, prendre ce dernier parti, et faire doubler le cours aux mêmes élèves : dans la première année ils s'en formeront une idée générale, surtout si l'on a soin d'y ménager des repos, et saisiront entièrement dans la seconde les divers rapports du tout.

Le succès des meilleures méthodes d'enseignement dépend aussi beaucoup de l'attention qu'on peut obtenir des élèves pendant la durée des classes, et de leur application dans les intervalles. A l'égard de la première, j'ai déjà dit, et l'expérience m'a toujours fait voir que c'est en cherchant sans cesse les yeux de ses disciples que le maître parvient à les ramener à ce qu'il dit, et à prévenir les distractions, si naturelles à la jeunesse. Ce moyen, qui serait le seul à mettre en usage dans un auditoire composé de gens graves, où l'attention peut cesser, même sans que le bruit naisse, ne doit être soutenu dans une classe que par quelques réprimandes, justes mais brèves. D'ailleurs, puisque c'est à l'intelligence seule que le professeur s'adresse, et que les châtimens ne sauraient en donner à celui qui n'en a point, ni rendre posé un esprit bien décidément dissipé, ils ne doivent pas faire partie des moyens d'enseignement. Il n'y aurait lieu à les employer que pour réprimer des défauts de caractère; mais les fautes qui résultent de ces défauts attirant, dès qu'elles sont connues, sur ceux qui les ont commises, la honte et le blâme des enfans, même les plus jeunes, dont le plus grand nombre a de très bonne heure des notions saines sur le bien et le mal; ces fautes, dis-je, ne sauraient jamais être d'un exemple dangereux pour la tranquillité des leçons; et le maître peut en conséquence en remettre la punition aux parens ou aux instituteurs, en les leur faisant connaître. Ce dernier point entre dans ses devoirs, parce qu'en lui confiant les enfans sur lesquels doit s'exercer à chaque instant leur surveillance, ils la déposent entre ses mains pendant tout le temps qu'il a ces enfans sous les yeux.

On peut encore ajouter à ce qui précède, que l'âge de douze ans, avant lequel on ne pouvait être généralement admis dans les Écoles centrales, était déjà trop avancé pour que la plupart des punitions en usage dans les anciennes écoles n'eussent pas un caractère de puérilité qui les aurait rendues nuisibles et contraires à la dignité de l'homme instruit qui en aurait voulu faire l'application. Les formes romaines, qu'on avait introduites comme moyen d'émulation dans les classes, ne méritent guère plus d'attention de la part des esprits sages. Ces *Empereurs*, ces *Consuls*, ces *Chaires* (1), liés d'abords à de grands souvenirs, soit par rapport aux hommes, soit par rapport aux choses, puis dégradés par des applications enfantines, ne faisaient que servir d'aliment à la pédanterie du maître, qui se rengorgeait dans le gouvernement de ses marmots, comme un dictateur dans celui de la nation qui avait conquis l'empire du monde. On n'a peut-être pas fait assez d'attention au mauvais effet que tous ces usages ridicules produisaient dans les jeunes têtes, qu'il est nécessaire d'accoutumer de bonne heure à des idées justes et modérées, et qu'il faut toujours conduire d'après la vraie mesure des objets dont on les occupe. C'est en leur inspirant le désir d'être remarqués par lui, honorés de ses éloges, encouragés publiquement devant leurs camarades, dont ils acquièrent en même temps l'estime, qu'un professeur, qui sait allier la gravité que lui imposent ses fonctions, avec la simplicité convenable à l'homme éclairé et modeste, dirige ses élèves, et réussit

(1) On donnait ces titres aux écoliers qui étaient les premiers dans les *compositions*, et on les plaçait dans des chaires.

toujours auprès de ceux dont le naturel n'est pas corrompu.

Il résulte de là que, soit directement, soit par un intermédiaire quelconque, il doit s'établir une correspondance suivie entre les parens ou les instituteurs et le professeur; que celui-ci doit avoir le droit de renvoyer d'abord provisoirement, pour un nombre de jours limité, l'élève qui se serait rendu coupable d'insubordination; qu'il doit aussi faire des appels fréquens, afin d'empêcher qu'un élève ne puisse manquer ses classes à l'insu de ses supérieurs immédiats, leur laissant d'ailleurs le soin de le punir suivant leurs vues. Il faut enfin que l'élève totalement indisciplinable, ou qui aurait commis une faute d'un exemple dangereux, puisse être renvoyé définitivement, après qu'on en aura prévenu l'administration départementale et qu'elle y aura consenti. Qu'on ne craigne pas que ces moyens soient insuffisans pour maintenir le bon ordre dans une classe : un professeur acquiert toujours assez d'ascendant sur ses élèves, s'il joint à l'exactitude dans l'accomplissement de ses devoirs une fermeté douce, mais continue, et si des supérieurs, presque toujours inutiles dans l'enseignement, ne lui enlèvent pas le premier rang, auquel ses fonctions lui donnent droit vis-à-vis de ceux qu'il instruit. Sur cette considération seule repose une grande partie de sa puissance morale. La jeunesse obéit beaucoup mieux à celui que personne ne commande, qu'à celui qu'elle voit vexer par des prétentions exagérées, ou qui a la faiblesse de les reconnaître et de s'y soumettre (1). Les devoirs des maîtres sont si simples, si bien tracés; leurs fautes sont si publiques, si faciles à connaître; les inconvéniens du délai, très graves dans l'exécution des ordres dont la réussite dépend du moment,

(1) De quel poids pouvaient être dans les *Écoles des Gardes de la Marine*, par exemple, les conseils et les avertissemens des professeurs qu'une barrière insurmontable (les priviléges de la naissance) séparait de la jeunesse dont l'instruction leur était confiée, et sur laquelle ils n'avaient aucune autorité immédiate. Réduits à porter leurs plaintes à des officiers qui déguisaient à peine sous une politesse froide leur insultant mépris, ces mêmes professeurs fermaient souvent les yeux sur la licence de leurs élèves, pour ne pas s'en rendre les délateurs, rôle toujours indigne d'un homme qui a quelque élévation dans le caractère; et quand ils y étaient forcés par la nature des fautes, voici comme ils étaient reçus : *Je punis M. un tel, parce qu'il a manqué à la politesse qu'un gentilhomme doit avoir; mais ces Messieurs peuvent-ils jamais être impertinens envers vous?* C'est ainsi que l'un des commandans répondait aux justes plaintes que lui adressait un professeur, qui caractérisait par son véritable nom l'injure qu'il venait de recevoir d'un élève.

et qui motivent l'obéissance passive et instantanée qu'on exige du militaire, sont si peu importans ici, que je ne vois point de raison pour ne pas laisser à la réunion des professeurs le droit d'administrer eux-mêmes leur école. Ils ont, dans les élèves qui la fréquentent et dans les parens de ces élèves, des surveillans trop intéressés à leur assiduité pour laisser ignorés de l'administration locale les désordres qui pourraient s'introduire dans la tenue des classes. Enfin, si l'amour-propre et le désir d'être considéré, qui en dérive, doivent être mis en jeu préférablement à tout autre ressort, pour porter au bien les hommes en général, ce sont les seuls qu'il convient d'employer à l'égard des savans et des gens de lettres; et s'il en est que de tels motifs ne puissent engager à remplir leurs devoirs, aucun autre ne les forcera de s'en acquitter; car le maître qui peut consentir à être l'objet du mépris de ses disciples, ne saurait, quelque talent qu'il ait d'ailleurs, et à quelque discipline qu'on l'assujettisse, rien faire d'utile pour leur instruction. Ces principes ont été reconnus dans une circonstance trop remarquable pour que je la passe sous silence. Lorsqu'en 1791 le Gouvernement établit à Châlons-sur-Marne, l'École des élèves du corps de l'artillerie, les professeurs furent appelés, conjointement avec les officiers, dans un conseil qu'ils présidaient à leur tour, à délibérer sur tout ce qui concernait l'administration, aussi bien que sur l'enseignement; et cette disposition libérale, qui se rencontrait pour la première fois dans une école militaire, et qui mettait à leur place les agens les plus essentiels à l'institution, était due à l'heureuse influence que Laplace, alors examinateur des élèves et aspirans de l'artillerie, avait exercée dans l'organisation de leur école.

La nécessité d'entourer les professeurs d'une grande considération, s'oppose également à ce qu'on les assujettisse à des leçons plus multipliées et plus longues que ne l'exige la nature de l'enseignement qui leur est confié. La durée d'une classe est toujours suffisante, quand elle fournit à l'élève un travail capable de l'occuper pendant le temps qui doit s'écouler entre cette classe et celle qui la suit. Veiller à l'exécution de cette tâche, en maintenant le silence parmi les enfans qui n'ont pas contracté l'habitude du travail, et que les parens ne peuvent tenir sous leurs yeux, n'être, en quelque sorte, que le gardien de ces enfans, est un emploi trop subalterne pour que l'on en charge le professeur. Sa fonction est plutôt de diriger l'enseignement, que de se livrer au mécanisme par lequel on fait entrer dans leur mémoire ce qu'il a éclairci pour leur jugement. Des maîtres d'un ordre inférieur, des répétiteurs, sous lesquels les écoliers des colléges allaient à l'étude, pouvaient remplir le même objet, à côté des nouvelles écoles, surtout par rapport aux enfans doués de peu de facilité ou d'application, dont le succès, ainsi que je l'ai déjà dit, importe plus aux parens qu'à la chose publique (1).

Une considération propre au nouveau système d'instruction, établit aussi, pour le nombre et la durée des leçons, une différence entre les colléges et les Écoles centrales. Les sciences faisant la matière de l'enseignement de celles-ci, reçoivent chaque jour des accroissemens qui influent même sur la partie élémentaire : il fallait donc laisser aux professeurs le temps nécessaire pour se tenir au courant, et pour approprier à leurs cours les nouvelles acquisitions qui pouvaient y trouver place. Sans ce soin, la routine s'empare de l'instruction, qui s'affaiblit alors ; et l'on aurait vu reparaître l'intervalle si considérable qui se trouvait, dans les anciennes écoles, entre l'état des sciences et celui de l'enseignement.

---

(1) Les Écoles centrales auxquelles on avait attaché un pensionnat, ont prouvé qu'avec ce supplément, qui n'était pas moins nécessaire aux colléges, le nouvel enseignement était saisi par autant d'individus que l'ancien.

Pour atteindre le véritable but de l'instruction, il faut exiger des jeunes gens des efforts d'autant plus grands qu'ils sont plus avancés, afin de les préparer à chercher dans leur propre travail les connaissances dont ils pourront avoir besoin par la suite. En conséquence la durée des classes, leur fréquence et la préparation des devoirs, premier objet des leçons, doivent d'autant plus se réduire que l'enseignement approche de son terme; et c'est aussi ce que prescrivait le règlement des Écoles centrales du département de la Seine, d'après lequel chaque professeur de la première section donnait leçon tous les jours, et ceux de la seconde et de la troisième, tous les deux jours seulement. Et comme l'attention augmente avec l'âge et avec l'habitude de s'appliquer, la durée de chaque leçon était moindre dans la première section que dans les deux autres. En ajoutant à cela que la succession des cours était arrangée de manière que le même élève pouvait en suivre trois à la fois, l'enfance avait dans ces écoles autant de travail qu'elle en pouvait soutenir, et la variété des leçons rendait ce travail moins pénible. Le dessin se trouvant toujours l'après-midi, remplissait cette partie du jour.

Ce n'est pas ainsi qu'en ont jugé ceux qui avaient l'habitude de captiver sur la plus ennuyeuse et la plus stérile étude, un enfant pendant la plus grande partie du jour, et qui, ne demandant rien à sa raison, se gardaient bien de lui laisser le temps d'en faire usage. Leurs plaintes ridicules ont été répétées peut-être par des parens, qui ne voient dans les écoles qu'un moyen de se débarrasser de leurs enfans, qu'ils ne savent pas contenir chez eux : les uns et les autres confondent l'enseignement avec l'institution. Ces deux objets, dont l'ensemble compose l'éducation, doivent être bien séparés. L'un gagne beaucoup lorsqu'il est donné en commun, à une réunion d'individus, et l'autre demande au contraire qu'on les prenne corps à corps, et qu'on ne les perde pas de vue un seul instant.

Ce n'est qu'en veillant avec un très grand soin sur toutes les actions d'un enfant, en allant au-devant de ses plus secrètes pensées, en épiant avec beaucoup d'attention ses plus légers mouvemens, que l'on empêche les mauvaises habitudes de naître en lui, ou que l'on saisit le moment où il est encore possible de les détruire. Quels yeux peuvent être aussi pénétrans que ceux d'un père et d'une mère éclairés, dont l'attention est soutenue par l'intérêt le plus puissant et le plus respectable! Quels soins peuvent être aussi empressés et aussi bien sentis, que les soins suggérés par le désir d'assurer le bonheur de l'être qu'ils ont pour objet!

Quels reproches peuvent faire autant d'impression, que des reproches accompagnés du regret d'y avoir recours! L'affliction que les fautes où il tombe causent à ses parens est, pour un enfant doué d'un naturel sensible, la plus efficace des corrections.

Est-il possible que le régime d'un pensionnat, quelque bien entendu qu'il soit, que des règlemens uniformes, avec quelque soin qu'on les maintienne, remplacent des moyens dont la puissance repose sur les affections les plus douces et les plus fortes en même temps? N'y a-t-il pas lieu de penser, au contraire, qu'en asservissant tous les sujets à la même discipline, en prenant tous les caractères par le même côté, on ne fait qu'effacer les plus grandes inégalités de ces caractères, et rendre communs aux enfans bien nés les vices des autres? Des maîtres subalternes, que des besoins pressans peuvent seuls jeter dans une triste carrière, où ils sont à la fois en butte à la parcimonie et à la morgue de ceux qui les emploient, aux persécutions et aux railleries des jeunes gens qu'ils doivent gouverner, acquerront-ils jamais auprès de ceux-ci une influence morale comparable à celle des parens? La crainte de la punition peut contraindre l'élève d'un pensionnat à dissimuler ses torts, mais rarement les lui faire sentir, quand elle n'est pas jointe à des remontrances qui puissent s'adresser au cœur ainsi qu'à la raison. Aussi les enfans prennent-ils dans ces maisons une habitude de frivolités et de petites fourberies, qui se conserve long-temps après leur éducation, et les réduit à n'être quelquefois dans le monde que ce qu'ils ont été sous la férule de leurs maîtres.

Mais l'éducation des enfans dans la maison paternelle, lorsqu'elle s'y fait tout entière et isolément, en les préservant de la contagion des mauvaises habitudes qui naissent, se propagent et s'accumulent au sein d'une réunion nombreuse de pensionnaires, leur fait aussi contracter des défauts de caractère, souvent plus nuisibles à leur bonheur dans le monde que des vices très graves. Le jeune homme qui, pour ses connaissances, son travail et sa conduite, n'a point d'objet de comparaison, fait beaucoup moins d'efforts et acquiert un amour-propre et une suffisance qui arrêtent ses progrès, et dans la suite lui attirent beaucoup de mortifications. S'il ne trouve dans ses parens que de l'indulgence pour ses fautes, et que de la bassesse dans ses subordonnés, il devient impérieux, sensible aux moindres contrariétés, et d'une susceptibilité qui lui fait payer par des chagrins toujours renaissans, la satisfaction d'avoir pendant quelques années, plié à ses caprices la volonté des gens qui l'entouraient

Si, au contraire, ses parens ont exercé sur lui un empire trop absolu, la faiblesse et l'indécision de son caractère, dès que ces appuis viendront à lui manquer, le jetteront dans les plus grands écarts.

Avant donc de lancer les jeunes gens dans le monde, il faut les préparer au commerce des hommes, par la société de leurs condisciples. C'est par de petites relations que l'on apprend les moyens de conduire les grandes; car celles que les hommes faits ont entre eux, même pour les affaires les plus importantes, présentent des circonstances à peu près semblables aux jeux et aux démêlés des enfans : aussi les grands caractères se font-ils remarquer dès l'époque de ces démêlés et de ces jeux, et voit-on de bonne heure des écoliers prendre sur leurs camarades, une autorité qu'ils étendront dans le cours de leur vie sur tout ce qui les approchera. Voilà, ce me semble, les motifs sur lesquels repose la véritable utilité pour l'institution, et je dirais presque l'indispensable nécessité de la fréquentation des écoles publiques. A l'égard de l'instruction, il est de la dernière évidence qu'elle y sera toujours plus forte que sous des maîtres particuliers, qui s'abaissent au niveau d'un disciple indolent, plutôt que de l'obliger de s'élever jusqu'à eux. L'exemple des camarades, leurs avis, les jugemens qu'ils portent les uns des autres, et jusqu'aux débats qui naissent entre eux, sont autant de moyens propres à donner du ressort au caractère comme à l'intelligence; et le retour d'un enfant sous les yeux de ses parens, laisse à ceux-ci l'occasion d'appliquer leur autorité et leurs lumières à former son moral, à rectifier les légers défauts qu'il pourrait avoir contractés hors de leur présence, et qui ne sauraient leur échapper assez long-temps pour s'invétérer.

Avec ce supplément, l'institution dans la maison paternelle n'est pas moins utile aux parens qui s'y livrent, qu'aux enfans qui la reçoivent: elle oblige les uns à se respecter pour conserver leur ascendant sur les autres. La jeunesse porte à son tour dans cette même maison l'influence de l'instruction qu'elle puise aux écoles, des conseils et des exemples que lui donnent ses maîtres, du ton et des manières de ceux des élèves dont les discours et le maintien sont plus soignés; et quand, par ses connaissances, un enfant aurait sur ses parens une supériorité marquée, il ne sera pas tenté, s'il n'a cessé d'être avec eux, de leur témoigner ce dédain qu'inspire à un écolier présomptueux le langage simple et les mœurs rustiques d'une famille qu'il a perdue de vue depuis long-temps.

Mais le plus grand tort des parens qui, par

insouciance ou par la crainte de s'assujettir à des devoirs dont ils n'envisagent que le côté pénible, confinent leurs enfans dans des pensions, c'est de se priver du plaisir touchant de remplir ces jeunes âmes de l'affection tendre, si nécessaire au bonheur de la société, et qui n'est remplacée, dans les enfans élevés loin des êtres auxquels ils doivent le jour, que par des égards de convenance, toujours bien faibles en comparaison d'un attachement réel.

Enfin la variété que l'éducation domestique jette dans les caractères, contribue à la vigueur du corps politique. Des hommes pliés dès l'enfance à une règle uniforme, et appuyant leurs idées sur les mêmes bases, paraissent d'abord plus faciles à gouverner; mais le calme que produit une obéissance aveugle se trouble bien facilement. Le premier souffle de discorde qui s'élève dans la société agite à la fois toutes les têtes, renverse des notions qui, n'ayant qu'un seul fondement, sont en butte à la même attaque, et tombent sous le même effort. L'enthousiasme pour les nouveautés se communique sans peine à des esprits jetés, pour ainsi dire, dans le même moule, et qui ne sont pas habitués à examiner mûrement les opinions qu'on leur présente. Il ne me paraît pas absurde de croire que des hommes formés par un enseignement moins chargé de déclamations et plus solide que celui des colléges, plus fortement captivés par les liens de famille, ayant plus d'expérience du monde, eussent mieux résisté à l'exagération révolutionnaire, en eussent pressenti plus tôt et plus vivement les funestes conséquences, et eussent fait plus à propos des efforts pour en arrêter le cours. L'expérience a toujours montré que dans un âge égal, et à pareil degré d'intelligence, les enfans élevés avec quelque liberté dans le sein de leur famille, avaient une raison plus avancée, un caractère plus fort que les élèves des pensionnats; et l'histoire des jeunes gens qui, comme instrumens ou victimes, ont joué un rôle dans la révolution, fortifierait considérablement cette remarque.

C'est en facilitant ce mode d'éducation et en y faisant concourir une instruction substantielle, que les Écoles centrales auraient influé bien heureusement sur les générations futures, quand les préventions qui entouraient ces établissemens, formés après beaucoup d'innovations que l'on pouvait justement condamner, se seraient dissipées. Elles étaient malheureusement si exagérées, qu'elles ont porté des parens à laisser leurs fils sans instruction, plutôt que de les envoyer dans ces écoles. C'est dans les lieux où les réactions ont été plus fréquentes et plus fortes, que s'est montrée la plus grande opposition.

Quand des administrateurs, pris dans un parti et succédant à d'autres du parti opposé, se croyaient obligés de destituer les professeurs, à la nomination desquels ils n'avaient pas concouru, et que par cette seule raison ils regardaient comme leurs ennemis et ceux de la chose publique, quand ces luttes, renouvelées jusqu'à trois fois dans une même ville, mettaient en jeu toutes les intrigues, pouvait-il s'établir quelque confiance entre les parens et les maîtres, et quelque subordination entre ceux-ci et leurs élèves? Quand les passions présidaient ainsi à des choix qui demandent la raison la plus calme et la plus éclairée, pouvait-on attendre que les talens et les mœurs fussent le seul titre d'élection? Enfin, quand des hommes trop modérés pour imiter ces emportemens, mais trop imbus des idées de leur jeunesse pour examiner des institutions basées sur de nouvelles vues, ne désiraient que leur suppression, ne parlaient que du rétablissement des anciennes études, et que chaque session du Conseil des Cinq-Cents annonçait de nouveaux plans, de nouvelles organisations, comment l'ordre établi pouvait-il prospérer ou seulement se maintenir (1)? Toutes les fautes des hommes

---

(1) L'attente de ces changemens fut la cause qui fit

tournaient nécessairement contre la chose; elle était jugée sur l'imperfection qu'elle tenait des circonstances, et non sur les services qu'elle eût pu rendre dans des jours plus tranquilles. Voilà pourquoi les Écoles centrales ont eu plus de succès à Paris qu'ailleurs. L'isolement dans lequel la multitude des habitans de cette grande ville les place les uns à l'égard des autres, a laissé dans les opinions assez d'indépendance pour qu'on n'eût pas honte de mettre à profit une institution dont on n'approuvait ni les auteurs ni les principes. Ces écoles ont, par cette même raison, réussi dans les villes où a régné plus de calme, où un heureux hasard a composé le jury d'instruction d'hommes assez éclairés pour faire de bons choix, ayant assez de crédit pour entraîner l'assentiment de l'ad-

---

toujours écarter les demandes formées par les administrations départementales, pour la mise en activité des professeurs de langues vivantes, indiqués dans la loi, et pour l'établissement des *Écoles centrales supplémentaires.* Le succès de ces demandes eût néanmoins fortement étayé les Écoles centrales; car le cours de langues vivantes y aurait attiré beaucoup d'élèves, et les Écoles centrales supplémentaires auraient propagé parmi les habitans des petites villes, et même parmi ceux des campagnes, le nouvel enseignement, en mettant à leur portée quelques-unes de ses parties.

ministration locale, et lui faire partager le zèle qui les animait pour l'instruction publique (1). Protégées vers la fin de l'an VI par le Gouvernement, décidé alors à les faire triompher des préjugés qui les repoussaient sans les connaître, elles prirent un élan qui promettait d'heureux résultats. Afin d'y propager les bonnes méthodes et de les amener peu à peu à une uniformité, sinon parfaite, ce qui aurait été nuisible, mais au moins d'accord avec l'état des sciences et des lettres, le Ministre de l'Intérieur avait réuni des savans et des littérateurs distingués, pour former auprès de lui un conseil d'instruction chargé de proposer, en son nom, aux professeurs, les améliorations dont leurs cours paraissaient susceptibles.

Les Écoles centrales ont subsisté trop peu de temps pour qu'on puisse les apprécier sur la masse des élèves qu'elles ont formés, d'ailleurs leur régime conduisait à une instruction plutôt solide que brillante; cependant elles se sont bientôt alliées à l'École Polytechnique, en lui fournissant un grand nombre de sujets ins-

---

(1) Besançon a offert, par cette cause, un exemple remarquable de ce que pouvaient être les Écoles centrales; cette ville a compté dans son École *cinq cents* élèves inscrits, tandis que le collége en avait à peine *trois cents* dans son état le plus florissant.

truits, dont plusieurs se sont éminemment distingués; et elles ont transmis et secondé l'impulsion puissante que cette belle école a donnée à la culture des Mathématiques dans toute la France; mais c'est plutôt encore par l'influence qu'elles ont exercée sur l'instruction en général, que les Écoles centrales ont laissé des traces qui les rappelleront aux amis des progrès de la raison, long-temps après qu'elles auront cessé d'exister. C'est par elles que les semences jetées à l'École Normale se sont développées, et ont répandu leurs fruits dans la nation entière. Les professeurs de ces écoles se sont empressés de préparer pour leurs élèves, les leçons données par leurs maîtres dans la grande école; et plusieurs sciences ont enfin pénétré dans des lieux où leur nom n'était pas même connu. Des enseignemens nouveaux par le fond ou par la forme, demandaient une rédaction nouvelle des élémens, ou la composition d'ouvrages qui, jusque là, n'avaient point fait partie de nos richesses littéraires; et comme dans le commerce de l'esprit, ainsi que dans celui des matières inertes, les productions se multiplient en raison des débouchés qu'on leur ouvre et de la consommation qu'on en fait, des recherches peu cultivées avant qu'elles eussent trouvé place dans l'enseignement, ont excité plus d'intérêt et pris plus d'activité. Parmi ces ouvrages, dont le nombre, comparé à celui des années qui les ont vus naître, offre une récolte plus abondante et plus variée qu'aucune de celles que produisaient les anciens colléges, plusieurs sont des monumens qui marqueront dans l'histoire des sciences l'époque des Écoles centrales, et attesteront leurs services; et pour n'en citer qu'un seul, je nommerai le *Tableau élémentaire de l'Histoire naturelle des animaux*, précis des leçons données à l'École centrale du Panthéon, en l'an v (1797). Rempli de vues profondes et philosophiques, la Zoologie y est présentée, pour la première fois dans notre langue, sous une forme élémentaire, sans rien perdre par rapport à l'ensemble de la méthode et à l'exactitude des détails. Déjà riche de découvertes, cet ouvrage, coup d'essai du savant et infatigable *Cuvier*, annonçait l'homme qui a créé l'anatomie des mollusques, rassemblé en corps de doctrine les matériaux épars de l'Anatomie comparée, en les liant à ses nombreuses observations; qui a formé une collection unique en Europe, plus remarquable encore par l'esprit de sa distribution, que par le nombre des objets, devenu presque immense en peu d'années, et dont le rapprochement et l'analyse ont fourni à l'auteur le moyen de recomposer, avec leurs débris, les animaux que les révolutions du globe avaient enfouis ou dispersés depuis tant de siècles.

Affermis dans leurs fonctions par le temps, en possession de l'estime de leurs concitoyens, investis de la confiance des administrations, les professeurs des Écoles centrales, établis tous sur le même pied, sans distinction pour le traitement ou pour la prééminence des fonctions, causes ordinaires de division et de jalousie, pouvaient composer une société permanente d'hommes éclairés, à laquelle se seraient rattachés tous ceux du même département; et ils n'auraient pas borné à leurs leçons leurs efforts pour la propagation des connaissances. Ils ont été quelquefois employés avec succès à former des instituteurs pour les Écoles primaires, ou à les examiner, à réunir des matériaux pour la comparaison des poids et mesures; enfin ils furent invités en l'an VII (1799), par une des circulaires du Ministère de l'Intérieur, à rédiger un Almanach ou Annuaire propre à chaque département, sorte de livres qui, sous un titre modeste, a rendu quelquefois de grands services à l'instruction.

En effet les connaissances répandues dans les cours publics, ou consignées dans les ouvrages techniques de science, n'atteignent que la plus petite partie des citoyens. Le grand nombre, détourné de ces moyens d'apprendre, soit par ses occupations, soit par la paresse naturelle à l'homme, et qui le domine d'autant plus qu'il est moins éclairé, reste condamné à une ignorance funeste à ses vrais intérêts et à ceux de la chose publique. Il faut, pour l'en tirer, que des circonstances heureuses fassent tomber entre ses mains ces ouvrages populaires dans lesquels des philosophes amis de l'humanité ont glissé quelquefois des vérités utiles.

Parmi les livres de cette espèce, les *Almanachs* ou les *Annuaires* tiennent le premier rang. Le besoin journalier qu'on en a, les place entre les mains de tout le monde. Après les avoir ouverts pour y chercher des dates ou quelque renseignement analogue, on s'attache à leur lecture, lorsqu'on y rencontre des notions claires et précises sur des objets qu'on est aussi honteux d'ignorer que surpris de concevoir avec facilité, et qu'on n'irait jamais apprendre dans les traités qui leur sont spécialement consacrés. Le nom seul de la science suffit pour écarter la classe immense des lecteurs entièrement étrangers à toute espèce de contention d'esprit, et chez qui le savoir ne peut s'insinuer qu'à la dérobée. C'est ainsi que l'on peut répandre une foule d'idées saines et de notions exactes, qui, venant à germer dans les têtes de la multitude, étouffent par leur développement des préjugés nuisibles, et corrigent les vices de la première éducation.

Suivant ces vues, l'Annuaire consacré à un

département était destiné à faire connaître tout ce qui doit contribuer aux progrès de la morale publique, les témoignages de dévouement à la patrie, les traits de courage, de bienfaisance, tout ce qui intéresse le perfectionnement de l'agriculture et des arts, les inventions et découvertes importantes, relatives à toutes les branches de l'économie sociale; à donner des idées justes sur les élémens des sciences physiques, considérées dans leurs applications aux besoins de la société; enfin à présenter chaque année des tableaux contenant les résultats les plus frappans des observations météorologiques, des produits de la culture ou de l'industrie et de la population.

Ce travail était facile à exécuter, en chargeant les divers membres de l'École centrale de la composition des articles relatifs à la science qu'ils professaient, surtout si l'administration départementale eût accordé à cette entreprise une protection que son but réclamait.

L'utilité de l'Annuaire d'un département, fait avec soin, n'est point concentrée dans ce département : la collection de tous les Annuaires fournirait les matériaux nécessaires pour composer l'histoire physique et économique du sol entier de la France, ouvrage désiré depuis longtemps et dont on ne possède encore que des fragmens bien imparfaits.

L'ensemble des observations météorologiques, bien coordonnées, soit entre elles, soit avec la description des circonstances topographiques, soit enfin avec la marche de la végétation et les produits des récoltes, pourrait faire apercevoir dans les variations de l'atmosphère, des lois importantes pour le progrès de l'agriculture.

Le relevé des principaux articles des Annuaires donnerait l'inventaire de nos richesses industrielles, et des établissemens de tout genre dont il importe que l'existence soit connue non-seulement du Gouvernement, qui doit les encourager à raison de leur utilité, mais aussi des particuliers qui peuvent établir sur ces données des spéculations, toujours avantageuses aux manufactures elles-mêmes et au commerce en général.

Enfin l'énumération des traits de vertu et de patriotisme, recueillis dans chaque département, établirait entre eux, à cet égard, une émulation qui ne pourrait manquer de multiplier le nombre de ces traits et d'accélérer le perfectionnement de l'espèce humaine (1).

Le titre III de la loi, concernant les Écoles spéciales, ne saurait donner lieu à beaucoup

(1) On trouvera aussi à la fin de cette section, le plan que j'ai proposé pour les Annuaires.

d'observations, puisque aucune création nouvelle n'en fut la suite. Les entraves qu'on mettait de toutes parts à l'établissement du second degré d'instruction, firent bientôt ajourner indéfiniment ce qui regardait le troisième; d'ailleurs on possédait dans ce genre des institutions déjà célèbres, les unes presque en naissant, comme les Écoles de Médecine, le Conservatoire de Musique; d'autres dont l'existence et les services remontaient au-delà de la révolution, et qui, par le zèle constant des hommes chargés de leur direction, s'étaient conservées et accrues au milieu des orages : de ce nombre étaient le Collége de France et le Muséum d'Histoire naturelle. On ne pouvait donc penser qu'à former encore quelques établissemens analogues dans les villes du premier ordre; et à cet égard il y aurait eu économie, à la fois dans les hommes et dans les choses, en se bornant à joindre aux Écoles centrales de ces villes, un ou plusieurs professeurs chargés de compléter l'enseignement de la science attribuée à l'École spéciale, et dont les élémens se trouvaient déjà dans les premières. On aurait évité ainsi les dépenses relatives aux bibliothèques, aux jardins botaniques, aux cabinets d'Histoire naturelle, et celles d'administration. De plus, les professeurs des cours supérieurs auraient eu sous la main, dans les élèves formés à l'École centrale, leurs auditeurs naturels. Cette considération était de quelque importance pour éviter l'inconvénient, j'oserais presque dire le scandale, de voir des professeurs sans écoliers, ce qui arrive souvent à l'égard des sciences abstraites, dès qu'on en pousse l'enseignement un peu loin, et ce qui montre par conséquent que les chaires de cette espèce doivent être très peu nombreuses. Cette observation est en effet conforme à la nature des choses ; car, j'en appelle à tous ceux qui se sont distingués dans les sciences, les élémens seuls ont besoin d'un enseignement régulier : les élèves qui vont au-delà, achèvent leur instruction par l'étude des livres, et avec le secours des conseils qu'ils obtiennent sans peine des savans, dès qu'ils se sont mis en état de les mériter. C'est plutôt comme encouragemens ou comme récompenses, destinés à ceux qui par leurs talens peuvent perfectionner les sciences, ou qui les ont propagées avec succès, que les chaires affectées aux cours transcendans sont principalement utiles, et surtout parce que l'espoir d'y parvenir sert de but aux jeunes gens que leur goût lance dans une carrière où le travail ne mène jamais à la fortune. Ce ne sont pas les auditeurs de ces cours qui le plus souvent dédommagent l'État de la dépense qu'il fait pour l'enseignement, mais les recherches utiles ou profondes, auxquelles, par la modeste aisance dont ils jouissent, les professeurs peuvent se livrer, et les soins qu'ils donnent à des sujets studieux qui les consultent en particulier sur les points épineux de la science.

Les encouragemens de l'État doivent descendre au-delà des maîtres, pour leur préparer des successeurs, en secondant les dispositions extraordinaires que peuvent montrer, dès leurs premiers pas dans la carrière de l'instruction, des enfans dénués de facultés pécuniaires pour continuer leurs études. Mais il faut que ces secours se distribuent de manière que le sujet dominé par l'impulsion de son talent, ne soit pas rebuté par la difficulté de les obtenir, et soit cependant assez éprouvé pour ne pas se laisser aller trop aisément à l'attrait d'une vie méditative, s'il n'est pas capable de la faire tourner au profit de ses concitoyens. D'après ces principes, les pensions ou bourses doivent être peu multipliées, accordées seulement à des dispositions marquées dans les premières études, à des succès dans les suivantes, et maintenues autant que le sujet continue à se distinguer. Les juges naturels du droit qu'on peut avoir à ces faveurs du Gouvernement, sont les professeurs et les administrations locales, qui ne pourraient commettre des injustices graves dans le lieu qu'ils habitent, parce qu'elles y seraient trop évidentes. Telles sont les raisons qu'on peut apporter pour justifier les dispositions de la loi du 3 brumaire an IV (24 octobre 1796), relatives aux pensions à accorder aux élèves des Écoles centrales et spéciales. Leur nombre, très modéré, suffisait au point de vue sous lequel je les envisage. La durée de l'éducation n'étant pas aussi longue qu'autrefois, ces bourses pouvaient passer à beaucoup d'individus, tandis que celles des collèges, dont la distribution n'était rien moins qu'éclairée, qui duraient autant que le cours d'études, et assuraient par conséquent l'existence de l'écolier jusqu'à la fin de son adolescence, empêchaient ses parens de lui donner à temps un métier, lorsqu'il n'avait point d'aptitude pour l'instruction.

Un avantage propre aux pensions des Écoles centrales, c'est que rien ne paraissait s'opposer à ce qu'un enfant pût en jouir au sein de sa famille, lorsque sa résidence était dans le lieu même de l'école. Il voyait ainsi le prix de ses talens soulager cette famille si elle était malheureuse, ou recueillir sous ses yeux la considération qu'il avait méritée. N'étaient-ce pas là de puissans motifs pour se livrer aux travaux qui assuraient la continuation de ce secours et de cet honneur ?

A l'égard des pensions affectées aux élèves des Écoles spéciales, les titres les plus justes pour les obtenir auraient été des prix remportés dans les Écoles centrales, de même que ce sont les prix remportés dans les Écoles élémentaires des beaux-arts à Paris, qui conduisent à celles de Rome. Au reste, on ne peut encore ici rien conclure de l'expérience, puisque, dans les dispositions dont je viens de parler, la loi n'a reçu aucune exécution.

PROGRAMMES

CITÉS PAGE 84 (1).

Cours qui se sont faits dans l'Université d'Iéna, depuis la Saint-Michel de l'an 1802 *jusqu'à Pâques* 1803.

1°. *Sciences en général.*

Histoire littéraire universelle des temps modernes. — Méthodologie académique générale.

2°. *Théologie.*

Les Pseaumes. — Isaïe. — Introduction au Nouveau Testament. — Épître aux Romains. — Épître de saint Paul. — Évangiles et Lettres de saint Jean. — Dogmatique. — Morale. —

---

(1) Pour connaître avec détail, non-seulement la distribution des cours d'une Université allemande, mais les diverses parties de son régime, on peut lire le *Coup d'œil sur les Universités et le Mode d'instruction publique de l'Allemagne protestante*, par Charles Villers. On trouve aussi dans la *Décade philosophique* (1806, 2ᵉ trimestre), une Notice sur l'Université de Gottingue.

Première partie de l'Histoire Ecclésiastique.— Histoire ecclésiastique en général. — Catéchétique. — Homilétique et Catéchétique. — Conférences.

3°. *Droit.*

Encyclopédie et Méthodologie du Droit. — Première partie du Droit allemand. — Histoire du Droit romain. — Herméneutique. — Institution du Droit positif. — Institution du Droit romain. — Texte des Institutes. — Pandectes. — Titre des Pandectes *de pactis*. — Droit politique d'Allemagne. — Droit féodal. — Droit ecclésiastique. — Pratique des procédures. — *Neuf autres cours et conférences sur le Droit.*

4°. *Art de guérir.*

Méthodologie. — Histoire de cette science. — Anatomie. — Ostéologie. — Physiologie. — Nosologie et Thérapeutique. — Maladies des savans. — Maladies hystériques. — Chirurgie. — Matière médicale. — *Douze autres cours sur les différentes parties de l'art de guérir.*

5°. *Philosophie.*

Histoire de la Philosophie. — Encyclopédie des sciences. — Système général de la Philosophie spéculative. — Logique. — Logique et Métaphysique. — Logique et Métaphysique transcendantes. — Philosophie naturelle. — Philosophie sceptique.—Droit de la nature et des gens.—Droit naturel.—Théologie naturelle. Théorie religieuse, selon les principes de la nouvelle philosophie.—Esthétique.—Conférences philosophiques.

6°. *Mathématiques.*

Mathématiques pures, deux cours.—Introduction à l'étude des Mathématiques, comprenant l'Arithmétique et la Géométrie.—Arithmétique théorique et pratique.—Mathématiques appliquées.—Algèbre.—Astronomie populaire. — Mathématiques appliquées à la Jurisprudence, à l'Agriculture, à l'art militaire.

7°. *Sciences naturelles.*

Physique expérimentale.—Minéralogie.—Géologie.—Chimie théorique et pratique.

8°. *Finances.*

Science des finances.—Principes de l'économie rurale en Allemagne.—Évaluation et partage des propriétés.—Science forestière.

9°. *Histoire.*

Histoire du dix-huitième siècle.—Histoire moderne.—Histoire politique de l'Europe.—Histoire politique d'Allemagne.—Histoire d'Allemagne. — Histoire de Saxe. — Histoire de Russie. — Diplomatique.

10°. *Philologie.*

Langue hébraïque. —Arabe. —Arabe et Syriaque. —Syriaque et Chaldéen. —Iliade d'Homère. —Phédon de Platon. —Cicéron sur l'orateur. —Poésies de Tibulle. —Annales de Tacite.

11°. *Langues modernes.*

Anglais. —Français. —Italien.

12°. *Arts libéraux.*

Équitation. — Escrime. — Musique. — Mécanique, Géométrie et Architecture. — Art du Dessin et de la Peinture. — Danse.

Observations. Dans ces établissemens, comme dans tous ceux du même genre, chaque professeur est chargé de plusieurs cours, qui ne sont, à proprement parler, que les diverses sections d'un seul, souvent même de simples exemples, que le professeur choisit à son gré pour montrer l'application des principes abstraits, et qu'il varie d'une année à l'autre. Cette multitude de subdivisions et tant de cours relatifs à la Théologie, ne paraîtront pas en France des modèles à suivre; mais l'une tient au goût particulier des savans du Nord, et les autres à la libre discussion du dogme, permise dans les communions réformées.

En rapportant ce programme, où l'on ne voit encore que la moitié des objets parcourus dans l'année scholaire, je suis loin de penser qu'on puisse assimiler les écoles du second degré, qui doivent être très répandues dans un État, avec les universités allemandes, dont la multiplicité tient seulement à la division politique du pays, mais qui sont en petit nombre dans chaque gouvernement. Mon intention est seulement de montrer que dans ces institutions on donne beaucoup plus aux sciences et à leur philosophie qu'on ne l'a jamais fait en France; et cette marche est suivie dans tout le Nord. Les différences qu'on trouve d'une université à l'autre ne sont jamais bien grandes, et dépendent le plus souvent de la richesse des dotations.

Le programme de l'université de Gottingue, la mieux dotée de toutes, annonça pour le second semestre de l'année 1801, treize cours sur la Théologie, trente-quatre sur le Droit, vingt-trois sur l'art de guérir, dix sur les sciences philosophiques, politiques et économiques, dix sur les Mathématiques, en y comprenant l'Architecture civile, la construction des ponts et toutes les parties des sciences militaires, huit sur l'Histoire naturelle, y compris la Physique expérimentale et la Chimie, onze sous le titre de sciences accessoires, parmi lesquelles se trouvent la Géographie, la Diplomatique, l'Histoire et la Statistique, trois de littérature, ayant rapport à l'Histoire littéraire, soit générale, soit grecque, soit orientale, six de belles-lettres et arts, un d'antiquités, neuf de Philologie, de critique et de langues anciennes, savoir : quelques langues orientales, la langue grecque et la langue latine, enfin, quatre cours de langues et de littérature modernes, savoir : langues française, anglaise, italienne, danoise et suédoise, puis maîtres d'Équitation, d'Escrime, de Danse et d'Écriture.

Plan proposé pour le Cours de Bibliographie, indiqué page 92.

Je considère en particulier, avec Bacon et les immortels auteurs de l'Encyclopédie, chacune des trois facultés de l'entendement humain :

La *mémoire*, la *raison* et l'*imagination* (1).

§ I.

MÉMOIRE.

A la première appartient la description ou la narration des faits vrais ou supposés, physiques ou moraux, coexistans dans tous les âges, ou se succédant selon l'ordre des temps. Dans cette partie viennent se ranger naturellement

(1) On sent bien qu'il ne pouvait être question dans une circulaire ministérielle que des notions les plus généralement répandues, prises pour exemple, en laissant d'ailleurs les professeurs, suivant le droit qu'ils en ont, régler leur enseignement d'après leurs vues. Personne, d'ailleurs, n'ignore que la division encyclopédique de Bacon est sujette à des critiques très fondées, et que l'on peut en trouver d'autres plus convenables à l'état actuel de la science de l'entendement humain.

les diverses théogonies qui ont précédé, chez tous les peuples, les histoires positives, et parmi lesquelles on doit comprendre les textes qui se rapportent aux différens cultes, et qui ont été regardés comme sacrés par les sectateurs de ces cultes. Ici l'on ne peut s'empêcher de remarquer que les idées religieuses tirent leur origine de cette inquiétude qu'éprouve l'homme, au milieu des maux dont il est assiégé de toutes parts, et des phénomènes qui l'étonnent ou l'effraient, lorsque sa raison ne lui en montre point la cause dans les résultats des propriétés de la matière, ou dans l'accomplissement des lois de la nature, résultantes de ces propriétés. On a écrit sur ces objets une foule de livres, dont la plupart sont condamnés à un juste oubli; mais il faut distinguer, et faire connaître, par une courte analyse, les premières sources de ces brillantes allégories sur lesquelles les poètes anciens et modernes ont bâti leurs fictions, puis indiquer les explications ingénieuses qu'on en a données, fondées pour la plupart sur les usages des plus anciens peuples, et sur le souvenir des catastrophes qui ont bouleversé la surface de notre globe. Faire avec soin l'histoire des préjugés, montrer comment ils se sont succédé et ont été détruits les uns par les autres, ainsi que des ombres passagères dont les formes s'effacent lorsqu'elles viennent à se rencontrer, c'est sans doute la meilleure manière de les extirper entièrement de l'esprit humain, et d'en prévenir à jamais le retour.

Dans l'histoire positive, on s'attachera premièrement à l'indication des mémoires originaux, ou qui du moins le sont par rapport à nous, et dans lesquels ont puisé ceux qui ont écrit des histoires, soit particulières, soit générales; on considérera ensuite les divers points de vue sous lesquels on peut envisager l'histoire des temps et des nations, ce qui conduira à parler de l'histoire politique et de l'histoire littéraire. La coordination des faits suivant les temps et suivant les lieux, coordination qui n'est autre chose que la manière de former les tables de l'histoire, sert à la lier avec la Chronologie et la Géographie politique, et donne deux nouvelles subdivisions.

Après l'histoire des évènemens vient celle des productions de la nature, à la tête de laquelle je range la Géographie physique ou la description des principales chaînes de montagnes, des rivières, des mers, et de tout ce qu'on a pu apprendre sur la constitution superficielle des diverses parties du globe que nous habitons. Peut-être faudrait-il placer dans cette division les auteurs qui n'ont parlé qu'historiquement du système du monde et des météores, parties qui semblent appartenir à l'Astronomie et à la

Physique. Cette incertitude tient à la difficulté de séparer ce qui se rapporte à la mémoire, de ce qui résulte des opérations de la raison; mais malgré cela, je pense qu'il y a un assez grand nombre d'ouvrages de cosmographie que l'on peut ranger dans la classe descriptive.

Après avoir donné la connaissance des lieux, rien de plus naturel que d'en indiquer les diverses productions; et c'est en effet d'après les lieux qu'ils habitaient, le sol où ils végétaient; la contrée qui les renfermait dans son sein, que les animaux, les plantes et les fossiles ont été classés par les premiers naturalistes; mais leurs successeurs ayant reconnu que ces divisions étaient trop vagues pour mener à la détermination des espèces, ont créé d'autres méthodes, fondées sur les particularités que présentent les objets observés. Ces méthodes font souvent rentrer la science dans le domaine de l'Anatomie, de la Physique ou de la Chimie; en sorte qu'on rencontre encore ici une assez grande difficulté pour parvenir à une classification exacte. On remédiera à cet inconvénient, en faisant remarquer les points de contact entre la partie descriptive et la partie théorique; et l'on trouvera d'ailleurs de grands secours dans les ouvrages de Linné et de plusieurs autres naturalistes modernes, qui ont eu soin de placer des listes bibliographiques à la tête de leurs traités généraux.

L'homme s'empare des productions de la nature, pour les approprier à ses besoins; de là naissent les arts mécaniques et la technologie, qui en est la description. Les arts changent avec les usages des peuples. On trouve chez les anciens les traces de plusieurs arts qui sont entièrement perdus aujourd'hui; les progrès de l'industrie et de la civilisation, la connaissance des productions naturelles ignorées d'eux, en ont fait naître de nouveaux : voilà les matériaux de l'histoire des arts, à laquelle se rattache celle des anciens peuples, dans tout ce qui regarde la nourriture, l'habillement, la construction des habitations, etc.

§ II.

RAISON.

Lorsque l'on veut établir un enchaînement méthodique dans les diverses sciences qui résultent de l'emploi du jugement, il paraît convenable de les ranger selon l'ordre de leur génération successive. On place en première ligne l'idéologie, qui traite de la manière dont les sensations se transforment en idées; comment, sur ces idées, nous formons des jugemens, et de là se déduisent naturellement les règles propres à diriger notre esprit dans la recherche de la vérité; de là, par conséquent, la logique considérée sous le point de vue où l'a présentée Condillac.

C'est là, ce me semble, tout ce que peut offrir de réel la science de l'entendement humain, envisagée d'une manière abstraite ; mais dans cette partie, comme dans beaucoup d'autres, l'homme ayant conduit ses méditations par une route opposée à celle que lui traçait la nature, ayant voulu deviner avant d'avoir observé, s'est créé des chimères qui n'ont jamais existé que dans son imagination. Manquant de données, et voulant néanmoins approfondir la nature du principe pensant, ou de l'âme, dont il n'a jamais pu connaître d'autres attributs que la faculté de penser et de vouloir, il s'est jeté dans les subtilités de la Métaphysique. Enfin, voyant que ses actions étaient dirigées par une *âme* ou un *esprit*, il en a conclu par analogie qu'il en était ainsi de tous les corps de l'univers et de l'univers lui-même. C'est à cet abus de la science qu'est due cette foule de livres sur les dieux et les démons, les anges et les diables, qui tiennent une place si considérable parmi les monumens des erreurs humaines.

Après avoir examiné la manière dont nous acquérons nos connaissances, il faut s'occuper des moyens de les communiquer, et de prouver aux autres ce que nous avons reconnu pour vrai. Quoiqu'il soit incontestable, ainsi que l'a observé Condillac, que l'évidence résulte uniquement de la liaison des idées, et qu'il suffise par conséquent d'observer exactement cette liaison pour convaincre de la vérité ceux à qui on la communique, comme pour la découvrir lorsqu'on la cherche, il ne faut pas négliger pour cela la discussion des formes logiques qui, lorsqu'on n'en abuse pas, peuvent exercer très utilement l'esprit.

La communication de nos pensées ne pouvant s'effectuer que par le secours des signes, la formation de ces signes qui, pour être bien faits, doivent rendre sensible la liaison des idées, est une suite immédiate de la logique; mais malheureusement l'esprit philosophique n'ayant pas toujours présidé à la construction des langues, celles dont on fait usage sont bien imparfaites, et semblent plutôt appartenir au domaine de la mémoire qu'à celui du jugement. Cependant la grammaire ne peut guère trouver d'autre place, surtout lorsqu'on fait précéder les grammaires particulières par la grammaire générale, qui en est l'esprit, et pour ainsi dire la métaphysique.

A la suite de l'art de parler vient l'art de peindre la parole par les emblèmes, par l'écriture alphabétique, par l'impression, par la gravure; enfin celui de déchiffrer ou de lire, qui n'est qu'une conséquence du premier.

En développant tous les secrets de l'analyse, Locke et ses successeurs ont fait faire à l'esprit humain des progrès qui changent entièrement les divisions qu'on avait établies, presque arbitrairement, dans les sciences philosophiques. Plusieurs de ces sciences, fondées uniquement sur des préjugés, la Divination et la Théologie, par exemple, doivent disparaître pour toujours de la liste de nos connaissances; d'autres, réduites à ce qu'elles offrent de réel, doivent se réunir et se confondre. Mais pour adapter la Bibliographie à ce nouvel ordre de choses, il faut insérer dans les cadres du plan que l'on suivra, les productions qu'a fait naître l'abus des principes reconnus aujourd'hui pour vrais, ou les notions fausses qui en tenaient la place.

En s'occupant de la revue de ses connaissances, l'homme, après s'être arrêté à considérer les opérations de son entendement, a dû réfléchir sur la manière de diriger sa pensée dans l'emploi le plus avantageux qu'il puisse faire de ses facultés, par rapport au bonheur vers lequel l'appelle sans cesse l'instinct de la nature; il a analysé les sentimens de plaisir ou de douleur que lui font éprouver les objets extérieurs ou qui sont la suite de ses actions. L'exercice de ses facultés, lorsqu'il est en société avec d'autres, établit entre eux et lui des rapports sur lesquels repose la morale, qui se divise en morale privée et morale publique. Cette dernière comprend la législation ou la science relative à l'organisation de la société.

A l'examen de nos facultés intellectuelles succède celui des propriétés générales et particulières des corps. On remarque d'abord dans les corps le nombre et l'étendue; le premier est l'objet de l'Arithmétique. Lorsqu'on représente par des signes généraux, les diverses opérations et les raisonnemens que l'on peut faire sur les nombres, l'Arithmétique devient *universelle*, ainsi que l'entendait Newton, et prend le nom d'*Algèbre*. L'étendue est l'objet de la Géométrie; les parties homogènes de l'étendue étant comparées entre elles pour se mesurer réciproquement, donnent prise au calcul, soit arithmétique, soit algébrique, dans lequel on ne peut jamais introduire que les rapports de grandeur : telle est la base de l'application de ces deux sciences à la Géométrie. L'étendue appartient en même temps au corps et à l'espace qu'ils occupent; mais ils en sont d'abord distingués par l'impénétrabilité dont ils jouissent; et revêtus de cette propriété et de la mobilité, qui peut en être considérée comme une conséquence, ils deviennent le sujet de la Mécanique *rationnelle*. Parmi les propriétés générales des corps, celles dont les degrés n'ont pas encore été soumis au calcul, ou qui ne sont pas susceptibles d'une mesure absolue, et ne peuvent s'apprécier que par l'expérience, telles que la porosité, la dureté, la mollesse, la compressibilité, l'élasticité, la flexibilité, la solidité, la fluidité, etc., composent le domaine de la Physique générale. Lorsque les expériences ont conduit à des faits assez généraux et assez simples pour être regardés comme des lois fondamentales, on y a appliqué le calcul; et c'est ainsi qu'on a formé les sciences physico-mathématiques, qui sont la Mécanique *physique*, dans laquelle on tient compte de la pesanteur des corps, des frottemens, des forces attractives, etc.; l'Hydrostatique, ou la science de l'équilibre des fluides; l'Hydrodynamique, celle de leurs mouvemens; l'Optique, ou la science de la vision et des couleurs; l'Astronomie, qui est optique et géométrique lorsqu'il s'agit de démêler les circonstances réelles de la position des astres, d'après les apparences, et physique, lorsqu'on veut déterminer leurs mouvemens dans l'espace, d'après les lois de leur attraction réciproque; enfin l'Acoustique, ou la science des sons (1).

---

(1) La partie des Mathématiques pures étant très resserrée dans la plupart des catalogues bibliographiques, je crois devoir indiquer celui qu'a publié sur cette science, M. *Murrhardt*, professeur dans l'Université de Gottingue. L'érudition en Mathématiques serait plus répandue si, à l'exemple des naturalistes, les géomètres avaient placé dans les tables de leurs ouvrages,

Les propriétés particulières à certains corps, comme celles de l'aimant, de l'électricité, du galvanisme, les attractions, les répulsions à de petites distances, les phénomènes que présentent les tuyaux capillaires, en un mot, tout ce qui peut s'observer sur les corps, sans changer leur organisation, ou sans détruire leur agrégation, est du ressort de la Physique générale ou particulière; et lorsqu'on met les corps en contact immédiat dans leurs plus petites molécules, pour reconnaître les affinités réciproques de ces molécules et les changemens que le jeu des affinités produit dans leur composition intime, on entre dans le domaine de la Chimie.

De cette manière on ne parvient à connaître que les propriétés de la matière morte, c'est-à-dire celles qui résultent uniquement de sa composition; mais il en est d'autres qui sont le produit de l'organisation ou de l'arrangement et de la forme des parties constituantes des corps, et qui n'appartiennent qu'aux animaux et aux végétaux. Sur ces propriétés reposent l'Anatomie humaine et comparée, la Physiologie animale, l'Anatomie et la Physiologie végétales, ou la

---

l'indication des écrits publiés sur la matière dont ils s'occupent, ainsi que je l'ai fait dans mon *Traité du calcul différentiel et du calcul intégral*, in-4°.

partie vraiment philosophique de la Botanique. De la connaissance de l'économie animale, de ce qui constitue l'état de santé, des effets que les substances nutritives ou médicinales exercent sur les solides et sur les fluides qui composent les corps organisés, résulte la Médecine humaine et la Médecine vétérinaire, même la Médecine végétale, si l'on peut donner ce nom à l'art de soigner les plantes.

Tous les arts étant fondés sur les propriétés des corps, se groupent autour de la Physique et de la Chimie, dont ils sont des applications. Les contacts sont trop faciles à indiquer pour que je m'y arrête; et je n'entrerai pas non plus dans le détail des subdivisions des sciences physiques et mathématiques que l'on comprend sous la dénomination de sciences naturelles, parce qu'on le trouve partout; mais je rappellerai une application du calcul sur laquelle il faut insister: c'est le calcul des probabilités, ou l'analyse des hasards. Cette science, sur laquelle nous n'avons encore qu'un petit nombre d'ouvrages, a été principalement cultivée par des géomètres français, depuis *Pascal*, qui en posa les premiers fondemens; elle s'applique aux questions commerciales, politiques et morales aussi bien qu'aux jeux, parce qu'elle embrasse tous les faits dont la cause est inconnue, et du retour desquels on ne peut juger que d'après la succession des événemens passés, ou le nombre des événemens possibles. C'est encore à la classe des sciences physiques et mathématiques que je rapporterai l'économie politique, considérée sous le point de vue de la culture, du perfectionnement et de l'encouragement des arts.

§ III.

IMAGINATION.

Cette faculté s'applique principalement à l'imitation de la nature. Si les choses qu'elle représente n'existent pas dans la nature telles qu'elle les montre, il est du moins évident qu'en dernière analyse ces choses ne peuvent être composées que de parties données par des perceptions antérieures. Les moyens qu'emploie l'imagination pour former ses tableaux, sont l'ordonnance et l'association des idées, la combinaison des sons ou celle des couleurs; ces tableaux ne produisent leur effet que par les sentimens qu'ils éveillent en nous, ou par les passions qu'ils excitent. Le rhythme et la mélodie, qui renforcent le charme de la pensée, portent ou sur les sons articulés, ou sur les sons soutenus, et font naître la poésie déclamée et la poésie chantée, qui fut tout-à-la-fois la première poésie et la première musique.

Il serait inutile de m'arrêter à rappeler ici les divers genres dans lesquels se divise la poésie, et à marquer la nuance qui la sépare de l'éloquence ou de l'art oratoire, dont les productions n'étant jamais dépourvues d'images, doivent être classées, sous ce point de vue, immédiatement à la suite de la poésie, mais qui, par le but que l'auteur s'est proposé, rentrent dans quelqu'une des sciences philosophiques. L'apologue et les romans, qui pour le fond sont toujours des ouvrages d'imagination, peuvent souvent se rapporter à la morale; enfin la musique, la peinture, la sculpture et l'architecture décorative, ont chacune des objets tellement connus et circonscrits, qu'il serait superflu d'entrer dans aucun détail à leur égard.

Plan de l'Annuaire d'un Département, cité page 132.

I. L'*Annuaire* tel qu'il est dans l'Annuaire républicain de l'an VII (1798-1799) (1).

Les matériaux de cet Annuaire se trouvent dans la *Connaissance des Tems*, que le Bureau des Longitudes a soin de faire paraître plusieurs années avant l'époque à laquelle elle se rapporte. Il n'est pas besoin d'avertir le professeur de Mathématiques, que cette partie concerne, de réduire, pour la latitude et la longitude du chef-lieu du département, les levers et les couchers des astres, ainsi que le temps de leurs passages au méridien, et des phénomènes annoncés dans l'Annuaire que j'indique.

Pour parvenir à expliquer clairement les divers articles du calendrier, il faudra donner d'abord quelques notions très simples et très courtes sur le système du monde.

II. *Un précis de la description géographique du globe terrestre*, contenant, 1° le nom des

(1) On désignait alors ainsi celui du Bureau des Longitudes.

divers États, celui de leur capitale, un aperçu de la population de chacun de ces États et de leurs forces de terre et de mer, autant qu'on pourra se le procurer, aperçu qui a quelquefois été inséré dans l'*Almanach de Gotha*, et peut être contenu dans un assez petit tableau; 2° le nom des départemens de la France, celui de leurs chefs-lieux et leur population; 3° la description du département en particulier, sa division en cantons, la nature du sol dans chaque canton, et le genre de culture auquel il est le plus spécialement consacré.

Pour donner plus d'intérêt à ces nomenclatures géographiques, il est à propos de placer à la tête de l'Annuaire quatre petites cartes ayant au moins deux décimètres de largeur sur une hauteur convenable; savoir une mappemonde, une carte de l'Europe, une carte de France et une du département. La dépense qu'exigeraient ces cartes ne serait pas bien grande, et se trouverait répartie sur plusieurs années, pendant lesquelles on pourrait se servir des mêmes planches. Je suis convaincu que la vue de ces petites cartes fixerait l'attention de presque tous les lecteurs, leur inspirerait infailliblement le désir de s'en procurer de plus détaillées, et ferait naître en eux le goût de la Géographie, science dont l'étude se réduit à une simple lecture, qui contribue plus que toute autre à étendre la sphère de nos idées, en nous mettant en relation avec tous les peuples de l'univers, et sans laquelle on ne saurait rien lire avec fruit.

Le professeur de dessin peut fournir aussi pour le frontispice de l'Annuaire quelque sujet dont la composition présente des objets instructifs et analogues au local. Cependant il faut mettre la plus grande économie dans les frais de papier, impression, gravure et reliure; car le prix de ces almanachs doit être à la portée de tout le monde.

III. L'exposition de la hiérarchie des autorités constituées, le nom des membres qui la composent dans le département, l'emplacement des tribunaux, leur composition, l'état de la force armée sédentaire.

IV. Les traits d'humanité, de courage et de républicanisme, recueillis dans le département.

V. L'état de l'instruction publique; les noms des citoyens du département qui ont obtenu des succès dans les sciences, ou qui sont attachés à l'Institut national, des jeunes gens qui ont remporté des prix dans l'année, et l'indication des livres élémentaires enseignés dans les Écoles primaires et centrales, enfin les noms des artistes et des agriculteurs qui se sont distingués par quelque invention, ou par la découverte de quelque procédé nouveau.

Il faudra donner une notice succincte de cette invention ou de ce procédé ; et dans l'Annuaire consacré à l'année qui doit suivre celle-ci, insérer, après ces détails, particuliers à un département, le précis des principales découvertes publiées, l'année précédente, dans le reste de la République.

VI. L'état général de l'agriculture, des manufactures et du commerce dans le département, l'indication des principaux marchés et des foires.

VII. Le tableau des observations météorologiques faites pendant l'année.

Pour que ces tableaux soient tous comparables, on peut adopter la forme de celui que l'on insère chaque année dans la *Connaissance des Tems* (voyez, par exemple, celle de l'an VII) ; il contient dans un fort petit espace un très grand nombre de résultats. Je désirerais seulement qu'on y ajoutât la désignation abrégée des vents qui ont principalement régné pendant chaque mois.

Ce tableau doit être l'extrait d'un journal météorologique très détaillé, dont on trouve des modèles dans les *Mémoires de l'Académie des Sciences de Paris*, dans le *Traité de la Météorologie*, de *Cotte*, et à la fin de chaque numéro de la *Bibliothèque britannique*, journal rédigé et imprimé à Genève.

Le professeur de Physique, en s'attachant à ce genre d'observations, prendra sans doute les moyens de se procurer des instrumens sûrs. A l'égard du baromètre et du thermomètre (qui doit être en mercure), il les construira lui-même, ou du moins les fera faire sous ses yeux, avec toutes les attentions requises : l'échelle de l'un sera formée d'après le mètre ; celle de l'autre sera divisée en cent parties égales, depuis le terme de la glace jusqu'à celui de l'eau bouillante.

Un hygromètre à cheveu, bien exécuté et bien éprouvé, ne serait pas moins nécessaire.

Les bornes de l'Annuaire ne permettant pas d'y insérer le journal météorologique en entier, il serait à propos d'adresser au Ministère de l'Intérieur une copie de ce journal, pour être communiquée, soit à l'Institut, soit aux savans qui s'occupent à rassembler des observations météorologiques, afin de les discuter et de les comparer.

VIII. L'état des productions animales, végétales et minérales les plus importantes, découvertes dans le département par le professeur d'Histoire naturelle, ou par ses élèves.

IX. Un tableau de population contenant le relevé des actes de l'état civil, suivant le modèle que le Ministre a fait passer à l'Administration centrale du département, mais borné pour chaque colonne au total de l'année.

Il serait convenable de mettre à part les nombres relatifs à la commune du chef-lieu du département, et que, parmi les morts de cette commune, on indiquât le nombre de celles qui ont eu lieu avant le cinquième jour de la maladie, et le nombre de celles qui ont eu lieu subitement. Ces résultats sont assez importans, parce qu'ils donnent la probabilité d'une espèce de risques que nous apprécions mieux que tout autre, et qui est par conséquent très propre à fournir des termes de comparaison pour nous faire juger de l'importance morale que l'on doit attacher aux divers degrés de probabilité déduits du calcul. Telle était à cet égard l'opinion de Condorcet, qui désirait que l'on complétât sous ce rapport les tables de mortalité.

Craignant de surcharger les Administrations, et surtout d'excéder la portée des agens des communes rurales, j'ai resserré, autant qu'il a été possible, le tableau cité précédemment : c'est aux professeurs qu'il appartient de suppléer à ce qui manque dans ce tableau, pour le rendre propre à servir de base à tous les calculs qu'exigent les questions d'économie politique. Je propose, en conséquence, de charger le professeur de Mathématiques et celui de Législation, de se concerter pour extraire des registres de l'état civil, déposés dans le chef-lieu du département, les nombres indiqués dans la tête de tableau ci-après (1).

---

(1) Dont le but était de fournir des données pour toutes les questions de probabilités auxquelles les mariages peuvent conduire. Le divorce étant permis alors, on désirait en déterminer les conséquences autrement que par des déclamations vagues; car toutes les actions humaines ont des effets susceptibles, à la longue, d'être traduits en nombres, et par conséquent d'être justement appréciés.

DEPARTEMENT

D

COMMUNE

D

TABLEAU DES MARIAGES

PENDANT L'AN

ENTRE				En premières noces des deux époux.	EN premières noces de l'un des époux seulement.		ENTRE deux époux, dont l'un était divorcé.		Entre deux époux divorcés l'un et l'autre.	Total des mariages.
habitans du même canton.	habitans de cantons différens dans le même départem.	habitans de différens départem.	un étranger et une Française.		du mari.	de la femme.	le mari divorcé.	la femme divorc.		

Ce tableau ne pouvant entrer dans l'Annuaire, doit être envoyé au Ministère de l'Intérieur, pour le joindre à ceux que transmet l'Administration du département.

X. Il faut enfin que l'Annuaire soit terminé par *une notice concernant les nouvelles mesures, accompagnée des tables nécessaires pour convertir les anciennes mesures en nouvelles*; mais non pas des tables inverses, parce que, dans l'état actuel des choses, il ne doit jamais être question de réduire les nouvelles mesures aux anciennes.

SECONDE SECTION.

DE L'ENSEIGNEMENT DES MATHÉMATIQUES.

§ I.

Sur la manière de les enseigner et d'apprécier, dans les examens, le savoir de ceux qui les ont étudiées.

Tout homme qui veut rendre son existence utile à la société, doit marcher constamment vers un même but ; ce n'est que par une continuité d'efforts dirigés toujours dans le même sens, qu'il peut atteindre à de véritables succès, et acquérir quelques droits à l'estime de ses contemporains et à la reconnaissance de ceux qui viendront après lui. Livré de bonne heure aux travaux de l'enseignement, j'ai toujours tourné mes méditations sur les moyens de présenter les résultats de la science par les faces les plus simples et dans l'ordre le plus naturel. C'est ainsi que j'ai conçu d'abord le dessein de rassembler en un corps d'ouvrage tous les matériaux de la Géométrie et de l'analyse transcendante. Rappelé aux fonctions du professorat, que je n'avais exercé jusque-là que dans des écoles où la forme et la matière de l'instruction étaient rigoureusement déterminées, et celle des Écoles centrales étant laissée entièrement à la disposition du maître, je fus engagé par cette liberté à réfléchir sur les moyens de perfectionner le cours qui m'était confié. J'éprouvais sur un auditoire nombreux, les principes et les méthodes que j'avais conçus; leur application servait à les confirmer, ou les modifiait quelquefois heureusement. De là résultaient des procédés propres à assurer le succès des livres, mais qui n'auraient pu y être décrits sans y faire des digressions, trop longues pour ne pas rompre le fil qui doit unir étroitement les propositions les unes aux autres. La tradition a pu propager quelques-uns de ces procédés, mais ils m'ont paru assez importans pour être consignés à part dans un ouvrage qu'on peut regarder comme le complément de ceux que j'ai publiés, et terminant en quelque sorte la tâche que je me suis imposée. J'ose espérer qu'on en jugera de même, et qu'on ne regardera pas comme dépourvues d'utilité, les réflexions que m'ont suggérées, sur la manière d'enseigner les Mathématiques, et d'apprécier le savoir et la capacité de ceux qui les ont étudiées, les observations que j'ai faites sur moi-même et sur le grand nombre de jeunes gens dont j'ai suivi les progrès.

La culture des sciences se présente sous deux points de vue qu'il faut bien distinguer : tantôt elle n'est qu'un moyen d'exercer l'esprit, de développer les facultés intellectuelles, et de rendre propre à la méditation et à la discussion; quelquefois aussi, mais par malheur beaucoup plus rarement qu'on ne le croit en général, elle fournit des préceptes et des résultats immédiatement applicables aux usages de la vie, aux besoins de la société.

Quand on l'envisage sous le premier rapport, celui qui la constitue une partie essentielle de l'éducation, on reconnaît la nécessité de ne rien traiter superficiellement dans les objets qu'on y fait entrer, de diminuer plutôt le nombre de ces objets, s'il le faut, que de sacrifier à la brièveté aucun des développemens nécessaires pour parvenir à toute l'évidence que comporte le sujet, ou pour rendre sensible le mécanisme du raisonnement.

L'enseignement des sciences est à cet égard assujetti aux mêmes règles que celui des arts : le choix des exemples est bien plus important que leur nombre; quelques vérités bien approfondies éclairent beaucoup plus sur la méthode, qu'un grand nombre de théories discutées d'une manière incomplète. Les unes jettent des racines profondes qui ne manquent jamais de s'étendre, et d'où sortent des tiges dont les rameaux nombreux sont chargés de fruits; les autres, qui ont à peine effleuré le sol, disparaissent bientôt après avoir offert un stérile aliment à la vanité.

Ces remarques, déjà faites ailleurs, et dont la répétition serait ici superflue, s'il n'était pas nécessaire de remettre souvent sous les yeux des hommes les vérités les plus évidentes, quand elles contrarient leurs habitudes et leurs préjugés; ces remarques, dis-je, prouvent assez qu'on ne saurait s'écarter, dans les écoles publiques, de cette sévérité qui donne aux preuves tout le développement et toute la rigueur dont elles sont susceptibles, et qui n'emprunte des apparences et des sensations que ce qu'il n'est pas possible de tirer du jugement seul.

Aurais-je besoin d'avertir que je ne parle pas des premières instructions données à l'enfance, à l'égard de laquelle il convient d'employer le plus souvent le témoignage des sens? J'indiquerai plus loin comment je crois qu'il faudrait initier un jeune enfant aux Mathématiques (dans les *Réflexions sur les élémens de Géométrie*); mais après qu'il aurait été imbu des vérités fondamentales de la science, par un procédé plutôt expérimental que théorique, on ne saurait se dispenser de lui en faire recommencer l'étude par des principes purement rationnels, sans lesquels il n'y a jamais d'instruction solide. En général, quelque opinion qu'on adopte sur les relations que nos sensations ont avec nos idées, et sur ce que nous pouvons y mettre de notre propre fonds, il me semble qu'on ne peut s'empêcher de convenir que le maître doit chercher à ramener son élève en lui-même, dès qu'il a acquis un assez grand nombre de notions extérieures à comparer entre elles, et qu'il peut l'y retenir d'autant plus que cette collection de faits est plus grande ou qu'il est plus avancé en âge.

Je déclare donc que je laisse de côté la discussion de tout ce qui regarde les connaissances préparatoires qui rendent un enfant susceptible d'application ; je confesse mon ignorance sur la manière dont les idées de *nombre* et de *grandeur* s'acquièrent, et je me borne à examiner ici comment, avec ces matériaux déjà élaborés par une première instruction, empirique si l'on veut, on peut faire entrer dans des têtes de quinze à seize ans, la théorie élémentaire des sciences mathématiques et les formes des méthodes qui leur sont propres. On trouvera peut-être que je fais commencer cette étude un peu tard, et je conviens que j'ai rencontré des enfans beaucoup plus précoces : mais ce sont encore des exceptions trop peu nombreuses pour modifier la règle générale.

J'aime à croire qu'elles deviendront moins rares, si l'éducation première se perfectionne : jusque là je m'en tiens à ce que j'ai remarqué le plus souvent.

Je crois à propos de m'arrêter encore ici sur l'idée que je me suis formée de l'enseignement public, et de rappeler que c'est l'intérêt de la société et non celui des individus, qui doit en régler la marche ; car le premier demandant que la masse des lumières s'augmente, et surtout que la distribution du travail s'opère en raison des facultés, sinon rigoureusement (cela est impossible) du moins d'une manière approximative, il faut, comme je l'ai déjà dit, que l'instruction soit assez approfondie pour manifester le talent, pour l'éclairer sur sa vocation, pour lui montrer la route qu'il doit tenir afin de marcher vers la perfection, et assez sévère en même temps pour écarter la médiocrité d'occupations toujours oiseuses et stériles entre ses mains, et la renvoyer à des travaux par lesquels elle peut se rendre utile. Ce triage, et pour ainsi dire ce *départ* des esprits, est un des meilleurs fruits que la société puisse retirer des avances qu'elle fait pour l'instruction.

Il n'y avait donc aucune raison pour craindre de rendre un peu abstrait l'enseignement des Mathématiques, dans les Écoles centrales et dans les livres consacrés à l'usage de ces écoles. Cependant comme on peut abuser de tout, il faut tracer certaines limites, hors desquelles se trouve, d'un côté comme de l'autre, l'exagération, qui n'enfante que des chimères. On tomberait nécessairement dans ce défaut, si l'on croyait que suivre une méthode sévère, c'est s'astreindre sans cesse à des formes minutieuses, reste du jargon des anciennes écoles, que c'est s'appesantir sans mesure sur des détails purement métaphysiques, que c'est alambiquer les notions les plus claires, et obscurcir, par des preuves superflues, ce qui est évident par soi-même.

S'il y a du danger à passer trop légèrement sur la vraie métaphysique des sciences, il y a aussi de l'inconvénient à s'étendre beaucoup sur les détails de cette métaphysique; les jeunes gens épuisent leurs forces sur de vaines subtilités, et perdent à les discuter, un temps qu'ils emploieraient bien plus utilement à augmenter la masse de leurs connaissances. Les digressions sont d'ailleurs bien moins propres à faire sentir la nature des vérités que la succession méthodique de ces vérités. Les conséquens, lorsqu'ils sont bien déduits et bien ordonnés, réfléchissent sur les antécédens une lumière beaucoup plus vive que celle que ces antécédens pourraient acquérir par eux-mêmes. En passant à de nouvelles choses, dans un ordre convenable, on sait mieux celles qu'on a déjà apprises ; c'est dans ce sens qu'un géomètre célèbre du siècle passé, disait à quelqu'un qui se plaignait des nuages que certaines démonstrations avaient laissés dans son esprit : *allez en avant, et la foi vous viendra.* Ce conseil, dont il ne faut pourtant user qu'avec mesure, a été sûrement mis en pratique par beaucoup de jeunes gens; et pour ma part j'ai eu souvent occasion d'en reconnaître l'utilité.

C'est donc à mettre de l'ordre dans les propositions, à rendre évident l'enchaînement qui les lie les unes aux autres, et à saisir, autant qu'il est possible, les occasions qui s'offrent de jeter en avant quelques-unes de ces vues fécondes qui ont pu diriger les inventeurs, que consiste principalement l'efficacité de l'enseignement : je dis autant qu'il est possible, car il serait ridicule, et quelquefois même dangereux, de vouloir rendre raison de tous les artifices que les géomètres ont employés dans leurs recherches. Des yeux dirigés par une longue habitude de ce genre de spéculations, aperçoivent dans une figure, dans un calcul, des circonstances, prévoient dans une opération à effectuer, des effets, qu'on ne peut jamais rendre sensibles à un commençant.

Mais ce qu'on peut toujours faire avec succès, c'est d'analyser les diverses formes de raisonnement qu'on emploie, c'est de montrer comment des preuves qui paraissent plausibles, dont la conclusion, vraie en elle-même, est aperçue presque immédiatement par l'esprit, ne mènent pas néanmoins d'une manière nécessaire à cette conclusion, et sont par conséquent fautives. La plupart des livres élémentaires fourmillent de fautes de ce genre, et me paraissent par là très peu convenables à l'éducation. En effet, quoi de plus important que de prémunir la jeunesse contre les erreurs du raisonnement, contre la séduction du paralogisme; et quelle circonstance plus propre à mettre en défiance sur les conclusions précipitées, les énumérations incomplètes, sources de toutes nos erreurs, que celle où des vérités presque palpables se présentent sous des points de vue spécieux au premier coup d'œil? D'ailleurs, pour mettre le défaut d'exactitude en évidence, et pour y suppléer, il faut employer des raisonnemens très fins, des propositions accessoires dont l'ensemble exerce beaucoup l'esprit et le jugement, et qui préparent l'élève à saisir des choses très difficiles.

Jusqu'où doit-on pousser les élémens? Voilà la question qui se présente immédiatement après celles que je viens d'examiner. J'avoue qu'il serait difficile de poser des limites fixes à ces ouvrages. Le but pour lequel on étudie varie de tant de manières, qu'il n'est guère possible de circonscrire exactement les objets qu'il faut connaître. Cependant il y a certaines règles générales qui se présentent d'elles-mêmes, et auxquelles pourtant la plupart des auteurs paraissent avoir fait peu d'attention. Premièrement, éviter les doubles emplois; cela devient d'autant plus nécessaire que les progrès récens des sciences physiques et mathématiques ont prodigieusement augmenté la masse des objets d'instruction. C'est, à mon avis, une faute dans un auteur qui doit traiter l'Algèbre, de surcharger l'Arithmétique d'opérations qui ne s'y présentent pas naturellement, et de se traîner péniblement en Trigonométrie, sur des démonstrations synthétiques.

Sans doute lorsqu'on n'embrasse que l'Arithmétique et la Géométrie, il faut faire entrer dans ces deux branches le plus de choses usuelles qu'il est possible; mais si l'on doit aller au-delà, ne convient-il pas mieux d'employer le temps des élèves à leur faire connaître des résultats nouveaux, plutôt que des procédés différens pour parvenir au même résultat? Et qu'on ne dise pas que la comparaison de ces procédés est nécessaire pour saisir l'esprit des méthodes; car je me suis convaincu par mon expérience, que l'application même des diverses méthodes à des objets qui leur sont propres, suffit pour cela, toutes les fois qu'elle est bien faite, et lorsqu'on passe d'une méthode à une autre, par leurs véritables points de contact.

Secondement, choisir toujours les méthodes les plus générales. Cette règle est en quelque sorte une conséquence de la première; car par le moyen de ces méthodes on évite infailliblement les doubles emplois. *Préférez dans l'enseignement les méthodes générales, attachez-vous à les présenter de la manière la plus simple, et vous verrez en même temps qu'elles sont presque toujours les plus faciles*, a dit Laplace (*Journal des Séances de l'École Normale*); et l'on peut ajouter qu'elles sont aussi les plus propres à faire connaître la vraie métaphysique de la science.

Il serait bien temps qu'on se défît de cette prédilection pour certaines méthodes particulières, parce qu'elles sont, à ce qu'on dit, plus élémentaires que les méthodes générales, ou, pour dire vrai, parce qu'elles sont plus anciennes, et par là plus conformes à des habitudes acquises depuis long-temps, et qu'il en coûterait trop de réformer. Cependant il faut tôt ou tard cesser de se traîner sur les pas des auteurs, même les plus célèbres, puisque la science a fait depuis l'époque où ils ont écrit, des progrès qui changent entièrement la liaison des propositions et souvent le langage. Les géomètres des siècles précédens conserveront leurs droits sur les découvertes de leurs successeurs, et leurs méthodes ne perdront pas de leur prix, mais deviendront des objets d'érudition, dont l'étude sera recommandée à ceux qui voudront approfondir la science et la perfectionner.

C'est une erreur de croire que les méthodes générales aient besoin d'être précédées par l'exposition des méthodes particulières; elles se suffisent à elles-mêmes lorsqu'elles sont présentées convenablement, et qu'elles ne rencontrent pas dans la tête de ceux qui les étudient ou qui les jugent, de vieilles idées à effacer ou des préjugés à détruire. Enfin la nécessité de faire un choix entre les méthodes n'est pas douteuse pour tous ceux qui connaissent l'étendue de la science; et si l'on regrette les méthodes synthétiques parce qu'on croit y trouver plus d'évidence, on ne peut pas de bonne foi les préférer aux méthodes analytiques, qui sont plus fécondes, et d'après lesquelles sont rédigés les écrits des géomètres de notre temps, qu'il faut nécessairement étudier dès qu'on veut s'élever au-delà des élémens.

J'observerai à cette occasion qu'il est bien important de coordonner les ouvrages élémentaires avec ceux qui contiennent les théories les plus élevées : on épargne par ce moyen beaucoup de peine aux jeunes gens, et on leur conserve pour se frayer de nouvelles routes, les forces qu'ils auraient épuisées à chercher l'état de la science. Il est incontestable aujourd'hui que la *Mécanique analytique* et la *Mécanique céleste* sont les véritables sources où l'on peut acquérir la connaissance complète et méthodique de toutes les propriétés de l'équilibre et du mouvement des corps, soit solides, soit fluides, objets qui forment la principale application de l'analyse transcendante : il faut donc que désormais les élémens soient composés de manière à conduire à ces ouvrages.

Dirigé par ces considérations dans le choix et l'ordonnance des matériaux d'un cours, le professeur n'a plus qu'à les mettre en œuvre ; et à cet égard sa tâche est bien différente de celle de l'écrivain. Celui-ci doit éviter surtout la prolixité ; car les bons esprits aiment beaucoup mieux lutter contre les difficultés d'un livre un peu concis, que de suivre pas à pas des détails superflus, qui arrêtent leur marche et leur font perdre de vue l'objet principal, noyé dans une foule d'accessoires. D'ailleurs, tandis que le livre fixe les différentes parties des propositions sous les yeux du lecteur, la parole fugitive oblige le professeur à des répétitions qui seraient insoutenables dans l'auteur. Cependant le premier doit prendre garde de se laisser entraîner à une abondance stérile de mots que le vulgaire prend pour de la facilité et de la fécondité, et doit resserrer par des résumés fréquens ce qu'il a développé avec un peu d'étendue : il faut présenter sans cesse à l'imagination des auditeurs des points fixes, sans quoi elle s'égare bientôt.

Le professeur et ceux qui l'écoutent, l'auteur et ceux qui le lisent, doivent s'entr'aider mutuellement. Il y a dans chaque science des choses qui ne peuvent s'enseigner, et que l'élève doit acquérir par lui-même : c'est l'habitude des procédés de la science, ou autrement le mécanisme des opérations qu'elle prescrit : en Arithmétique et en Algèbre, ce sont des calculs ; en Géométrie, des constructions.

Les jeunes gens ne peuvent saisir l'esprit des méthodes lorsque le mécanisme du calcul absorbe seul toute leur attention ; le professeur préviendra cette difficulté, en donnant beaucoup d'opérations à faire à ses élèves, en les accoutumant à y mettre de l'ordre, seul moyen de soulager l'attention et d'en reculer les bornes, parce qu'il permet d'interrompre le calcul et de le reprendre à volonté. Ils pourront alors en entreprendre de très longs, les vérifier par parties, et par là compter sur l'exactitude des résultats. Beaucoup de gens ne témoignent tant d'aversion pour le calcul, que par l'incertitude où ils sont d'obtenir un résultat exact de ceux auxquels ils voudraient bien d'ailleurs se livrer, et parce que, n'ayant aucun ordre, ils ne peuvent suspendre le travail quand leur attention est épuisée. Obligés d'envisager une opération dans toute son étendue, l'espace qui sépare le commencement de la fin, et qui les effraie, ne les eût point arrêtés s'ils eussent pu le partager. Un auteur ne peut, à cet égard comme à beaucoup d'autres, que donner des conseils, offrir quelques exemples que le lecteur doit regarder comme des types, et sur le modèle desquels il doit effectuer beaucoup d'opérations particulières, après avoir suivi, dans tous leurs détails et la plume à la main, celles du livre.

Voilà ce qu'il convient de faire pour conduire des auditeurs ou des lecteurs à l'intelligence parfaite des différentes propositions d'un cours, soit oral, soit écrit; mais il reste encore à leur mémoire une tâche à remplir, dont il faut déterminer la nature et l'étendue.

Lorsqu'on n'envisage que l'exercice de l'esprit, il est peu utile de charger sa mémoire de tous les objets qui ont servi à cet exercice. Que l'esprit soit pénétrant, que le jugement soit prompt et sûr, qu'importent les moyens dont on a fait usage pour les rendre tels, si ces moyens ne doivent plus se représenter dans le reste de la vie? Le magistrat, par exemple, formé aux discussions et à l'examen des preuves, par l'étude des sciences exactes, peut oublier sans inconvénient et pour toujours les propositions techniques de ces sciences, comme l'homme qui s'est exercé à l'escrime dans la vue de développer ses membres, de leur donner de l'agilité, de la souplesse, passe bientôt à des travaux plus utiles, et perd entièrement de vue toutes les finesses de cet art.

Ce n'est donc qu'à ceux qui veulent pratiquer une science qu'est spécialement imposée l'obligation d'en confier les détails à leur mémoire; mais jusqu'où doit aller cette obligation? que faut-il retenir principalement? C'est ce que je vais discuter. Je commence par établir deux fonctions dans la mémoire: celle de rappeler les choses en masse et celle de les reproduire dans tous leurs détails: l'une sera la *mémoire des choses* et l'autre *celle des mots.* On doit sans doute les exercer avec soin toutes deux, mais la seconde semble plutôt affectée à l'étude des langues et des nomenclatures, et l'autre est la seule qu'on devrait exiger de ceux qui cultivent les sciences exactes. Elle est nécessaire pour y faire quelques progrès, quand même on ne se proposerait pas de les appliquer, parce que, dans une suite de propositions bien enchaînées, il faut toujours se rappeler, au moins dans leur objet, les antécédens pour sentir la vérité des conséquens. Dire que le raisonnement doit les faire retrouver lorsqu'on en a perdu le souvenir, c'est comme si l'on disait que la science a pu être inventée en entier par le premier qui s'en est occupé.

La mémoire est encore très nécessaire pour conduire aux découvertes, parce qu'elle fournit, au moment où l'on en a besoin, des secours qu'on ne penserait pas à chercher dans les livres, qu'on n'y trouverait même pas à point nommé; mais cette mémoire ne se cultive que par l'usage fréquent que l'on fait des choses qu'on lui confie, et non pas par un travail forcé, par des répétitions continuelles : elle vient sans qu'on y pense. Euler, celui de tous les géomètres dont la tête était le plus remplie de formules et de résultats, ne s'était sûrement pas assujetti à en apprendre par cœur tous les jours un certain nombre.

Lorsqu'on applique les sciences, c'est par des formules ou par des procédés mécaniques, dont il faut se rendre l'usage familier, afin d'opérer avec célérité, sûreté et précision : voilà tout ce qu'on peut demander pour les objets vraiment usuels, dont le nombre est fort petit; et c'est à quoi l'on arrive toujours aisément dès qu'on en sent le besoin. On ne saurait nier qu'un homme accoutumé à captiver son attention, ne parvienne à exécuter avec promptitude et avec justesse des opérations intellectuelles, qu'il sera obligé de répéter fréquemment. On peut sur cela s'en rapporter à la nécessité et à la pratique.

On est quelquefois tout étonné de voir un élève fort instruit en Mathématiques, éprouver quelque difficulté à effectuer des calculs numériques, et l'on en conclut qu'il n'est pas propre à exercer des professions où il y a beaucoup de ces calculs à faire. C'est là un lieu commun de plaintes pour ceux qui s'attachent aux petites choses; mais on peut leur répondre que des hommes sans instruction parviennent à faire mécaniquement des calculs numériques très longs, par cela seul qu'ils en font beaucoup, et qu'apparemment les connaissances acquises par l'élève dont il s'agit ne l'empêcheront pas d'obtenir le même succès, lorsqu'il sera obligé de se livrer journellement au même travail. Il pourra, comme un autre, acquérir de lui-même, perdre ensuite et se donner de nouveau, selon les circonstances, l'habitude des calculs; car c'est ainsi que cela se passe.

A l'égard des objets plus compliqués, il n'y a

point d'inconvénient à recourir aux livres; et je ne vois dans aucun cas la nécessité de charger sa mémoire de démonstrations et de formules. Ce qu'il faut bien posséder, c'est la marche des méthodes, la valeur des termes techniques, l'intelligence des *idiotismes* de la langue, ou la faculté de saisir le sens des phrases et des formes d'expressions particulières aux principaux écrivains qui ont traité de la science, afin de pouvoir, à la simple lecture, comprendre leurs ouvrages, au moins ceux qu'on a étudiés ou dont on pourra avoir besoin dans la suite; enfin connaître la nature et l'enchaînement des objets qu'ils contiennent, afin de pouvoir les consulter avec fruit lorsqu'il sera nécessaire.

La mémoire la plus exercée n'atteint pas toujours ce but; la petitesse du cercle dans lequel sont nécessairement renfermées des choses apprises par cœur, ne permet pas d'y mettre assez de variété, pour qu'elles puissent offrir des exemples des principales difficultés que l'on rencontre dans la lecture des livres.

Puisque ce n'est pas un effort de mémoire qui constitue le vrai savoir en Mathématiques, et qu'il restreint plutôt les facultés qu'il ne les augmente, c'est donc à tort qu'on emploie un *examen oral et par cœur*, pour s'assurer de la capacité des jeunes gens qui se livrent à l'étude de ces sciences. Aussi il est arrivé souvent que les hommes les plus instruits sont convenus de bonne foi qu'ils ne se croyaient pas assurés d'être reçus à un examen de ce genre, quoiqu'il portât sur des objets fort au-dessous de leurs connaissances. On a entendu dans une des leçons qu'il a données à l'École Polytechnique, Lagrange lui-même le dire avec cette modestie qui le caractérisait si éminemment. En effet, contens de posséder l'esprit des méthodes, et de savoir revenir sur les détails lorsqu'ils leur deviennent nécessaires, les géomètres n'entreprennent pas de les confier à leur mémoire; ils se gardent bien de se condamner à un travail fastidieux qui émousserait en eux l'esprit d'invention et de recherche. Les professeurs eux-mêmes qui parcourent successivement ces détails, ne cherchent à se rappeler que ceux dont ils ont besoin dans un intervalle de temps très limité. Comment donc peut-on demander avec justice aux disciples ce qu'on n'exigerait pas du maître? Ignore-t-on le temps qu'on leur fait perdre à repasser, osons le dire, à *rabâcher* sans cesse la matière d'un examen, pour se tenir en haleine et se préparer à répondre en même temps sur tout ce qu'ils ont appris? Croit-on que le dégoût qui suit nécessairement un travail aussi monotone, n'arrête pas le plus souvent les progrès des jeunes gens au terme où finit leur examen, ne les porte pas quelquefois à se débarrasser promptement la tête de connaissances qu'ils n'ont péniblement acquises que pour en faire parade un seul jour, parce qu'ils n'ont pas senti ce charme que la variété jette sur des études qui présentent des objets nouveaux qu'on n'épuise pas? Aussi beaucoup d'entre eux, guidés quelquefois en ce point par leurs maîtres, étudient le goût, les habitudes des examinateurs, cherchent exclusivement ce qui peut abréger et adoucir l'épreuve qu'ils doivent subir, et rejettent comme inutile pour eux tout ce qui ne s'y rapporte pas. Je ne sais si des raisons particulières n'empêcheront pas bien des gens, qui sont intérieurement de mon avis, de convenir qu'il est fondé; mais je puis affirmer que, dans près de vingt années employées à professer dans différentes écoles de service public, où l'on n'entrait qu'après des examens, j'ai rencontré beaucoup d'exemples de ce que j'avance aujourd'hui.

Qu'on ne s'y trompe point; c'est contre les examens en général que je m'élève ici, et non contre les hommes distingués à qui le Gouvernement a successivement confié le soin de juger les aspirans aux services publics. Je suis persuadé qu'ils ont tiré de ce moyen le meilleur parti possible; mais ce n'est pas assez d'avoir entendu répondre des candidats à un examen pour apprécier cette épreuve. Il faut avoir observé l'influence qu'elle a sur leur esprit pendant qu'on les y prépare et lorsqu'ils l'ont subie. Rien ne paraît plus satisfaisant au premier coup d'œil, que de voir ces jeunes gens développer avec facilité, netteté, et même avec élégance, toutes les matières exigées, lever avec finesse toutes les difficultés qu'on leur oppose; mais quelle perte de temps et de facultés entraîne la méthode dont on se sert pour obtenir ces avantages, et combien le résultat est fugace!

Dans les anciennes écoles des aspirans et des gardes de la marine, par exemple, un professeur ayant huit à dix élèves au plus, et quatre heures de *salles* (ou classes) par jour, trouvait le temps de faire répéter une à une, à chacun d'eux, toutes les propositions contenues dans l'Arithmétique et la Géométrie du Cours de Bézout, et de repasser deux ou trois fois de la même manière cet ensemble, en sorte qu'un auditeur tant soit peu attentif était absolument dispensé d'ouvrir son livre. Les professeurs, tenus d'assister aux examens, avaient bientôt remarqué le cercle d'objections dans lequel se renfermait l'examinateur; les réponses étaient préparées par des cahiers rédigés en conséquence, et se transmettaient par tradition avec une uniformité vraiment surprenante. Après avoir par ce moyen brillé le jour de leur examen, la plupart des aspirans, devenus gardes de la marine, perdaient au bout de quelques campagnes de mer la théorie qu'on leur avait inculquée, pour ainsi dire, sans leur participation, et n'étaient point capables de l'apprendre par eux-mêmes dans les livres. C'est ainsi que j'ai vu un garde de la marine, *reçu le premier des trois ports*, ne pas se rappeler la théorie arithmétique des fractions, trois ans après être sorti de l'école.

On préparait à peu près de même, à Metz, les aspirans de l'artillerie; mais comme on exigeait plus de ceux-ci, ils étaient forcés de se livrer un peu à l'étude, le plus souvent sur des cahiers rédigés dans les mêmes vues que les cahiers des écoles de marine; d'ailleurs les répétitions étaient si fréquentes qu'elles absorbaient un temps considérable, et les explications si multipliées, qu'elles ne laissaient presque rien à faire à la sagacité de l'élève. Cette marche pourtant était si nécessaire que rarement on voyait réussir aux examens, ceux qui n'avaient pas été préparés dans les pensions où elle était suivie.

Les détails d'une telle instruction ne subsistaient pas non plus bien long-temps dans la mémoire de ceux qui l'avaient reçue; j'en pourrais citer assez d'exemples, parce que dans l'*école de régiment* à laquelle j'ai été attaché, on faisait revoir aux jeunes officiers une partie des objets qui avaient été la matière de leur examen, et sur lesquels ils étaient encore interrogés chaque année en présence de l'*Inspecteur*. A la vérité, les sujets un peu appliqués se faisaient facilement exempter des *salles*, mais ils avaient la bonne foi de convenir qu'il leur était, sinon impossible, du moins très difficile d'entendre d'autres ouvrages de Mathématiques que le cours qu'on leur avait mis entre les mains; et ils paraissaient presque tous fort dégoûtés d'une étude abstraite, qui ne leur rappelait que les redites fatigantes dont on les avait accablés.

On sent que ceci convient principalement aux théories qui n'ont que peu ou point d'application au service, et qu'une pratique éclairée, dont elles ne dispenseraient pas, remplace bien plus utilement.

Sans pouvoir donc porter atteinte aux talens du grand nombre d'officiers qui s'est distingué dans les corps dont je viens de parler, les remarques précédentes montrent au moins, si je ne me trompe, que l'instruction des écoles n'était pas propre à leur faire aimer la science, et qu'il leur a fallu une aptitude bien prononcée pour rassembler les connaissances qu'ils ont acquises depuis. Les réflexions suivantes achèveront, je pense, de prouver le peu d'accord qui existait entre l'enseignement des écoles de service public et le but pour lequel il était donné.

Les opérations de ces services se divisent en deux classes bien distinctes : l'une a pour objet des constructions appropriées à certaines vues; l'autre, la mise en activité de machines (au nombre desquelles je comprends l'homme, quand on le réduit à n'exécuter que des mouvemens réguliers et prévus) pour en tirer des effets demandés ou les meilleurs possibles. Dans ces deux classes, tout ce qui tient aux conceptions est réservé à des hommes sortis depuis long-temps des écoles, et ayant mérité par leurs services passés la confiance de leurs chefs et du Gouvernement. Les détails d'exécution qui, dans l'une et l'autre classe d'opérations, ne reposent que sur les premiers élémens du calcul et de la Géométrie, sont exclusivement le partage des jeunes officiers. Rendre fidèlement sur des dessins exacts les idées consignées dans les croquis qu'on leur remet, ou tracer les mesures qu'ils ont prises sur le terrain, établir des devis, arrêter des toisés : voilà leur principale occupation de cabinet; et quand ils ont des machines à mouvoir, les procédés qu'il faut employer pour cela sont décrits avec le plus grand détail dans des instructions arrêtées par leurs chefs, et dont ils ne sauraient s'écarter.

Les conceptions de travaux ou de machines ne consistent pour la plupart que dans une combinaison plus ou moins variée, plus ou moins savante, des moyens de l'art, déjà éprouvés séparément par une longue pratique. Ce n'est tout au plus que lorsqu'il faut avoir recours à des constructions inusitées, pour lesquelles il n'y a point encore de procédé arrêté, de données précises, soit de théorie, soit d'expérience, qu'il peut être nécessaire de recourir aux considérations transcendantes de la Mécanique des solides et des fluides. Il est visible qu'on doit peu compter dans ce cas sur l'instruction montrée à un examen subi il y a un grand nombre d'années, quelque brillant qu'il ait été. Le secours des livres sera indispensable pour rappeler à l'officier les notions un peu élevées et les formules compliquées, sur lesquelles s'appuient les déterminations dont il a besoin. Il y a plus, si, dans l'intervalle qui s'est écoulé depuis que l'officier dont nous parlons est sorti des écoles, les sciences ont acquis de nouvelles richesses dont il puisse profiter, où les trouvera-t-il, si ce n'est dans les livres où elles sont consignées, et dont elles ne sauraient être tirées que par ceux qui ont l'habitude de saisir les méthodes et le langage scientifique ? En raisonnant comme ceux qui préconisent les efforts de mémoire, ne semblerait-il pas que, pour constater leur durée, on devrait astreindre les officiers des services publics à suivre perpétuellement des cours, à se présenter à des examens dont-il n'y aurait pas de raison de les dispenser dans la succession des grades les plus élevés, pour lesquels il est naturel de demander de plus en plus des lumières étendues, puisqu'ils chargent l'officier qui les obtient de déterminations plus importantes. C'est pourtant ce qu'on ne fait point et ce qu'on ne doit point faire, parce qu'il y a un âge où l'homme ne peut plus s'instruire que par lui-même ; et c'est à rendre cet âge le plus précoce qu'il est possible, que doit tendre l'éducation. Dussé-je fatiguer mes lecteurs, je répéterai encore que les leçons les plus profitables sont celles que donnent les livres, parce qu'on les prend quand on y est préparé ou qu'on en a besoin, qu'on les quitte quand on est mal disposé, et qu'on les reprend lorsque le repos ou une occasion inattendue rendent à l'esprit son énergie ou sa curiosité, parce qu'enfin, en ajoutant à nos connaissances des notions nouvelles, elles rappellent, dès qu'on le veut, celles qui se sont effacées. En vain dirait-on que l'on n'a pas toujours des livres avec soi; cette objection ne peut valoir que pour des opérations journalières qu'il est tout simple de confier à sa mémoire, et que leur seule répétition y place sans effort, ou pour des aperçus qu'un coup d'œil exercé et un examen rapide peuvent mettre à portée de saisir; mais on n'exécutera jamais aucun travail demandant un long enchaînement de méthodes ou une grande rigueur de calcul, si l'on n'a pas sous la main les écrits de ceux qui ont préparé les théories ou qui en ont recueilli les résultats.

Il est incontestable, d'après ce qui précède, que l'instruction étendue donnée maintenant aux élèves des services publics, a bien moins pour objet l'usage immédiat et prochain qu'ils en pourront faire, que de perfectionner leur entendement, et d'exciter en eux l'esprit de recherche. Elle sert aussi à faire mieux distinguer, dans le grand nombre des candidats qui se présentent, ceux qui montrent un véritable talent, et dont il est permis d'espérer de plus grands succès dans les occasions rares, mais importantes, où les connaissances transcendantes trouvent leur application. Il ne faut pas s'attendre que tous les officiers d'un corps nombreux possèdent au même degré, chacune des sciences sur lesquelles a roulé leur éducation. La diversité des goûts doit nécessairement diriger leurs esprits vers celles qui s'y rapportent le plus. La plupart ont préféré une vie active et les travaux du service aux spéculations du cabinet : cela même est nécessaire pour que l'exécution soit prompte et assurée ; et il suffira toujours à la gloire des corps, comme à l'utilité de l'État, qu'il y ait dans chacun d'eux quelques sujets capables de faire tourner les sciences au profit du service.

Constater que les élèves ont vu avec attention les diverses parties du cours qui leur a été fait, et qu'ils ont effectué toutes les opérations à mesure qu'elles se sont présentées, tel est le but que doit avoir, d'après les principes posés ci-dessus, l'épreuve destinée à régler l'admission de ces élèves à l'école spéciale du corps auquel ils se destinent, abandonnant du reste à leur facilité, à leur goût et aux circonstances dans lesquelles ils se trouveront, le perfectionnement et la conservation de leurs connaissances. Ne serait-il donc pas possible de modifier les examens, de manière à épargner aux jeunes gens les fastidieuses répétitions auxquelles ils sont forcés par la forme actuelle? et ne pourrait-on s'assurer qu'ils ont parcouru exactement et pas à pas la carrière de l'instruction, sans exiger qu'ils en franchissent d'un saut toute l'étendue? car c'est à cela qu'on les astreint maintenant.

La première idée qui se présente est d'obliger les jeunes gens de rendre compte, à des époques très rapprochées, des leçons qu'ils ont reçues, et d'en faire de fréquentes applications.

Ce moyen, qui ne laisserait rien à désirer, s'il n'y avait que peu de candidats, devient presque impraticable quand leur nombre est très grand; il ne peut même alors avoir lieu dans l'enseignement. Le temps qu'il faut nécessairement employer pour répondre à une question relative à l'Analyse ou à la Géométrie, à cause des calculs et des constructions qu'elle exige, est trop considérable pour que le professeur chargé de diriger l'instruction et de la surveiller, puisse interroger individuellement les élèves, dans un détail propre à faire juger avec certitude, tant de leurs connaissances théoriques que de leur facilité à effectuer les calculs et les opérations qui en dérivent. L'examinateur, obligé, dans un intervalle de temps très court, de multiplier ses questions assez pour faire parcourir aux sujets qu'il interroge la plus grande partie des objets qu'on leur a enseignés, ne doit pas être moins embarrassé; car si, pour abréger, il écarte les applications, il n'acquerra aucune donnée sur la facilité des élèves à cet égard. D'un autre côté, la nécessité de varier les questions, que les élèves se communiqueraient les uns aux autres, quand même ils n'assisteraient pas aux examens, pourvu qu'ils y passassent successivement, forçant à distribuer ces questions comme au hasard, la variété des objets, aussi bien que celle des réponses, ne laisse plus la possibilité de comparer avec précision les candidats entre eux. Si l'on ajoute à ces difficultés celles qui résultent des effets de la timidité dans les examens oraux subis de mémoire, effets trop connus et constatés par des exemples trop fameux, pour qu'il soit nécessaire d'en parler ici, on sera convaincu que ce mode d'épreuve est souvent très incertain.

On a proposé d'y substituer l'examen par écrit, qui donne au candidat plus de temps pour rassembler ses idées, qui diminue les désavantages de la timidité, qui, simultané pour tous les élèves, permet de faire à chacun les mêmes questions, et rend leurs réponses plus comparables. Cet examen peut être aussi moins pénible pour l'examinateur, parce que, au lieu de l'attention continuelle qu'il faut donner aux réponses orales, des efforts de mémoire nécessaires pour se rappeler l'impression qu'elles ont faite, il n'a plus qu'un travail susceptible d'être divisé et suspendu, quand il éprouve trop de fatigue, et que toutes les pièces qui servent de base à ses jugemens sont en même temps sous ses yeux. On sait d'ailleurs que l'attention est bien mieux captivée par les yeux que par les oreilles. Je crois aussi cet examen beaucoup meilleur que l'autre, pourvu que l'on ne fasse que des questions concernant les applications de ce que le candidat a dû apprendre, et qui n'exigent pas qu'on le prive des secours nécessaires pour aider sa mémoire; car je soutiens qu'on en a souvent besoin pour se rappeler, soit des artifices analytiques, soit des constructions qui ne se présentent pas toujours immédiatement à l'esprit, surtout lorsqu'il y va de l'état que l'on se propose d'embrasser. Les retrouver si on les avait entièrement perdus de vue, ce serait inventer; et l'on ne fait pas dans un moment de crise, ce qui a coûté souvent beaucoup de peine à de fortes têtes, dans le silence du cabinet. C'est donc principalement sur les applications des théories que doivent rouler les questions d'un examen par écrit, et sur les calculs, tout-à-fait déplacés dans un examen oral. Il est surtout bien essentiel de n'en proposer qu'une à la fois, parce que les jeunes gens, qui ne peuvent les attaquer toutes, font des choix différens, et donnent des copies que l'on ne peut comparer, inconvénient qui n'a pas lieu pour une question que tous les concurrens sont obligés de traiter, chacun à sa manière. Mais, par cet examen seul, on ne serait pas éclairé sur la facilité que peut avoir l'élève à s'énoncer, facilité qu'il est cependant nécessaire d'exercer et d'encourager, parce qu'elle est utile dans presque tous les instans de la vie, et qu'elle est indispensable pour des hommes qui auront un jour des projets à proposer ou à discuter en présence de leurs camarades ou de leurs supérieurs ; et ce n'est qu'un examen oral qui peut les faire apprécier sous ce rapport. Voici donc comment je propose que cet examen soit fait, et c'est à ce point que j'attache le plus d'importance.

Il est évident que si quelqu'un s'annonçait pour avoir étudié une branche des Mathématiques dans un livre connu, le moyen le plus simple de s'assurer s'il la possède réellement, serait de lui présenter l'auteur qu'il a suivi, d'en choisir quelques passages, et de les lui faire expliquer comme s'il avait à donner une leçon sur ce texte. Un homme au courant de la science, et tout examinateur doit y être, saura bien s'assurer si le jugement dirige celui qu'il interroge de cette manière ; il pourra se permettre alors des questions incidentes, et demander des développemens que ne sauraient généralement donner des candidats aux prises avec leur mémoire ; et, pour compléter l'épreuve, il pourra exiger que celui qui la subit présente le tableau des divisions de la matière qu'il a embrassée, en énonce les principaux théorèmes et les questions les plus importantes, enfin prouve qu'il connaît assez bien les ressources que lui offre son sujet, ou la table des matières de ses auteurs, pour savoir les consulter lorsqu'il en aura besoin. Son esprit, beaucoup plus libre dans cette forme d'examen que dans celle qu'on suit, se montrera avec bien plus d'avantage.

Dans tous les cas, il est convenable de diminuer l'étendue des examens, soit oraux, soit par écrit, et d'en rapprocher les époques, afin que les élèves ne puissent s'arriérer, et remettre à un temps éloigné, où ils ont perdu de vue les développemens des leçons, l'étude qu'ils doivent faire des matières qui leur auront été enseignées. En vain objecterait-on contre la multiplicité des examens, qu'on rencontrerait quelque difficulté à classer des sujets qui auraient mal satisfait aux premiers, et brilleraient aux derniers. Ces raisons ne doivent point arrêter ; car quoiqu'on puisse dire en faveur des sujets dont je parle, qu'ils ont, par un travail opiniâtre, réparé le temps qu'ils avaient perdu, il est bien évident que les fruits d'une étude précipitée sont toujours passagers, que ce que l'on sait le mieux, et ce qui reste le plus dans le souvenir, ce sont les notions mûries par le temps et la réflexion.

La forme qu'il faut donner à l'enseignement pour préparer aux examens que je propose, est très simple, très convenable aux grandes écoles, et peut contribuer beaucoup aux progrès de la science. Un professeur habile, dont le nom et les travaux inspirent la confiance, donne aux leçons ce juste degré de développement qui soutient l'émulation des auditeurs, et les excite à de grands efforts, sans les rebuter. Dirigés par ses conseils, guidés par ses exemples, des jeunes gens doués d'un talent remarquable, et qui méritent d'être pour ainsi dire mis en réserve pour les fonctions du professorat, font répéter publiquement aux élèves, partagés dans un nombre suffisant de sections, toutes les leçons du cours général, en s'y astreignant avec la plus grande exactitude. La génération des maîtres se perpétue, et les élèves se forment à un travail utile, parce qu'ils tirent de leur propre fonds tout ce qu'il peut produire; car, encore un coup, l'expérience a prouvé à tous les hommes instruits, que savoir diriger son esprit dans la méditation, et savoir étudier ce qui a été fait, était le vrai et le seul moyen de se rendre propre à quelque profession intellectuelle que ce soit.

C'est uniquement à procurer cette faculté que doit servir toute éducation, lorsqu'elle est donnée à une époque convenable de la vie;

mais malheureusement beaucoup de circonstances s'opposent à ce que la plupart des hommes reçoivent à temps l'éducation dont ils auront besoin : des professions auxquelles il faut se livrer de bonne heure, la Marine, par exemple, ne laissent pas assez de loisir à la jeunesse pour fréquenter les écoles. Il faut à cette classe de citoyens, des livres et des leçons uniquement dirigés vers l'application, et bornés par conséquent à l'exposition claire et précise des préceptes; les meilleurs traités sont alors ceux qui renferment le plus d'exemples et le moins de raisonnemens. Cette espèce de livres, qu'on doit considérer comme des manuels dont il faut se rendre l'usage familier, est très multipliée en Angleterre ; et c'est là probablement ce qui fait que l'instruction est beaucoup plus répandue parmi ceux qui pratiquent les arts dans ce pays que dans le nôtre (1).

---

(1) Les concours établis entre les aspirans au professorat seraient susceptibles de remarques analogues à celles qui viennent de m'occuper ; mais le sujet m'entraînerait trop loin : je me bornerai à relever l'inconvenance de faire argumenter les candidats l'un contre l'autre. Cette épreuve est véritablement odieuse ; c'est aux juges de s'assurer par eux-mêmes de la facilité qu'ont les concurrens pour soutenir une discussion, qui, entre ceux-ci, n'est au fond qu'une dispute envenimée par la crainte et la haine qu'elle engendre.

§ II. *De la méthode en Mathématiques.*

On s'accorde à reconnaître deux méthodes pour traiter les sciences mathématiques : la *synthèse* et l'*analyse*.

En remontant à l'étymologie grecque de ces noms, on trouve que l'un signifie *composition*, et l'autre *résolution* ou *décomposition*. Rien ne semble plus clair au premier coup d'œil, que ces dénominations, et l'on conçoit aisément que les méthodes qu'elles désignent doivent être inverses l'une de l'autre ; cependant il m'a paru qu'en général on ne s'entendait pas sur la différence des procédés de la synthèse à ceux de l'analyse, et qu'on ne se formait pas toujours des idées bien nettes des uns et des autres ; j'ai donc cru devoir chercher dans les écrits des anciens des exemples de synthèse et d'analyse, pour fixer mes idées sur ce point important : de là sont nées les réflexions suivantes.

Les Élémens d'Euclide sont traités par la méthode synthétique. Cet auteur, après avoir posé des *axiomes*, et formé des *demandes*, éta-

---

La présence des juges et du public contient l'expression, mais l'amertume qui ne peut s'exhaler n'en devient que plus intense et plus pénible.

blit des propositions qu'il prouve successivement en s'appuyant sur ce qui précède, en marchant toujours du *simple au composé*, ce qui est le caractère essentiel de la synthèse.

Dès l'origine de la Géométrie, on rencontre des traces de la méthode analytique; car il ne faut pas croire que l'Algèbre constitue exclusivement l'analyse; on peut aussi s'en servir pour faciliter des démonstrations synthétiques, puisque ce n'est au fond qu'une écriture abrégée et régulière, par le moyen de laquelle on représente toutes les relations que les grandeurs peuvent avoir entre elles; et je ferai remarquer à ce sujet que Condillac, en voulant montrer dans sa Logique que l'Algèbre était une langue, n'a pas été plus loin que les notions claires et précises données par Clairaut, dès 1748, dans ses *Élémens d'Algèbre.*

On attribue à Platon le premier usage de la méthode analytique dans les recherches géométriques. Par cette méthode, on suppose que le problème proposé soit résolu; il résulte de là qu'une certaine condition est remplie, ou, ce qui revient au même, qu'il y a égalité entre plusieurs grandeurs, les unes données, et les autres à trouver. C'est en cherchant les conséquences de la condition qu'on a supposée remplie, ou de l'égalité qui en est la suite, qu'on parvient enfin à découvrir la quantité inconnue, ou à tracer le procédé qu'il faut suivre pour exécuter ce qui est demandé.

Je ne crois pouvoir mieux faire que de rapporter ici les définitions que Viète a données de la synthèse et de l'analyse, d'après Théon, géomètre d'Alexandrie, plus à portée que nous de juger de la méthode des anciens géomètres grecs.

Est veritatis inquirendæ via quædam in Mathematicis, quam Plato primus invenisse dicitur, à Theone nominata analysis, et ab eodem definita, adsumptio quæsiti tanquam concessi per consequentia ad verum concessum. Ut contrà synthesis, adsumptio concessi per consequentia ad quæsiti finem et comprehensionem (Vietæ opera, page 1) (1).

---

(1) On trouve encore dans la préface du VIIe livre des *Collections Mathématiques* de Pappus, la définition développée de l'analyse et de la synthèse. Voici la traduction de ce passage curieux, qui ne peut manquer d'intéresser les lecteurs.

« L'analyse est le chemin qui, partant de la chose » demandée, que l'on accorde pour le moment, mène, » par une suite de conséquences, à quelque chose de » connu antérieurement, ou mis au nombre des prin- » cipes reconnus pour vrais. Cette méthode nous fait » donc remonter d'une vérité ou d'une proposition, à » ses antécédens, et nous la nommons *analyse* ou *ré-* » *solution*, comme qui dirait une solution en sens in-

La démonstration des théorèmes, dans la forme qu'on appelle *réduction à l'absurde*, est. à proprement parler, un procédé analytique; car on y suppose que la proposition énoncée

» verse, Dans la synthèse, au contraire, nous partons » de la proposition qui se trouve la dernière de l'ana- » lyse; ordonnant ensuite, d'après leur nature, les » antécédens qui, plus haut, se présentaient comme » des conséquens, et les combinant entre eux, nous » arrivons au but cherché, d'où nous étions partis » dans le premier cas.

» On distingue deux genres d'analyse : dans l'un, » que l'on peut nommer théorique, on se propose de » reconnaître la vérité ou la fausseté d'une propo- » sition avancée ; l'autre se rapporte à la solution des » problèmes ou à la recherche des vérités inconnues. » Dans le premier, en posant pour vrai ou pour déjà » existant le sujet de la proposition avancée, nous » marchons, par les conséquences de l'hypothèse, à » quelque chose de connu; et si ce résultat est vrai, » la proposition avancée est vraie aussi. La démons- » tration directe se forme ensuite en reprenant, dans » un ordre inverse, les diverses parties de l'analyse. » Si la conséquence à laquelle nous arrivons en der- » nier lieu se trouve fausse, nous en concluons que la » proposition analysée l'est aussi. Lorsqu'il s'agit d'un » problème, nous le supposons d'abord résolu, et » nous poussons les conséquences qui en dérivent » jusqu'à ce qu'elles nous mènent à quelque chose de » connu. Si le dernier résultat peut s'obtenir, s'il est » compris dans ce que les géomètres nomment *don-*

est vraie, et l'on en cherche certaines conséquences qui, se trouvant absurdes, font voir que l'hypothèse que l'on examine l'est aussi.

Je crois que, par ce qui précède, les caractères de la synthèse et de l'analyse mathématiques sont assez évidens. Dans la première méthode, la proposition énoncée est toujours la dernière conséquence de la suite des raisonnemens qui forment la démonstration : c'est une composition, car on ajoute, pour ainsi dire, principe sur principe, jusqu'à ce qu'on parvienne à cette conséquence.

Dans l'analyse, au contraire, en supposant la question résolue, on embrasse le sujet proposé dans sa totalité, et c'est en le faisant passer par

---

» *nées*, la question proposée peut se résoudre ; la dé-
» monstration (ou plutôt la construction) se forme
» encore en prenant dans un ordre inverse les parties
» de l'analyse. L'impossibilité du dernier résultat
» prouvera évidemment dans ce cas, comme dans le
» cas précédent, celle de la chose demandée.

» Il y a en outre, dans la solution de chaque pro-
» blème, ce qu'on appelle la *détermination*, c'est-à-
» dire la partie du raisonnement par laquelle on
» montre quand, comment et de combien de manières
» le problème peut être résolu. »

Les scolies des propositions 1 — 5 du 13e livre des *Élémens d'Euclide* (édition de D. Gregory), sont présentés comme des exemples d'analyse et de synthèse.

différentes formes, ou en faisant diverses traductions de l'énoncé, qu'on parvient à la solution cherchée.

Condillac, dans le quatrième volume de son Cours d'études, fait voir que tout l'art de raisonner ne consiste qu'à découvrir l'identité de plusieurs propositions : c'est l'ordre suivant lequel on enchaîne les propositions qui constitue la méthode. Ainsi, lorsqu'on raisonne synthétiquement, toutes les propositions dont on fait usage sont *identiques*, jusqu'à la dernière, qui l'est elle-même comme conséquence des précédentes, et qui, renfermant le sujet de l'énoncé, montre que la proposition avancée est vraie. Quand on raisonne analytiquement, on part de l'énoncé, qui n'est pas identique par lui-même, et toutes les traductions par lesquelles on passe, ne le sont qu'hypothétiquement; mais lorsqu'on est arrivé à la dernière, il doit toujours être possible de la rendre identique; et de là résulte la détermination de la quantité cherchée : alors, par la liaison des idées exprimées antérieurement, toutes les propositions intermédiaires deviennent identiques, et par conséquent la question proposée est résolue.

Ceux à qui l'Algèbre est familière s'apercevront sans peine que je viens de tracer la marche du calcul dans la résolution des équations; ils verront que, puisqu'à la dernière opération, ou à la valeur de l'inconnue, l'équation finale deviendrait identique, si l'on y substituait cette valeur, et qu'il en serait de même de toutes celles qui la précèdent.

L'analyse est en général la méthode d'invention; et l'on croit maintenant que c'est par son moyen que les géomètres du dix-septième siècle ont fait les nombreuses découvertes qui les ont illustrés, et qui ont servi de base aux travaux de leurs successeurs. Mais, soit pour dérober leur marche, ou plutôt parce que, n'étant pas assez habitués à cette méthode, ils n'osaient s'y confier entièrement, lorsqu'ils étaient parvenus à une proposition, ils la démontraient toujours synthétiquement. On a vu dans les écrits posthumes de Pascal et de Roberval, qu'ils faisaient d'abord usage de la méthode des indivisibles pour résoudre les problèmes, et qu'ensuite ils démontraient la vérité de leurs résultats à la manière des anciens. Le plus souvent ils cachaient le chemin qui les y avait conduits, parce que leurs procédés d'invention n'étant point réduits en règles et en méthodes générales, ils avaient le plus grand intérêt à les tenir secrets, afin de s'assurer des armes propres à les faire triompher des attaques que leur portaient leurs rivaux, dans les défis qui se multipliaient chaque jour. C'est à la synthèse aussi que Newton a donné la préférence pour exposer dans le livre des *Principes*, ses admirables découvertes sur les mouvemens des corps célestes, et cela parce qu'il croyait qu'une proposition mathématique n'était digne de voir le jour que lorsqu'elle était revêtue d'une démonstration synthétique (1).

---

(1) Dans le *Commercium epistolicum de varia re mathematica*, publié par ordre de la Société royale de Londres, au sujet de l'accusation de plagiat intentée à Leibnitz par Keill, on lit (page 39 de la 2e édition), que Newton avait trouvé par l'analyse (*Ope novæ illius analyseos*) la plus grande partie des propositions contenues dans son livre des *Principes*; mais que les anciens n'ayant rien admis en Géométrie qui ne fût prouvé synthétiquement, il avait employé ce genre de démonstration afin que le système des mouvemens célestes fût appuyé sur la certitude géométrique. La même chose est affirmée dans l'*Annotation* placée à la fin de la 2e édition du livre cité, et qui est de Newton, ou du moins a passé sous ses yeux.

De plus il a dit ailleurs : « *Postquam area curvæ* » *alicujus ita* (*analyticè*) *reperta est et constructa, in-* » *daganda est demonstratio constructionis, ut omisso,* » *quatenùs fieri potest, calculo algebraico, theorema* » *fiat concinnum et elegans* AC LUMEN PUBLICUM SUSTI- » NERE VALEAT. » (*Newtoni Opuscula*, tome Ier, p. 170.)

Cette prédilection pour la synthèse a été très préjudiciable à la science, en effaçant les traces de la route suivie par Newton dans ses découvertes. On doit bien regretter qu'il n'ait pas pensé sur ce point comme Descartes, qui était mécontent des livres dans lesquels

Des auteurs de genres très divers, croyant que la certitude dont la Géométrie se glorifiait exclusivement, était due à la méthode des géomètres, s'imaginèrent qu'en appliquant cette méthode aux objets de leurs recherches, ils parviendraient à les mettre pour toujours à l'abri des contestations; mais on sent bien que cette imitation de méthode ne pouvait être qu'imparfaite, et qu'il y avait toujours quelque différence due à la nature même du sujet.

C'est dans la Chimie que l'application des deux méthodes paraît plus évidente et plus conforme à l'étymologie des noms par lesquels on les désigne. On combine ensemble plusieurs substances simples, ou regardées comme telles, et l'on opère ainsi par synthèse. On prend un corps mixte, et l'on en sépare les composans: voilà l'analyse. Cependant les choses ne se passent pas ainsi dans tous les cas: toutes les analyses ne sont pas parfaites; souvent on ne reconnaît le composant que l'on cherche, qu'en rapprochant les propriétés qu'il manifeste, de celles qui ont été découvertes antérieurement

« on ne paraissait pas dire assez clairement à l'esprit » pourquoi les choses étaient comme on les montrait, » et par quels moyens on parvenait à leur découverte. » (*OEuvres complètes de Descartes*, tome XI, p. 219, de l'édition donnée par M. Cousin.)

par la synthèse, sans pouvoir le mettre à nu. De même aussi les synthèses ne réussissent pas toujours complétement; et l'on pourrait soupçonner avec raison qu'elles sont souvent accompagnées de décompositions qui en altèrent la certitude : c'est du moins ce qui me paraît résulter des objections de Duluc contre la nouvelle théorie; et sans les admettre, elles doivent, à mon avis, rendre très circonspect sur les conséquences qu'on tirera des expériences, tant qu'on ne connaîtra pas d'une manière certaine la nature des effets de la lumière et de la chaleur, ainsi que de l'électricité, et en général des substances qui sont incoercibles ou impondérables (1).

Les mêmes raisons qui avaient fait adopter la marche synthétique dans toutes les sciences, lorsque les géomètres ne procédaient que par théorèmes et par corollaires, portèrent les métaphysiciens, au milieu du siècle dernier, à appeler *méthode analytique* celle dont ils se servirent pour exposer leurs découvertes. Les Mathématiques à cette époque jouissaient de la considération que la Physique et la Chimie ont

(1) *Voyez* les réflexions judicieuses que Monge a faites à ce sujet dans son beau Mémoire sur la Composition de l'eau. (*Mémoires de l'Acad. des Sciences*, année 1783, page 87.)

acquise depuis; les géomètres successeurs de Newton avaient perfectionné des théories qu'il n'avait qu'ébauchées, résolu des questions qu'il n'avait pu atteindre, et cela par l'application de l'analyse. Les métaphysiciens voulurent en quelque sorte associer leurs travaux à ceux des géomètres, et attacher la révolution qu'ils faisaient dans le système des idées, à celle que Newton avait opérée dans le Système du Monde; mais examinons si la marche de leur méthode est conforme à celle de l'analyse mathématique, décrite plus haut d'après les auteurs anciens qui ont inventé et nommé cette dernière.

Ce sont les écrits de Condillac qui me fourniront des exemples de cette méthode. Dans son *Traité des Sensations*, il commence par réduire sa statue au seul sens de l'odorat, en faisant abstraction de tous les autres, et il examine la nature des idées qu'elle peut acquérir par ce sens. En passant au deuxième chapitre de cet ouvrage, je vois dans le paragraphe I une définition, dans les paragraphes II et III de vrais théorèmes, c'est-à-dire des propositions énoncées d'abord et prouvées ensuite, en les ramenant à des idées identiques ou à des définitions de mots. En poursuivant la lecture du même chapitre et celle de tout l'ouvrage, on voit qu'il procède d'une manière analogue à celle des Élémens de Géométrie: il va du simple au composé. Le sentiment, ou plutôt la rapidité avec laquelle s'exerce la faculté de comparer les idées et d'en pressentir le résultat, le conduit à des assertions dont il démontre ensuite la vérité, en développant toutes les propositions intermédiaires que son jugement n'avait fait que balancer, à peu près de la même manière dont les joueurs estiment, presque sur-le-champ, ce qu'ils doivent espérer ou craindre des diverses chances qui peuvent se présenter. C'est bien là ce qu'on appelle *synthèse* en Géométrie. Cette synthèse, dira-t-on, a été précédée d'une analyse, puisque l'auteur a décomposé le système des sensations pour ne discuter d'abord que ce qui regarde l'odorat; mais il en est de même en Géométrie, et l'équivalent de cette analyse se trouve dans les diverses abstractions que les géomètres font pour simplifier leur sujet: c'est ainsi qu'ils dépouillent en premier lieu le corps de deux de ses dimensions pour ne considérer que les lignes. Enfin on ne saurait retrouver dans les procédés de Condillac cette marche de l'analyse mathématique, qui consiste à supposer la question résolue, et qui vraisemblablement ne saurait s'appliquer aux objets qu'il a traités.

En examinant sa Logique sous le même point de vue, je pense que l'on sera convaincu comme moi, qu'il y suit une marche synthétique; à la vérité, cette marche a pu être méconnue pour telle, par ceux qui n'ont été frappés que de la difficulté d'entendre des propositions que Newton, par exemple, a démontrées d'une manière synthétique; mais ceci n'est qu'une illusion facile à détruire. La marche de Newton serait aussi aisée à suivre que celle de Condillac, si toutes les vérités qu'il a exposées se touchaient d'aussi près que celles que l'on rencontre dans les ouvrages de ce dernier; mais l'intervalle qui les sépare, soit les unes des autres, soit de celles qui font partie des élémens, est si grand, le nombre des intermédiaires à comparer, et quelquefois même à suppléer, est si considérable, qu'à moins d'être susceptible à la fois de l'application la plus soutenue et de la pénétration la plus profonde, on se perd dans cette longue suite de conséquences.

On ne saurait pourtant révoquer en doute qu'en rétablissant tous les chaînons intermédiaires, on ferait de l'ouvrage de Newton un livre aussi facile à entendre que les Élémens d'Euclide; et en poussant les développemens aussi loin qu'il serait nécessaire, on pourrait passer d'une proposition à l'autre par des nuances presque insensibles. Mais il est facile d'apercevoir que, même dans les Élémens d'Euclide, il se trouve un grand nombre de passages dans lesquels il s'en faut de beaucoup que tous les intermédiaires soient exposés : ils n'ont pas même été connus des inventeurs; et il serait difficile de les refaire, quoique leur existence paraisse une chose évidente par elle-même (1).

L'analyse reproduit ces intermédiaires, et les fait passer sous les yeux de celui qui opère, mais dans un ordre inverse; et quand il deviennent si nombreux qu'il serait impossible de les exprimer autrement que par des formules algébriques, c'est alors qu'il faut nécessairement employer le calcul, et c'est ainsi qu'il fait connaître des vérités auxquelles le raisonnement seul ne saurait atteindre.

Il arrive quelquefois que la synthèse, reprenant les choses de moins haut que l'analyse, conduit au but d'une manière plus simple. Les recherches sur l'attraction des sphéroïdes, par Maclaurin, ont offert un bel exemple de ce cas; mais, entre les mains de Lagrange, de Laplace et de Legendre, le calcul analytique a repris dans ces recherches, les avantages qu'il offre dans toutes les autres.

D'après ce qui précède, il paraîtra prouvé, je pense, à tous ceux qui ont des idées nettes

---

(1) *Voyez* dans l'ancienne Encyclopédie, l'article Déduction.

sur la méthode employée par les géomètres, que jusqu'à présent la véritable analyse n'a point été appliquée à la Métaphysique, qui ne semble pas même susceptible de cette application, du moins dans l'état actuel des connaissances.

Ce n'est donc pas parce qu'ils se sont servis de la méthode analytique, que la Métaphysique a fait tant de progrès entre les mains de Locke et de Condillac; mais parce qu'ils ont puisé leurs premières notions dans la nature, et non pas dans leur imagination: c'est parce qu'ils sont remontés à la véritable origine des connaissances au lieu d'en créer une à leur façon. Si les premiers géomètres avaient voulu, ou plutôt avaient pu se former de la ligne droite et du cercle, d'autres idées que celles qu'ils avaient reçues de la nature, il n'est pas douteux qu'ils auraient créé une Géométrie qui n'eût ressemblé en rien à celle de la nature, et qui eût été entièrement imaginaire. La méthode des géomètres n'est pas l'unique cause de la certitude de leurs résultats, cette certitude est principalement due à la nature même des idées qu'ils ont eues à combiner. Une démonstration mathématique peut être obscure, embarrassée, et même incomplète, et n'en conduira pas moins à la connaissance de la vérité de la proposition énoncée, celui qui aura la patience et la sagacité nécessaires pour suivre et rectifier cette démonstration. Cela vient de ce que les mathématiciens n'ont employé que des idées complètes, ou telles que la propriété établie pour caractère principal, emporte toutes les autres. Lorsqu'ils ont voulu raisonner sur des idées d'un autre genre, ils se sont souvent trompés, malgré tout le soin qu'ils ont apporté à conserver la rigueur dans la forme des raisonnemens, chose à laquelle personne ne contestera qu'ils doivent se connaître.

C'est donc moins dans la méthode que dans la simplicité des premières idées et dans leur évidence, que consiste la certitude du raisonnement ; et à l'égard de ces principes généraux, dont Condillac parle toujours avec le mépris qu'ils méritent, jamais la Géométrie n'en a offert de pareils. Celui de la moindre action, dont Maupertuis a fait tant de bruit, n'a jamais été regardé par les géomètres que comme un résultat analytique des lois générales de la Mécanique, et il n'a été bien circonscrit que par le calcul ; car avant, il avait pris plusieurs formes très différentes entre les mains des métaphysiciens.

Les articles II et III des *Pensées* de Pascal me paraissent contenir ce qu'il y a de plus lumineux sur les formes du raisonnement, et je ne vois pas qu'on y ait beaucoup ajouté depuis.

Déjà Pascal avait senti l'abus des définitions, et les avait réduites à leur juste valeur, c'est-à-dire à des descriptions et à des impositions de nom ; mais, loin de proscrire aucune manière de raisonner, ainsi qu'on l'a fait dans ces derniers temps, en appelant *synthèse* ce qui n'était que l'abus du raisonnement, il classe les différentes méthodes pour traiter les sciences, de manière à faire voir le secours qu'on doit attendre de chacune d'elles.

« On peut, dit-il, avoir trois principaux » objets dans l'étude de la vérité : l'un, de la » découvrir quand on la cherche ; l'autre, de » la démontrer quand on la possède ; le der- » nier, de la discerner d'avec le faux quand on » l'examine. »

En effet, ces trois cas peuvent se présenter : le premier d'abord a presque toujours lieu ; mais il arrive aussi que l'analogie de quelques circonstances fait soupçonner une proposition, et alors on ne la découvre pas, mais on s'assure de son existence par une démonstration en forme. Enfin si l'on veut soumettre à l'examen une proposition, pour en constater la vérité ou la fausseté, il peut être utile de connaître des moyens généraux propres à cet objet.

A l'égard de l'exposition des idées acquises ou des vérités connues, la seule loi à observer, autant qu'on le peut, consiste à les rapprocher par les côtés où elles ont le plus de rapport, et entre lesquels il y a le moins d'intermédiaires à remplir.

En appelant, comme on le doit, d'après l'étymologie de ces mots, *synthèse*, la marche suivant laquelle on procède du simple au composé, *analyse*, celle par laquelle on revient du composé au simple, on verra que ces deux méthodes se rencontrent presque toujours ensemble : il n'y a même de connaissances complètes que celles qui résultent du concours de l'une et de l'autre; mais elles varient un peu dans leur forme, suivant la nature des sujets auxquels on les applique.

Rapprocher la synthèse de l'analyse, toutes les fois que l'on peut se servir en même temps de l'une et de l'autre; apporter l'attention la plus scrupuleuse dans l'énumération des différentes faces ou des différens cas que présente la proposition qu'on examine, afin de s'assurer si tous sont compris dans les considérations sur lesquelles on s'appuie, c'est-à-dire si la *liaison de idées* est observée : c'est à ce petit nombre de principes, ce me semble, que doit se réduire tout l'art du raisonnement (1). Mais

(1) L'article V des *Élémens de Philosophie* donnés par d'Alembert, et le supplément à cet article, con-

cet art, qui ne s'acquiert, comme tous les autres, que par un exercice continuel et bien dirigé, présente de plus un cercle vicieux qui a produit toutes les subtilités des anciennes écoles, et qui paraît devoir promener l'esprit humain d'erreurs en erreurs, toutes les fois qu'on voudra pousser la théorie au-delà d'un certain terme. En effet, si rien ne semble limiter les progrès que l'on peut faire en appliquant le raisonnement aux sciences qui reposent immédiatement sur des idées acquises par les sens, il n'en est pas ainsi lorsqu'on veut analyser par elles-mêmes les opérations de l'entendement. Il doit arriver dans ce cas ce qui arrive dans les recherches mathématiques, lorsque, par erreur ou autrement, on combine une équation avec une autre qui n'en diffère qu'en apparence, mais qui, étant la même quant au fond, n'apprend rien sur la question proposée, et donne un résultat purement identique. Dans le calcul, ce résultat, qui tombe immédiatement sous les sens, et qui d'ailleurs

---

tiennent en peu de mots tout ce qu'il est nécessaire de savoir sur le *mécanisme naturel* du raisonnement. Quant aux diverses formes que l'on peut donner aux syllogismes, on les trouve exposées d'une manière aussi brève que lumineuse, dans les *Lettres d'Euler à une princesse d'Allemagne.* (Lettre CII et suiv.)

est exprimé par des signes dont la valeur est bien déterminée, ne peut être méconnu pour ce qu'il est; mais à force de retourner ses idées sur des sujets qui ne sont pas susceptibles de la même précision, on parvient à se faire illusion, au point de regarder comme des modifications essentielles, de légères nuances que produit, dans la manière de sentir et de juger, *l'intensité* que l'on donne à l'attention en la captivant long-temps sur une même pensée, à peu près comme on parvient à égarer sa vue en la fixant sur un objet. On croit donner, pour ainsi dire, un corps à ces remarques fugitives, en créant, pour les désigner, des mots nouveaux, ou en combinant d'une manière nouvelle des mots déjà connus; on disserte ensuite à perte de vue sur ces abstractions hypothétiques; et, comme elles sont dénuées de fondement, il vient enfin un temps où l'absurdité des conséquences qu'on en tire éclaire sur leur peu de solidité. On cherche donc un chemin nouveau, et le plus souvent on reprend une route anciennement battue, dans laquelle on se perd ensuite comme dans celle qu'on vient de quitter.

Il est probable qu'on a commencé par voir dans nos sensations l'origine de nos idées; mais à force de classer, de diviser, de distinguer, d'abstraire les diverses circonstances que présentaient les idées acquises, on s'égara dans les catégories et dans toutes les abstractions qu'elles amenèrent à leur suite. La renaissance de la Physique, en donnant au raisonnement un sujet réel, ouvrit les yeux sur l'abus qu'on en avait fait. La marche tracée par Newton dans le troisième livre de ses Principes, ne pouvait demeurer restreinte aux seuls objets auxquels il l'avait appliquée. L'éclat des découvertes qu'il fit en la suivant, excita dans ceux qui cultivaient les sciences une émulation qui produisit bientôt le renouvellement de la Métaphysique. Il faut convenir qu'elle a beaucoup gagné dans cette révolution; mais peut-être est-il temps que l'on s'arrête, et qu'en comparant ce qu'elle a perdu d'un côté et ce qu'elle a acquis de l'autre, on reconnaisse que, seule entre toutes les sciences, elle n'est susceptible que d'un progrès limité, et qu'il existe dans la théorie des opérations de l'entendement, un point que nous ne pourrons jamais dépasser (1).

---

(1) Depuis que ceci a été écrit (en 1797; *voyez* la première édition de mes *Élémens de Géométrie*), on s'est beaucoup occupé en France, non de l'ancienne Métaphysique, mais de l'*Analyse des sensations et des idées*. L'examen attentif des écrits distingués qu'ont produits ces recherches me semble confirmer ce que j'ai avancé ci-dessus, puisqu'il montre que

Tournons donc vers les sciences physiques, qui nous promettent des découvertes nombreu-

---

les considérations sur les facultés intellectuelles de l'homme n'ont de réalité qu'autant que l'on se borne à l'analyse exacte des faits bien sentis et bien constatés, afin d'en découvrir l'enchaînement et d'établir entre eux une succession propre à nous guider dans la recherche des vérités et dans leur exposition : et pour atteindre ce but, il faut peu de préceptes et beaucoup d'exemples.

En restant dans ces limites, on est bien en arrière de la *Philosophie de la Nature*, tant préconisée en Allemagne, mais dans laquelle on n'a pu voir en France « qu'un jeu trompeur de l'esprit, où l'on ne » semble faire quelques pas qu'à l'aide d'expressions » figurées, prises tantôt dans un sens et tantôt dans » un autre, et où l'incertitude de la route se décèle » bien vite, quand ceux qui s'y donnent pour guides » ne connaissent pas d'avance le but où ils prétendent » qu'elle conduit. » (*Rapport historique sur les progrès des Sciences physiques, depuis* 1789, par G. Cuvier, page 9 de l'édition in-4°.)

Ce reproche d'arranger les raisonnemens pour les conséquences, que quelques métaphysiciens allemands ont mérité jusque dans la partie physique de leurs systèmes, pourrait bien être adressé, pour la partie morale, à quelques écrivains de l'École écossaise. En recherchant avec trop d'affectation ce qu'ils appellent le mérite de la *tendance* d'une doctrine, ils ont constitué assez légèrement *faits primitifs* des produits de nos facultés intellectuelles, en sorte qu'on pourrait croire qu'ils veulent trouver dans ces faits un moyen ses et utiles, toute l'activité de notre esprit; et que la théorie des probabilités, devenue familière à tous ceux qui cultivent les sciences morales et politiques, donne enfin des bases solides à celles de nos connaissances qui ne sont pas susceptibles d'être ramenées à un petit nombre de notions abstraites et d'idées complètes.

Remarques sur le Paragraphe précédent.

Dans ce paragraphe, le mot *analyse*, pris dans l'acception que lui donnaient les géomètres anciens, indique toujours une méthode de raisonnement indépendante des signes, c'est-à-dire qu'on peut employer en se servant du discours ordinaire, aussi bien qu'en faisant usage des symboles algébriques. Mais, à cause

---

de retourner vers les idées innées, sans paraître cesser de professer la partie des principes de Locke que le temps a consacrée comme un excellent préservatif contre le retour des chimères qui ont fasciné si long-temps les meilleurs esprits. Mais pourquoi craindre les conséquences des principes s'ils sont solidement établis? La vérité, lorsqu'elle est bien expliquée et bien comprise, ne peut devenir dangereuse, puisqu'elle ne saurait être que l'expression des lois qui régissent les êtres, et dont les faits sont par conséquent une suite nécessaire.

que ces symboles en facilitent beaucoup les applications, on a transporté le nom de la méthode au signe, et l'on a regardé comme traité *analytiquement* tout ce qui l'était par le calcul, quoique très souvent ce fût de la véritable synthèse. C'est ce dont il serait facile de trouver beaucoup d'exemples dans les ouvrages les plus célèbres et les plus récens.

Il me semble donc qu'on doit considérer séparément, dans les écrits concernant les Mathématiques pures, ce qui regarde la marche du raisonnement et ce qui regarde les signes, et qu'après avoir établi, par rapport à l'une, la distinction de la *synthèse* et de l'*analyse*, il faut faire, par rapport aux autres, celle du *signe représentatif* et du *signe arbitraire*. Par le premier, j'entends les lignes et les figures; car sous cette forme la *grandeur*, objet essentiel des Mathématiques, est indiquée par le signe qui peint la chose en elle-même, ou qui est représentatif de l'attribut que l'on y considère. Cette espèce de signes a dû s'offrir la première. De là vient, sans doute, que les Anciens ont commencé par la Géométrie, et qu'ils ont représenté les grandeurs abstraites, les nombres, par des lignes.

En effet, c'est ce qu'il faut faire toutes les fois qu'on se propose de rendre plus frappantes les variations d'une quantité quelconque. Que l'on jette les yeux sur les courbes construites d'après les Tables de mortalité, ou sur les *Tableaux d'Arithmétique politique* de W. Playfair, on sentira combien l'impression que font ces figures, qui parlent aux yeux, est plus nette et plus vive que celle que ferait la série des nombres qui ont servi à les construire. Mais l'avantage de ces représentations ne va guère au-delà de l'effet dont je viens de parler : les comparaisons précises, les combinaisons utiles se font beaucoup mieux par les chiffres. L'histoire des Mathématiques prouve aussi que c'est l'usage de plus en plus étendu des symboles arbitraires, imaginés dans la vue d'abréger les expressions ou de mettre en évidence leur analogie, qui a contribué le plus à l'avancement de la science, en soulageant la mémoire et facilitant les combinaisons des relations données et des raisonnemens.

C'est donc dans l'emploi du signe représentatif seul, ou de la considération des figures et des propriétés de l'étendue, qu'il faut, à ce qu'il me semble, placer le véritable caractère de ce qu'on appelle la *Méthode des Anciens*, et non dans l'abus des formes dogmatiques, objet d'une juste critique, ainsi qu'on le verra vers la fin du paragraphe concernant les *Élémens de Géométrie*. Par une transposition d'idées qui dispense de toute transition, de tout développement explicatif, ces formes peuvent servir quelquefois à rendre plus concise l'exposition d'une doctrine. Des ouvrages de pur calcul présentent aussi ces formes dans certaines circonstances où l'auteur, rompant la liaison des idées, semble vouloir surprendre son lecteur par l'apparition de résultats inattendus. Cet artifice peut donner à ces résultats en apparence plus de prix, mais il ne saurait satisfaire les esprits judicieux qui n'étudient les sciences abstraites que pour assurer la marche de leur intelligence dans la recherche des vérités d'un accès difficile.

L'exactitude du langage semblerait demander qu'on prévînt l'équivoque occasionée par les divers sens dans lesquels se prend le mot *analyse*, et que pour cela on désignât autrement l'emploi du signe arbitraire. La dénomination de *calcul* conviendrait assez bien à ce procédé, mais elle est trop vulgaire pour faire fortune dans le sens qu'on voudrait lui donner ici; c'est apparemment parce que la qualité de *mathématicien* était devenue inséparable du nom de l'auteur supposé de l'*Almanach de Liége* (1), que des savans n'ayant jamais cultivé la *Géométrie* proprement dite que dans ses

(1) *Mathieu Laensberg*.

élémens, et dont la réputation se fondait sur des ouvrages de calcul, ont adopté le titre de *géomètre :* le mot *calcul* conduisant à celui de *calculateur*, les eût fait prendre pour des *arithméticiens.* Les anciens auteurs d'Algèbre l'ayant appelée *logistique spécieuse* à raison des symboles (*species*) dont on y faisait usage, ne pourrait-on pas maintenant appliquer à toutes les espèces de calcul le mot *logistique*, dont on ne se sert plus pour désigner l'Algèbre en particulier (1)? Au reste le changement de dénomination est peu important en lui-même, dès que l'on conçoit nettement la différence des procédés; et par cette différence on saura toujours bien quand une *analyse* méritera véritablement ce nom, ou ne sera qu'une *synthèse* réduite en calcul.

---

(1) Strabon distingue l'arithmétique de la logistique; mais il emploie en sens inverse, ces dénominations : la première est, suivant lui, le calcul transcendant, et de pure spéculation, et la seconde le calcul élémentaire et commercial. (*Géographie de Strabon, traduite en français ;* Paris, 1819, tom. V, page 223. *Voyez* aussi Proclus, *Commentaire sur Euclide*, liv. I, chap. 13.)

§ III.

Analyse du Cours élémentaire de Mathématiques pures, à l'usage de l'École centrale des Quatre-Nations.

1°. *De l'Arithmétique.* Les Mathématiques sont celles de nos connaissances qui reposent sur le plus petit nombre de sensations, mais aussi sur les plus répétées, celles qui conduisent aux idées du *nombre* et de l'*étendue*, idées qui entrent de si bonne heure dans l'esprit, qu'on ne peut se rappeler quand et comment elles ont été acquises. Leur simultanéité est telle, qu'il n'y a pas de raison pour commencer par les conséquences de l'une, plutôt que par celles de l'autre, l'éducation mathématique des enfans. Cependant, comme les applications du calcul numérique sont les plus fréquentes, l'usage d'enseigner d'abord la science des nombres ou l'Arithmétique a prévalu; mais il conviendrait que les conséquences des premières notions fussent d'abord représentées physiquement avant d'être déduites du raisonnement, et que les enfans apprissent primitivement à calculer par leurs doigts ou avec des jetons, ainsi que l'ont fait les hommes eux-mêmes dans l'origine de la science. Par ce moyen, dès leur plus jeune âge, les élèves sentiraient les avantages et la nature des signes conventionnels qu'on emploie pour abréger l'expression des nombres et faciliter leurs diverses combinaisons. Si l'on n'en use pas ainsi dans les écoles, c'est parce qu'on a toujours cherché plutôt la commodité de celui qui montre, que celle de ceux qu'il enseigne, et qu'avec des châtimens on vient toujours à bout de faire apprendre par cœur à un enfant, ce que d'autres ont appris de même avant lui. Associer de bonne heure le jugement à la mémoire, serait le chef-d'œuvre de la première éducation, si l'on savait s'y prendre pour cela comme la nature. Il semble pourtant que sa marche à cet égard doit pouvoir se découvrir par des observations simples, qui ont peut-être déjà été faites, et qu'il serait facile de répéter à l'aide des méthodes raisonnées, qui de nos jours ont été proposées en assez grand nombre, pour apprendre les premiers élémens du calcul. La base de ces élémens, qui est uniquement du ressort de la mémoire, c'est la série des noms assignés aux nombres, que l'enfant doit apprendre à énoncer, soit dans l'ordre naturel, ou en montant, soit dans l'ordre inverse, ou en descendant. Dans presque toutes les langues, cette nomenclature est divisée en plusieurs parties liées entre elles par des analogies qu'il faudrait faire remarquer le plus tôt possible, parce qu'ayant pour objet d'augmenter l'étendue de la nomenclature, sans accroître le nombre des mots dont elle se compose, ces analogies forment une introduction très naturelle à l'emploi des caractères arithmétiques. Ceux-ci étant amenés par ce moyen, leurs premiers usages s'apprendront sans peine; mais comme ils doivent être très familiers, et que l'âge du disciple ne supporte qu'une application très bornée, il faut beaucoup d'exemples et beaucoup de temps pour que les procédés s'exécutent tout-à-fait mécaniquement, terme avant lequel on ne peut les regarder comme sus. Ceux que j'ai en vue dans ce moment sont, l'*addition*, la *soustraction*, la *multiplication*, la *division*, ou les quatre opérations fondamentales de l'Arithmétique, mais sur les nombres entiers seulement. Ce premier enseignement, presque toujours expérimental, et dans lequel le raisonnement, si on l'emploie, ne doit pas s'élever au-delà des indices qui font apercevoir, ou plutôt pressentir la vérité, est absolument en dehors du cours de Mathématiques que je me propose d'analyser. Je n'ai parlé de l'un que parce qu'il sert de base à l'autre, et pour indiquer le peu de théorie qu'on y pourrait aisément faire entrer par des livres destinés, non aux enfans, qui ne sauraient en faire usage, mais aux maîtres des petites écoles, auprès desquels il faudrait prendre le langage qu'ils doivent employer avec leurs disciples; car toute traduction serait trop difficile pour le plus grand nombre. L'impossibilité de prendre ce langage, sans l'avoir observé de près, est peut-être le plus grand obstacle aux progrès de l'instruction primaire.

En reprenant, avec tous les développemens de la théorie, les premières notions de l'Arithmétique, il est important, même avec des élèves d'une raison déjà formée, de rentrer, autant qu'il est possible, dans les voies qu'on a dû leur faire suivre en commençant leur éducation, et par conséquent d'analyser à la fois la nomenclature vulgaire des nombres, et la manière de les exprimer en chiffres, afin de faire sortir l'une de l'autre. Ce serait compliquer de trop bonne heure ces premières idées, que de parler en même temps des décimales; il faut renvoyer celles-ci à l'article des fractions en général, dont elles ne sont qu'un cas particulier, et après que la discussion des procédés mis en usage pour effectuer sur les nombres entiers les opérations fondamentales, a familiarisé les élèves avec la progression des valeurs que prend un même caractère en passant par diverses places.

Ce sont les conséquences immédiates de ce mécanisme qui constituent l'Arithmétique proprement dite, bornée à la théorie et à la pratique des quatre premières règles ; mais la décomposition d'un nombre en parties égales, ne pouvant s'opérer le plus souvent qu'en décomposant aussi l'unité qu'on a choisie pour terme de comparaison, on rencontre bientôt une espèce de quantités dont l'expression renferme deux idées, puisqu'il s'agit d'un certain nombre d'unités et du nombre de parties dans lequel chacune doit être partagée. Le signe propre à rendre ces idées doit être composé de deux élémens, et présente par conséquent deux sortes de modifications qui résultent des opérations qu'on peut effectuer, soit séparément, soit conjointement, sur ses deux parties. Voilà où conduit, ce me semble, le développement de la définition des fractions, lorsqu'on les déduit des divisions imparfaites, leur origine naturelle. C'est donc à montrer avec soin les changemens que reçoit une fraction, à raison de ceux qu'on fait subir à chacun de ses termes, qu'on doit s'attacher pour fonder la théorie de ces grandeurs.

Une difficulté sur laquelle la plupart des auteurs ont glissé trop légèrement, c'est l'application aux nombres fractionnaires, des définitions de la multiplication et de la division, relatives aux nombres entiers. Il y a ici un passage très remarquable d'une acception donnée aux mots *multiplier* et *diviser*, d'après le cas le plus simple de l'idée qu'ils expriment, à une acception générale, dans laquelle on enveloppe des cas nouveaux qui ne se lient aux premiers que par de simples analogies. L'indication de ces analogies semble même exiger la considération des nombres concrets.

Ce n'est, par exemple, qu'en rapportant la multiplication à son usage le plus fréquent, savoir, pour *trouver le prix d'une certaine quantité de matière, par le prix de l'unité de cette matière*, qu'on peut montrer comment il y a lieu à multiplier par une fraction, ce qui répond à une véritable division; car c'est comme cas particulier de la question précédente qu'on dit également, *multiplier par deux et multiplier par un demi, doubler le prix de la mesure d'une denrée quelconque, pour avoir celui de deux mesures, ou prendre la moitié du même prix pour avoir celui d'une demi-mesure.* On ne saurait, sans pécher contre l'exactitude dans la marche du raisonnement, passer sous silence une extension d'idées aussi importante; elle exige même une définition des termes qui puisse s'y prêter, et dont les conséquences mènent aux modifications que doit subir le calcul, pour s'appliquer à des cas qui semblent entièrement opposés.

Ce que je viens de faire remarquer convient à la division aussi bien qu'à la multiplication, qui se changent réciproquement l'une dans l'autre, suivant les questions qui y conduisent. Une fois que ces notions sont bien éclaircies, les opérations sur les fractions n'offrent pas plus de difficulté dans la pratique que celles qui se font sur nombres entiers. Elles ne sont en effet que des combinaisons de celles-ci, déduites des conditions propres aux changemens qu'il faut, d'après l'énoncé de la question, produire sur les fractions données, pour en conclure le résultat demandé.

La complication que la diversité des dénominateurs introduit dans le calcul des fractions, conduit naturellement à l'invention des fractions décimales qui font disparaître cette complication. C'est alors que l'élève, instruit par sa propre expérience, des inconvéniens attachés dans la pratique, à l'usage des fractions ordinaires, saisit complétement les avantages du système décimal, quoique le plus souvent il ne donne que des valeurs approchées, au lieu des valeurs rigoureuses. Mais comme, dans l'évaluation physique des choses, il y a toujours un terme où l'on est obligé de s'arrêter, l'exactitude numérique devient inutile dès qu'elle passe ce terme.

Lorsque les procédés de calcul sont suffisamment développés, il ne reste qu'à montrer leur application aux questions les plus ordinaires dans les relations sociales, et dont les élémens se trouvent dans les diverses parties du système métrique. Jusqu'à la réforme proposée par les membres de l'Académie des Sciences, suivant les vues de l'Assemblée constituante, ce système était formé de parties incohérentes, difficiles à placer dans la mémoire. Les subdivisions, différentes pour chaque espèce d'unités, et changeant quelquefois de loi pour la même, donnaient lieu à un genre d'opérations qui n'était au fond que le calcul des fractions, mais fort incommode par les conversions qu'il fallait sans cesse effectuer, pour comparer les diverses parties du même nombre entre elles. A cette complication, qui n'atteignait encore que le calcul, se joignait la variété des mesures de même espèce, qui changeaient d'une province, et quelquefois d'une ville à l'autre. Quelle innovation devait sembler plus désirable et plus facile à introduire, que l'établissement de mesures uniformes et assujetties à des subdivisions et à des composés pris dans la progression décimale, base du système de numération généralement adopté? La plus légère volonté aurait suffi pour se mettre au courant des très petites modifications à faire aux quatre règles pour les approprier aux opérations les plus compliquées, sur les mesures du nouveau système, puisqu'il ne s'agissait que du simple déplacement de la virgule qui fixe la position des unités dans les nombres accompagnés de fractions décimales; mais pour jouir de cette facilité, il fallait abandonner de bonne foi l'usage des anciennes mesures, opérer matériellement avec les nouvelles, et l'on n'aurait eu de conversion à faire d'un système dans un autre, que pour les transactions passées. Ce n'était assurément pas un travail préliminaire bien pénible pour les marchands, que d'établir une première fois le prix des denrées dans la nouvelle unité; et ils en auraient suivi les variations sur ce pied comme sur l'ancien. Il aurait été convenable aussi, dans les constructions, de remplacer tous les nombres ronds de l'ancien système par les nombres ronds les plus approchans dans le nouveau. En un mot, il fallait ne pas se borner, pour obéir à la loi, à parler le langage des nouvelles mesures, mais penser et opérer avec ces mesures : elles seraient bientôt devenues aussi familières que celles qu'on voulait effacer, et l'on eût senti promptement tous les avantages qui les recommandent aux esprits supérieurs à la routine; mais une marche absolument contraire a été suivie par les administrations aussi bien què par les particuliers. Les traductions les plus maladroites, surchargées de chiffres exprimant des parties inappréciables et par conséquent superflues, ont rendu les nouvelles mesures ridicules jusque sur les affiches publiques. Les ouvriers, au lieu de porter sur eux un échantillon de la mesure linéaire, de comparer avec ses divisions les dimensions qu'ils devaient apprécier, et d'acquérir le coup d'œil des parties de cette échelle, s'obstinant toujours à rapporter leurs ouvrages à l'ancienne mesure, s'imposaient un double travail pour la rédaction légale de leurs mémoires. Je ne pourrai jamais croire que ce ne soit pas la plus insigne mauvaise volonté, soutenue par des associations d'idées aussi bizarres que nuisibles aux progrès de la raison, qui ait occasioné toutes les résistances qu'a éprouvées l'établissement des nouvelles mesures. En vain se retrancherait-on sur la difficulté de la nomenclature méthodique, composée de mots grecs et latins, dont la simplicité est au contraire une des propriétés les plus utiles du système. L'idiome national est plein de mots également tirés du grec, tout aussi difficiles à prononcer et à retenir, et qui cependant se trouvent journellement dans la bouche des gens les moins instruits. Enfin l'intérêt, qui donne de l'attention et même une sorte d'intelligence aux êtres les moins avancés dans la civilisation, devait rassurer contre la crainte des méprises que les ouvriers et les petits marchands auraient pu commettre à leur détriment. J'ignore quel sera définitivement le sort de cette belle institution, basée sur les progrès de l'Astronomie et de la Physique, et que beaucoup de gens s'obstinent à classer parmi les tracasseries révolutionnaires, avec lesquelles elle n'a cependant aucun rapport, ni par les choses, ni par les hommes; mais je regarde comme un devoir pour tous ceux qui tiennent à l'avancement des sciences et de la raison, de combattre tant qu'il sera possible, pour la conservation et la propagation d'une réforme vivement désirée avant qu'on l'eût obtenue.

Parmi les diverses questions auxquelles peuvent donner lieu les transactions sociales les plus fréquentes, il n'en est aucune dont on ne puisse découvrir la solution, par des raisonnemens fort simples, dès qu'on entend bien la signification des termes techniques dans lesquels l'énoncé est exprimé. En faisant d'une manière convenable le développement des conditions explicites et implicites de cet énoncé, on parvient à déterminer laquelle des quatre opérations fondamentales, ou de leurs combinaisons, il faut faire sur les nombres donnés, pour parvenir aux nombres inconnus. L'habitude de ce genre de recherches constitue le véritable savoir en Arithmétique, dispense la mémoire de s'embarrasser de cette foule de règles dont sont remplis les traités ordinaires de cette science, et présente des ressources pour les cas imprévus, dans lesquels échoue le calculateur qui ne sait que des formules d'opérations : il demeure court lorsqu'il n'a pas sous la main celle du problème qu'il doit résoudre.

Pour amener un jeune homme au point de trouver dans son esprit les moyens d'analyser quelque question que ce soit, il est à propos de lui en donner à résoudre sur chaque leçon, et de compliquer le plus qu'il est possible, à mesure qu'on avance, les énoncés, par des circonstances accessoires qui entraînent avec elles des conditions sous-entendues. Dans les premières leçons, le choix du problème est très borné, mais il ne faut pas pour cela négliger d'en donner; je n'ai jamais omis les deux suivans, quelque simples qu'ils paraissent : je dictais d'abord un nombre en langage ordinaire, pour qu'on en rapportât l'expression en chiffres; puis j'énonçais isolément une suite de chiffres écrits à côté les uns des autres, et je demandais la traduction en langage ordinaire, du nombre représenté par leur ensemble. De cette manière, les élèves rapportaient, à la suite de la première leçon, des devoirs qui me faisaient déjà connaître jusqu'à quel point ils étaient susceptibles de mettre de la netteté dans leurs copies. A mesure que je passais à de nouvelles opérations, je leur en donnais des exemples exigeant l'application des diverses parties du procédé enseigné dans la leçon précédente, ou composés de grands nombres, afin de les accoutumer peu à peu à faire sûrement des calculs de longue durée, et à captiver leur attention pendant un temps de plus en plus considérable.

Tous ceux qui ont appris par eux-mêmes les Mathématiques, savent que le plus grand nombre des difficultés que l'on rencontre dans la lecture des ouvrages consacrés à ces sciences, vient souvent de ce qu'on néglige d'effectuer, à mesure qu'elles se présentent, les opérations de calcul indiquées dans ces livres; et qu'en s'astreignant au contraire à les étudier la plume à la main, le développement des premiers exemples procure infailliblement la facilité de s'élever jusqu'aux plus compliqués, surtout si l'on a soin d'imiter, sur de nouveaux exemples qu'on choisit soi-même, ce qu'on a fait sur ceux de son auteur. C'est dans la vue de plier les jeunes gens à cette marche, que j'ai toujours fait exécuter à la leçon les exemples énoncés dans le texte, pensant d'ailleurs que les circonstances d'un discours ou d'une leçon, se liant les unes aux autres dans la mémoire des auditeurs, les particularités de l'exemple rappelleraient à la lecture les développemens dont elles avaient été accompagnées de vive voix, et qu'ainsi j'accumulerais les signes commémoratifs propres à fixer l'enseignement dans l'esprit des élèves. J'ai toujours cru que ces avantages devaient l'emporter sur le petit mouvement d'amour-propre qui porte beaucoup de maîtres à s'interdire la faculté de consulter leur livre pendant la leçon. A la répétition, on exposait la solution du problème proposé dans la séance précédente, on donnait en détail toutes les parties de cette solution, quand le calcul n'était pas trop long; mais dans le cas contraire, qui n'avait lieu que lorsque le cours était avancé, on se contentait de décrire et de démontrer l'enchaînement des opérations partielles, et d'inscrire sur le tableau leurs résultats, ce qui suffisait à des élèves déjà familiarisés avec les procédés des quatre règles fondamentales.

Il ne fallait pas s'élever bien haut pour pouvoir proposer des questions qui paraîtraient assez difficiles à des jeunes gens qui ne connaîtraient que la marche ordinaire des livres d'Arithmétique; telle est la suivante :

Un marchand a dans son magasin des étoffes de quatre prix différens;

520 *mesures de la première valent* 27040 *francs*,

215 mesures de la seconde, valent	10105 *francs,*
317 de la troisième,	12680,
59 de la quatrième,	2183;

A l'un de ses créanciers, auquel il doit 81600 *francs, il fournit,*

9 *pièces de* 49 *mesures chacune,*	*de la* 1re *étoffe,*
3 *de* 51	*de la* 2e,
21 *de* 37	*de la* 3e,
19 *de* 29	*de la* 4e:

On demande s'il s'est acquitté, ou combien il redoit?

Cette question peut se résoudre directement dès que l'on sait pratiquer les quatre règles sur les nombres entiers seulement, quoiqu'elle semble d'abord exiger l'emploi des proportions; mais on s'en passe facilement, en remarquant que la principale difficulté consiste à déterminer le prix de la mesure de chaque espèce d'étoffe, ce qui se fait par la division seule; et avec ce prix, quand on a choisi les nombres de l'exemple, de manière à éviter les fractions, on forme par la multiplication ordinaire les valeurs de chaque espèce de fourniture.

On varie d'autant de manières que l'on veut ces sortes de problèmes; et il est facile d'en préparer qui se rapportent aux règles de trois, simples, directes ou inverses, et même aux règles de trois composées, pour les faire résoudre sans le secours des formules ordinaires.

Tous reviennent au fond, quels que soient les nombres proposés, à *prendre une fraction ou un multiple donnés, d'un nombre donné;* on y ramène aussi les règles d'intérêt simple, d'escompte, de société, des changes, et la comparaison des mesures des divers pays.

En partant de ce point de vue, on pourrait supprimer tout l'échafaudage des proportions, reste de la manière dont les anciens considéraient les grandeurs, et qui n'est pas du tout nécessaire pour résoudre celles des questions de commerce, de banque, etc. qu'on y rapporte ordinairement. On rendrait par là cette partie de l'Arithmétique beaucoup plus analytique et mieux d'accord avec les nouvelles méthodes que l'on emploie dans les autres branches des Mathématiques. Aussi n'est-ce que par respect pour l'usage que j'ai conservé ce qui regarde les proportions; mais les questions particulières qui m'y conduisent font mieux sentir, à ce qu'il me semble, l'idée que l'on doit attacher à la *proportionnalité*, que la manière abstraite dont cette matière se trouve présentée dans la plupart des livres élémentaires. Les anciens avaient formé leurs raisonnemens sur ce sujet pour les appliquer aux nombres irrationnels, aussi bien qu'aux autres. Mais comment concevoir bien clairement la notion des premiers, lorsqu'on n'a vu que l'Arithmétique usuelle, où il ne s'agit que des mesures et de leurs parties ? On ne saurait trop le répéter, ce n'est que par extension que nous acquérons des idées nouvelles : il faut toujours que nous les rapportions à quelques idées antérieures, à moins qu'elles ne dérivent immédiatement d'une sensation ; et ce n'est que par la similitude des accroissemens et des diminutions de plusieurs quantités dépendantes les unes des autres, qu'on juge qu'elles sont proportionnelles. Sous ce point de vue, on n'embrasse d'abord que des nombres commensurables ; c'est aussi pour ces raisons que j'ai renvoyé à l'Algèbre l'extraction des racines, dont on n'a besoin que pour la résolution des équations du second degré et des degrés supérieurs, ainsi que la théorie des progressions et des logarithmes, que l'on peut alors traiter de la manière la plus générale et la plus complète.

2°. *Élémens d'Algèbre.* Quand l'énoncé des questions à résoudre se complique, le développement de ses conséquences, ou, ce qui est la même chose, l'expression des conditions auxquelles les nombres inconnus doivent satisfaire, devient trop longue pour être confiée à la mémoire, et trop prolixe dans la langue ordinaire, pour qu'après l'avoir écrite, on puisse en embrasser toutes les parties du même coup d'œil. Cependant les diverses circonstances de cette expression n'étant que des opérations, soit indiquées, soit effectuées, sur les nombres donnés et les inconnues, combinés entre eux suivant la nature de la question, se composent d'un petit nombre de mots souvent répétés, qu'il est tout simple de représenter par des signes abréviatifs : voilà ce qu'on remarque dans l'*Arithmétique de Diophante*, le plus ancien traité d'Algèbre parvenu jusqu'à nous. Les questions qu'il embrasse dans ses premiers livres étant fort simples et comprises dans des équations qui ne passent pas le second degré, il n'emploie que quelques signes, les uns pour désigner les nombres inconnus, et les autres pour indiquer l'addition et la soustraction de ces nombres, soit entre eux, soit avec les nombres donnés. Le reste, exprimé en langage ordinaire, ne contient que des raisonnemens de la même nature et de de la même forme que ceux d'un traité d'Arithmétique vulgaire, écrit méthodiquement. Que l'on remonte aux algébristes qui ont succédé à Diophante, à commencer par Léonard de Pise, qui enseigna cette science en Europe dès le treizième siècle, d'après les écrits des Arabes, on n'y trouvera pas autre chose. Mais les principes pour découvrir les inconnues n'étaient plus aussi simples que ceux dont Diophante faisait usage, on avait eu recours à des considérations géométriques et à des figures, parce qu'on n'osait se reposer sur des conclusions tirées de la seule combinaison des signes, ou du calcul qui en dérive. Beaucoup de termes techniques étaient empruntés de ces considérations, et sont tellement abandonnés aujourd'hui, que presque personne ne les entend.

Viète ayant senti que les raisonnemens qui servaient à découvrir la série d'opérations à effectuer sur les données du problème, pouvaient être rendus indépendans de ces données, en empêchant celles-ci de se mêler et de se fondre, pour ainsi dire, les unes avec les autres, par les calculs arithmétiques, étendit à la désignation des quantités connues l'usage des lettres, adopté, à ce qu'il paraît, avant lui, pour celle des inconnues seulement. Cette innovation fit faire un grand pas à la science, et Descartes, par sa Notation des exposans, compléta l'ensemble de symboles nécessaires pour exprimer les diverses relations que les opérations de l'Arithmétique établissent entre les nombres, et pour donner à chacun de ces nombres une espèce de nom, auquel on attache toutes les propriétés dont il doit jouir dans l'état de la question.

Si l'on se rappelle maintenant l'idée que j'ai donnée de l'analyse mathématique, dans le paragraphe précédent, on comprendra sans peine comment, lorsqu'on s'est procuré une expression concise du développement de toutes les conditions d'un problème, on aperçoit les diverses conséquences dont cette expression est susceptible, et qui, pour la plupart, ne sont que des réductions par lesquelles on groupe les quantités, de manière à séparer celles que l'on cherche de celles qui sont connues. Mais, dans cette partie de la résolution algébrique des problèmes, on a occasion de répéter des raisonnemens ayant pour but de changer l'ordre de plusieurs opérations indiquées les unes après les autres, et qui, dans cette première succession, s'opposeraient au dégagement des inconnues : de là naissent certaines manières de transformer les expressions, par des lois qui se remarquent promptement, et qui établissent des méthodes de calcul. Les résultats ne sont plus, comme dans l'Arithmétique, des nombres assignables, mais des assemblages d'opérations partielles qui ne seront effectuées que lorsqu'on en voudra venir à une application spéciale pour des nombres donnés.

Ce que je viens de dire paraîtra sans doute abstrait à ceux qui n'ont point les premières notions de l'Algèbre ; car cette science est peut-être, encore plus que toute autre, difficile à résumer, indépendamment de ses applications. Mais je pense que les lecteurs qui s'en seront occupés, reconnaîtront ici le tableau des idées qu'il faut, par un petit nombre d'exemples bien choisis, faire entrer dans la tête des jeunes gens, pour qu'ils ne demandent pas ce que signifie et à quoi peut être bon ce calcul sur des lettres et sur des signes qui semblent n'avoir aucun rapport direct ou éloigné avec les nombres, et des résultats duquel on ne peut dire la valeur quand il n'est pas amené par des questions numériques. Néanmoins, dans la vue d'abréger, et peut-être plutôt par cette propension naturelle aux hommes les plus instruits, lorsqu'ils n'ont pas suivi les études des jeunes gens, à supposer que tout ce qui leur est familier doit paraître aux autres aussi simple qu'à eux-mêmes, les auteurs les plus recommandables qui ont écrit sur l'Algèbre, ne se sont pas mis en peine des difficultés qu'y pouvaient rencontrer les commençans. En exposant en premier lieu les règles du calcul des quantités littérales, dont les avantages leur étaient bien connus, pour passer plus rapidement sur ce que ces règles ont de fastidieux, ils forçaient les lecteurs de s'abandonner à leur foi, et d'apprendre presque mécaniquement des procédés dont la nature et le but étaient encore pour eux dans l'obscurité la plus profonde.

Clairaut fut le premier qui, se frayant une route philosophique, répandit une lumière vive sur les principes de l'Algèbre. Les lecteurs, dans son ouvrage, prennent part en quelque sorte à l'invention de la science; ils en saisissent l'objet dès les premiers pas qu'ils y font, et ne se demandent plus ce que veulent dire ces symboles mystérieux, qui semblent ne conduire que par une sorte de magie à des résultats souvent inintelligibles. Tout est éclairci, tout est appliqué, rien ne se présente qui ne soit nécessaire, ou qui ne soit amené par ce qui précède. Ses Élémens d'Algèbre obtinrent d'abord tout le succès qu'ils avaient mérité; et s'il eût renfermé dans de justes bornes la marche d'invention qu'il avait adoptée, il n'y a pas de doute qu'elle n'eût prévalu sur toutes les autres. Mais cette marche, nécessaire pour éclairer et pour encourager ceux qui commencent l'étude de l'Algèbre, devient minutieuse et embarrassée de détails, lorsqu'on la poursuit rigoureusement au-delà des premières notions. Aussi les dernières parties de ce livre ne furent pas autant goûtées que la première : on crut même s'apercevoir que les règles fondamentales de l'Algèbre ne s'y faisaient pas assez remarquer; qu'étant disséminées dans les exemples particuliers, il arrivait souvent que les jeunes gens, après avoir parfaitement suivi toutes les opérations de cet auteur, éprouvaient encore beaucoup de difficultés lorsqu'ils voulaient en effectuer de semblables par eux-mêmes. Au lieu de chercher à débarrasser de ces inconvéniens, qu'il était aisé de faire disparaître, un plan aussi heureux que celui de Clairaut, on l'abandonna entièrement pour retourner à l'ancienne manière de présenter les élémens d'Algèbre; et sous ce point de vue la science rétrograda. Dans les nombreuses éditions des livres qui succédèrent à celui de Clairaut, on ne fit presque rien entrer de nouveau, malgré les recherches multipliées et fécondes d'Euler, de Waring et de Lagrange, sur la théorie des équations.

Tel était l'état des choses, lorsque Lagrange et Laplace furent chargés de faire un cours d'analyse à l'École Normale. Laplace reproduisit le plan qu'avait suivi Clairaut, comme le seul qui convînt à l'enseignement raisonné de la science : il appela l'attention des professeurs sur les richesses que renferment les collections académiques. Ses travaux et ceux de son collègue, à cette occasion, augmentèrent encore la masse de ces richesses; et il ne fut plus permis de se livrer à l'ancienne routine.

Sans doute ceux que leur génie entraîne irrésistiblement vers la science qu'ils doivent perfectionner un jour, parviennent à franchir des obstacles plus grands encore que les difficultés qui naissent de l'imperfection des livres élémentaires; et par leur force de tête, redressent les vices de méthode qu'ils y remarquent, restituent les liaisons qui manquent. Mais il n'en est pas ainsi de ceux qui n'apportent point à l'étude de la science des dispositions très marquées, et un goût décidé pour les spéculations dont elle se compose : leurs succès dépendent en grande partie de la manière dont on leur en présente les premières notions ; et l'on peut dire aussi que ce qui est indispensable à l'égard de ces derniers, a encore une utilité réelle pour accélérer les progrès des élèves les mieux organisés.

Ce n'est donc pas sans raison qu'aidé des matériaux accumulés à l'époque où j'enseignais, je suis revenu de nouveau sur les élémens d'Algèbre. J'ai scrupuleusement amené les signes et les premières opérations, d'après la marche d'invention, la seule par laquelle on puisse faire étudier avec intérêt les commencemens de cette science, et en donner d'abord une idée raisonnable ; et j'ai fait en conséquence la comparaison des phrases du discours ordinaire, qui conduisent à la solution de quelques problèmes, avec les transformations de l'équation que fournit leur énoncé ; mais j'ai eu en même temps l'attention de multiplier les résumés et les énoncés dans la forme dogmatique, qui réduit à un simple mécanisme la pratique des règles.

Je me suis convaincu de plus en plus, à

chaque cours, que la considération des quantités négatives *isolées* était en général placée trop près du commencement, dans la plupart des livres élémentaires; et cela est d'ailleurs confirmé par l'histoire de la science, où l'on voit que l'explication des solutions négatives des problèmes est un des derniers progrès de l'analyse, dû à Descartes. Aussi la plupart des auteurs ne se sont adressés sur ce sujet qu'à la mémoire; et ceux qui, ne voulant pas en faire un objet d'autorité, ont cherché à expliquer la nature de ces quantités, ont eu recours à des comparaisons forcées, comme celle des *biens* et des *dettes*, qui ne convient qu'à des cas particuliers de cette théorie.

Ce n'est d'ailleurs que par l'application de l'Algèbre à la Géométrie, qu'on peut concevoir dans son ensemble la théorie des quantités négatives, puisque les principales circonstances de cette théorie sont des faits algébriques qu'il faut se contenter de bien constater et de classer ensuite dans l'ordre qui les fait le mieux ressortir. C'est aussi ce que j'ai tâché de faire, craignant, d'après une observation très répétée, l'obscurité que des détails métaphysiques trop étendus et trop multipliés jettent dans l'esprit des commençans; car on abuse aussi en Mathématiques du raisonnement, lorsqu'on s'obstine à ne pas reconnaître certains faits résultant des combinaisons du calcul, qui ne peuvent s'expliquer plus clairement que par eux-mêmes.

Saurin, qui, sans être au rang des premiers géomètres, contribua à l'avancement du calcul différentiel, en éclaircissant plusieurs difficultés qu'avaient élevées ses adversaires, et en combattant avec succès les subtilités qu'ils opposaient à sa marche, disait avec raison (*Mémoires de l'Académie des Sciences de Paris*, 1723, p. 249): « Les philosophes et ceux qui » ont fait leur principale étude des hautes » sciences, font honneur à la Géométrie, quand » ils daignent s'y appliquer; mais pleins de » confiance en leurs lumières, ils veulent d'a- » bord tout éclairer, comme si tout était obs- » cur. Avec les plus grandes lumières et les » meilleures intentions, ils pourraient tout » gâter en donnant trop, non à la raison, » mais aux raisonnemens... Nos calculs n'ont » pas tant de besoin que l'on pense d'être » éclairés; ils portent avec eux une lumière » propre; et c'est d'ordinaire de leur sein même » que sort toute celle que l'on peut répandre » sur eux, et que peut recevoir le sujet que » l'on traite.... Ce n'est jamais le calcul qui » nous trompe quand il est bien fait; il n'a pas » besoin d'être appuyé par des raisonnemens; » mais, d'ordinaire, ce sont les raisonnemens » qui nous trompent, et qui ne doivent nous

» déterminer qu'autant qu'ils sont appuyés par » le calcul.» L'auteur aurait dû, ce me semble, ajouter à ces remarques incontestables, qu'il faut savoir bien lire dans le calcul, pour en interpréter avec sûreté les résultats.

J'ai donc différé de parler des quantités négatives, jusqu'à ce qu'elles fussent amenées par la résolution des questions. J'ai montré comment, d'après les règles établies sur les signes, elles modifiaient les énoncés des problèmes, en les résolvant d'une manière précisément conforme à ce que prescrivaient les règles du raisonnement, pour lever la contradiction manifeste contenue dans les énoncés primitifs. Cette considération m'a fourni une occasion de vérifier les règles des signes qui embarrassent si souvent les esprits difficultueux, et que j'ai démontrées alors, *à priori*, pour les quantités négatives isolées.

J'ai fait remarquer ensuite ces expressions singulières, comme $\frac{m}{o}$, $\frac{o}{o}$, que l'Algèbre donne pour réponse aux questions impossibles, ou indéterminées, et dans la classe desquelles entrent, au moins, à certains égards, les quantités négatives, puisqu'elles ne sont au fond qu'un mode dont l'Algèbre se sert pour éluder une contradiction. On ne pourra blâmer cette association, si l'on réfléchit que, de même que le signe des quantités négatives indique le redressement dont l'énoncé est susceptible, le symbole $\frac{m}{o}$ indique aussi en quoi consiste la fausseté des équations et la manière d'atténuer l'erreur autant que l'on voudra. Toute cette théorie est dérivée d'exemples faciles à saisir, et qui, par des considérations familières à tous les esprits, vérifient en même temps les formules algébriques. J'ai repris, à cette occasion, la marche d'invention que j'avais quittée, après en avoir tiré les secours nécessaires pour introduire le lecteur dans les formes techniques de l'Algèbre, parce qu'au-delà des premiers commencemens, l'élève ayant aperçu le but de la science qu'on lui enseigne, et s'étant convaincu de l'utilité de son travail, il ne faut plus, pour l'engager à le continuer, que lui présenter les matières dans l'ordre où elles naissent les unes des autres: son intérêt est suffisamment soutenu par un enchaînement méthodique, et par le développement de la liaison des théories et des propositions, renfermé dans de justes limites.

La doctrine des quantités négatives n'était pas la seule des élémens d'Algèbre, qui eût besoin d'éclaircissemens et même de rectifications; la recherche du plus grand commun diviseur, encore plus élémentaire à certains égards, était tout-à-fait incomplète, ainsi que l'on s'en convaincra, en comparant ce que j'en ai dit avec ce qu'on trouve dans les autres traités. Cette opération n'a pas tout-à-fait en Algèbre le même but qu'en Arithmétique. Il y a encore là, dans l'acception des mots, une extension dont l'effet jetait de l'obscurité sur la terminaison du calcul, lorsqu'il ne devait exister entre les quantités données, d'autre diviseur commun que l'unité, et qu'elles renfermaient plus de deux lettres. L'éclaircissement de ce point se déduit sans peine de la manière d'effectuer la multiplication des quantités algébriques; et dans cette circonstance, comme dans toutes celles où il s'agit d'expliquer des opérations inverses, la clarté, ainsi que la brièveté, ne s'obtiennent qu'en remontant aux opérations directes. Le procédé de la division, par exemple, qui exige en Algèbre une préparation inutile à l'égard des nombres, celle d'ordonner le dividende et le diviseur, par rapport à la même lettre, se découvre aisément quand on cherche le quotient par la considération qu'en multipliant par chacun de ses termes le diviseur, on doit retrouver le dividende. Cette définition est aussi plus commode, dans l'Arithmétique même, que celle où l'on envisage le quotient comme marquant le nombre de fois que le dividende contient le diviseur, quoiqu'au fond la différence de ces définitions ne soit que dans les mots.

Les vérités éloignées de l'usage ordinaire, et qui paraissent quelquefois en contradiction avec les notions communes, ne doivent jamais être légèrement annoncées; il faut y parvenir par un chemin bien tracé, dont le bout s'aperçoive aussi clairement que l'entrée, et les vérifier, soit par des applications, soit en montrant leurs contacts avec des idées déjà bien assises dans le jugement. On peut mettre au nombre des vérités dont je parle, la multiplicité des solutions dans les équations qui passent le premier degré, et la signification des symboles imaginaires; aussi ne me suis-je pas contenté, en faisant remarquer la première, sur les équations du second degré, de la conclure du double signe qu'on peut donner à la racine quarrée d'un nombre. J'ai montré que ces équations ne se vérifiaient qu'en se partageant en deux facteurs, dont chacun s'évanouissait à son tour, par la substitution des valeurs de l'inconnue : cette marche m'a paru d'autant plus convenable, qu'elle met en évidence le premier cas de la théorie générale des équations. Il m'a semblé tout aussi nécessaire de montrer *à posteriori*, dans leur énoncé général, l'absurdité des questions qui mènent à des équations du second degré, dont les raeines se présentent sous une forme imaginaire, qu'on ne reconnaît pour telle que par son opposition avec la règle des signes dans la multiplication.

L'élévation aux puissances renferme un point bien important, c'est la composition de la formule qui exprime la puissance quelconque d'un binome, et qui montre un nouvel usage de l'Algèbre, celui de présenter la formation générale des quantités, d'après leurs élémens et les opérations qu'ils subissent. Cet usage qu'on a dû faire remarquer dès la multiplication, par la composition du quarré, du cube et du produit de la somme de deux nombres, multipliée par leur différence, n'aurait pu que difficilement entrer dans une première définition; car les divers objets qu'embrasse l'Algèbre, résultant de l'extension que les idées fondamentales reçoivent à mesure que l'emploi des signes s'étend et se complique, ne peuvent être saisis que par ceux qui l'ont parcourue en entier. Il en est de même de toutes les sciences, lorsqu'elles ont fait de grands progrès : leur but et leurs moyens ne sauraient être indiqués complétement dans une définition, même très développée.

La formule du binome, due à Newton, se représentant dans un grand nombre de recherches auxquelles elle sert de base, doit être obtenue et prouvée rigoureusement. Il ne faut pas qu'une induction maladroite jette quelque doute sur la première circonstance où, de l'observation des valeurs particulières d'une quantité, on en conclut la valeur générale, procédé qui se retrouve souvent en analyse. Et comme c'est par la multiplication que l'on arrive d'abord aux puissances, il faut, dans les élémens, se borner à celles dont l'exposant est entier, et étudier dans les procédés de la multiplication, ainsi que l'a fait Clairaut le premier, leur formation; mais il est nécessaire de s'assurer que ces procédés, dont on ne peut répéter l'application qu'un nombre de fois limité, conduiront toujours à des résultats de même forme, quelque loin qu'on les pousse. Cela se voit facilement, en cherchant la loi qui unit un cas quelconque à celui qui le suit, parce que cette loi, s'observant de proche en proche, fait dériver tous les résultats des premiers, qui sont vérifiés immédiatement; et c'est par ces principes que j'ai obtenu, sans induction, les expressions générales des termes de la formule de Newton, tant par rapport aux deux lettres du binome que par rapport aux coefficiens, qui sont relatifs aux combinaisons et aux permutations.

L'extraction des racines considérée numériquement, peut être regardée comme une nouvelle règle d'Arithmétique, qui ne conduit qu'à un seul résultat; mais introduite dans l'Algèbre, pour la résolution des équations à deux termes, la nature du sujet et la combinaison des signes donnent lieu à une extension qui amène autant de racines pour une quantité, qu'il y a d'unités dans l'exposant du degré : il faut donc admettre pour ces racines, deux sortes de *déterminations*, l'une *arithmétique*, tirée immédiatement de l'opération numérique, et les autres *algébriques*. Avec cette distinction on éclaircit quelques propositions paradoxales du calcul des radicaux, qui n'avaient été ni indiquées ni expliquées. Quand ces quantités sont réelles et que l'on n'envisage que leur détermination numérique, les règles de leur calcul, qui, à proprement parler, n'a pour objet que de transposer l'extraction après la multiplication ou la division, lorsqu'elle est indiquée avant, se déduisent d'une simple élévation aux puissances convenables; mais, dans tous les autres cas, il faut substituer aux radicaux les équations à deux termes, dont ils représentent les racines.

Préparée par la décomposition des équations à deux termes, celle des équations complètes n'est plus aussi abstraite. Le nombre des racines dont elles sont susceptibles, à raison de leur degré, s'offre de lui-même par l'analogie des cas particuliers qui ont été examinés en détail; et le sens dans lequel il faut prendre les diverses équations du premier degré, fournies par la décomposition d'une équation quelconque dans ses facteurs, n'est plus ambigu, puisque l'on voit avec évidence qu'elles ne doivent avoir lieu qu'alternativement. Sur ce point, la plupart des livres élémentaires sont en défaut, en affirmant comme une vérité évidente par elle-même, que toute équation a autant de racines qu'il y a d'unités dans son exposant, et cela, parce que le produit d'un nombre égal de facteurs binomes prend la forme du premier membre d'une équation de même degré; car il ne suffit pas qu'il y ait identité de formes entre deux quantités, pour qu'elles puissent être les mêmes, il faut encore qu'il y ait identité dans tous les termes dont elles sont composées; et lorsqu'on veut chercher à démontrer cette dernière identité, on retombe sur la difficulté d'où l'on était parti, qui consiste à prouver qu'il existe toujours, soit un nombre, soit un symbole imaginaire, tel qu'en le soumettant aux opérations indiquées dans le premier membre de l'équation proposée, il rende ce membre égal à zéro. Voilà ce qu'il ne faut pas dissimuler aux élèves, lorsqu'on veut ne leur donner que des notions exactes.

La force de l'analogie, qui n'exerce pas moins son pouvoir dans les Mathématiques que dans les autres sciences, a fait regarder comme suffisamment établie une remarque à laquelle aucun cas particulier n'avait présenté d'exception; mais encore faut-il montrer le véritable état de nos connaissances sur ce sujet, d'autant plus que ce qu'on doit accorder pour ainsi dire à l'expérience, dans cette occasion, ne nuit point à la rigueur des propositions sur lesquelles s'appuie la résolution numérique des équations, la seule qu'il soit nécessaire de placer dans les élémens, parce qu'elle est la seule utile dans la pratique, et afin que les lecteurs puissent trouver, au moins par approximation, la solution des problèmes qu'ils sauront écrire analytiquement. En effet, il suffit de prouver que toutes les fois qu'une quantité quelconque substituée à l'inconnue dans une équation la vérifie, le premier membre de celle-ci est divisible par l'inconnue, moins la quantité dont il s'agit; et de là découlent sans peine tous les principes nécessaires, soit pour décomposer une équation dans ses facteurs, soit pour reconnaître si deux équations, renfermant la même inconnue, peuvent avoir lieu ensemble ou s'accorder, ce qui conduit à la théorie la plus élémentaire de l'élimination des inconnues, soit enfin pour parvenir aux conditions que doit remplir tout nombre entier qui est la racine d'une équation, et d'où résulte le procédé pour découvrir les diviseurs commensurables des équations.

La facilité avec laquelle se forme l'équation qui détermine les différences entre l'une des racines d'une équation et toutes les autres, rend ce moyen aussi commode que lumineux, pour trouver des caractères qui fassent reconnaître si une équation a des racines égales ou non; et c'est à tort que quelques personnes ont cru la considération des équations aux différences des racines, ou aux quarrés de ces différences, trop longue ou trop compliquée pour entrer dans les élémens. Ils n'ont apparemment pas fait assez d'attention à la liaison qu'elle établit entre différentes parties de la théorie des équations, qui n'offriraient sans cela qu'un assemblage de propositions isolées. En vain objecterait-on que ces propositions peuvent paraître à quelques égards plus courtes et même plus élégantes que des méthodes plus générales; il est impossible de nier que, de même qu'il y a dans les affaires des dépenses bien entendues qui conduisent à une véritable économie, il y a aussi dans les sciences des longueurs qui abrègent : ce sont celles qui ouvrent une source d'idées nouvelles, et qui mettent sur la voie de progrès ultérieurs. Enfin on ne pourra contester qu'un corps de doctrine, composé de détails dépourvus de cette liaison qui soulage la mémoire et qui dirige le jugement, ne s'efface plus promptement de l'esprit qu'un petit nombre de théories bien liées. Si ces dernières exigent quelque effort pour être saisies, il restera du moins, lorsqu'on les aura oubliées, la faculté d'en comprendre d'aussi difficiles, tandis que le premier savoir n'aura laissé après lui aucun résultat.

C'est d'après ces principes que j'ai cherché à introduire, dès les premiers élémens, des considérations fines et délicates, réservées jusqu'à présent aux mémoires, qui semblaient écrits dans une autre langue que les traités ordinaires. Les plantes nouvellement apportées d'un pays dans un autre, éprouvent d'abord quelque difficulté à s'acclimater; mais elles deviennent bientôt, par la succession des individus de leur espèce, aussi robustes que les plantes indigènes : je suis persuadé qu'il en est de même des idées. Si les considérations par lesquelles j'ai généralisé la démonstration du binome de Newton, la méthode d'élimination que j'ai présentée d'après Euler et Lagrange, la théorie que j'ai donnée des racines égales, et les remarques dont j'ai accompagné la résolution numérique des équations, paraissent abstraites dans ce moment, c'est plutôt parce qu'on les compare à des théories fort incomplètes, que par leur difficulté propre, qui diminuera à mesure que l'on s'éloignera des anciennes idées pour se prêter aux nouvelles.

Il était nécessaire de réformer les raisonnemens en usage pour prouver qu'il se trouve toujours une racine entre deux nombres qui, mis à la place de l'inconnue, dans le premier membre d'une équation, donnent deux résultats de signes contraires, et que le premier terme d'une équation peut toujours être rendu supérieur à la somme des autres. Ces propositions, d'où dérive le procédé pour résoudre par approximation les équations numériques, ont reçu dans les leçons de l'École Normale, une forme qui ne pouvait manquer de perfectionner les élémens; et l'expérience de l'enseignement m'a mis à portée de la simplifier encore, en me procurant une preuve plus simple et plus directe de la seconde proposition énoncée ci-dessus, preuve déduite de cette remarque si féconde, que *la différence des mêmes puissances entières de deux quantités, est divisible par la différence de ces quantités*.

Déterminé par l'idée que je me suis formée de la véritable élégance, qui consiste à employer de préférence les méthodes dont la Métaphysique s'aperçoit le plutôt, et exerce plus utilement l'esprit des élèves, je n'ai placé qu'au second rang la brièveté du procédé, et dans son exposition j'ai tâché de tenir un juste milieu entre la prolixité fatigante qui ne laisse rien à faire à l'élève, et l'obscurité qui résulte de la suppression des notions intermédiaires.

Je n'ai pas dû terminer aux équations, des élémens destinés à précéder des leçons de Géométrie. Les anciens qui ne connaissaient point les équations, au moyen desquelles on peut simplifier beaucoup tout ce qui regarde la considération des rapports, y suppléaient par la théorie des proportions. L'usage ayant consacré leur emploi dans la Géométrie, où il paraît généralement convenu de conserver des traces de la méthode des anciens, j'ai fait succéder aux équations la théorie algébrique des proportions qui sert d'introduction à celle des progressions. C'est à l'occasion de ces dernières qu'il faut, je pense, indiquer la seconde branche de l'Analyse algébrique, c'est-à-dire la théorie des suites. La liaison qu'ont ensemble les progressions poussées à l'infini et le développement des fractions dont le dénominateur est binome, fait un passage naturel du premier de ces sujets au second; et il est facile ensuite de donner des idées justes de l'emploi des séries, soit comme valeurs approchées, lorsqu'elles sont convergentes, soit comme simple transformation, par développement, des expressions algébriques, en observant qu'il faut pouvoir alors prolonger ce développement aussi loin que l'on voudra, ou, ce qui revient au même, connaître la loi de ses termes. Quoique plus faciles que celle des équations, ces théories auraient été mal placées avant cette dernière; on les aurait perdues de vue depuis long-temps, lorsqu'il aurait fallu en faire usage : d'ailleurs l'enseignement public devient plus généralement utile, lorsqu'on y ménage des repos qui donnent aux élèves un peu arriérés les moyens de se remettre au courant.

J'expose ensuite une théorie analytique des logarithmes, à peu près semblable à celle qu'Euler a publiée le premier dans son *Introduction à l'analyse de l'infini*, et dont il a développé avec le plus grand soin la partie élémentaire, dans le premier volume de ses *Élémens d'Algèbre.* Il y prouve l'existence du logarithme de 2, dans le système dont la base est 10, par un procédé que j'ai mis en analyse, qui est analogue à la résolution numérique des équations, et qui est bien préférable à ces moyens vagues où l'on fait entrer la considération de l'infini, pour ne donner qu'une idée imparfaite de la formation des tables de logarithmes. Lagrange est aussi de cet avis, car il n'a jamais, dans ses ouvrages, donné une autre origine aux logarithmes; et voici comment il les définit dans ses *Leçons sur le Calcul des Fonctions* (IVe Leçon, p. 22 de l'édition in-4°, et 29 de l'édition in-8° imprimée en 1806):

« On peut exprimer toute quantité variable » par une constante élevée à une puissance » variable; alors l'exposant de cette puissance » devient une fonction de la même quantité, » et cette fonction est, dans *le sens le plus gé-* » *néral*, le logarithme de la fonction proposée, » d'où l'on voit que les fonctions logarith- » miques ne sont proprement que les récipro- » ques des fonctions exponentielles. » On ne peut assurément rien ajouter à l'autorité des deux hommes célèbres que je viens de nommer; en vain se retrancherait-on sur une prétendue difficulté de rendre ces notions élémentaires: Euler y a répondu depuis long-temps dans l'endroit cité de ses *Élémens d'Algèbre*, où il ne suppose pour cette théorie que les notions arithmétiques des puissances.

Les formules d'après lesquelles on calcule l'intérêt de l'argent, étant comprises dans celles des progressions et des logarithmes, et les questions relatives à cette théorie, formant une des applications les plus usuelles de l'Algèbre, j'ai cru ne pouvoir me dispenser de les traiter succinctement; et c'est par là que je termine la première partie des élémens de cette science. Les formules de la résolution littérale des équations, beaucoup moins commodes que les procédés approximatifs de la résolution numérique, bornées d'ailleurs aux quatre premiers degrés, et les applications des suites, soit au développement, soit à la recherche des valeurs approchées des fonctions, dont on ne peut obtenir la valeur exacte, forment la matière d'un *Complément des Élémens d'Algèbre*, qui, servant d'introduction à l'analyse transcendante, ne doit être étudié qu'après les élémens de Géométrie, dont l'utilité est beaucoup plus générale.

La manière de diriger les élèves qui suivent le cours d'Algèbre, doit être la même que celle qu'on a employée dans le cours d'Arithmétique. Il convient toujours de leur proposer, sur chaque leçon, une suite de problèmes qui les exercent alternativement à exprimer par les symboles algébriques, les relations des grandeurs, et à soutenir leur attention dans la pratique des calculs. Je n'ai pas besoin de dire qu'il est indispensable d'établir dans les questions que l'on donne à écrire analytiquement, c'est-à-dire à mettre en équation, une difficulté graduelle qui ne surpasse point la portée moyenne de l'intelligence des jeunes gens, et surtout, quand on arrive à la fin du cours, de joindre toujours au problème dont la difficulté répond à celle des matières, un problème facile, afin que les élèves qui suivent avec peine, ne restant pas sans occupation, ne soient point découragés, et acquièrent une habitude du calcul telle que, dans une seconde année, leur attention puisse se fixer entièrement sur les principes qui leur ont échappé dans la première.

Une précaution bien essentielle, c'est de montrer par de fréquentes traductions en nombres, le sens des signes algébriques qui pourraient être confondus, comme, par exemple, les coefficiens et les exposans. Rien n'est plus ordinaire que de voir les commençans opérer sur les uns comme sur les autres, et éprouver beaucoup de peine à concevoir la différence des résultats qu'ils obtiennent dans ces deux cas. En général, j'ai remarqué que le plus grand nombre de ceux qui étudient l'Algèbre, n'est arrêté que faute d'entendre bien nettement l'acception de chaque signe; et l'on empêche cette confusion en faisant convertir en nombres beaucoup d'expressions algébriques, parce que la différence des opérations qu'il faut effectuer dans cette conversion, met en évidence celle des symboles par lesquels elles sont indiquées

Ce que le professeur fait exécuter à ses disciples est conseillé dans le livre, après en avoir donné un exemple; mais je n'ai jamais pensé qu'il fallût charger un ouvrage d'exemples que tout lecteur intelligent peut se donner lui-même d'après ceux qu'il a vus, et qui tiennent la place de preuves et de remarques qu'il ne saurait suppléer. A cet égard même, il est naturel qu'un écrivain soigneux ne s'en repose pas tout-à-fait sur les maîtres, auxquels il abandonne volontiers le choix des exemples. Je fais cette observation parce que j'ai entendu des étrangers, des Anglais surtout, reprocher à nos traités de manquer d'exemples et d'abonder en théories, tandis que dans les leurs on ne trouve que des exemples, et rien ou presque rien sur la théorie, ce qui me paraît, j'ose le dire, un grand abus. Dans ces livres, comme dans beaucoup d'autres, où l'on a négligé de faire ressortir l'esprit et le but des méthodes, on peut apprendre le mécanisme du calcul algébrique; mais on n'en saisira point la métaphysique, sans laquelle néanmoins cette science ne paraît qu'un véritable métier dénué de tout intérêt pour les têtes pensantes.

3°. *Élémens de Géométrie.* Si la difficulté de faire de bons élémens, dans quelque science que ce soit, est très grande, il y a plusieurs raisons qui l'augmentent encore à l'égard de ceux de la Géométrie : d'abord, la concurrence avec un auteur revêtu du sceau de l'antiquité

(Euclide), toujours dangereuse pour un auteur moderne, quelques raisons qu'il puisse apporter en faveur du plan qu'il adopte, ensuite l'obligation que l'on s'est imposée, pour suivre l'exemple des anciens, de n'employer que la méthode synthétique, dans un traité qui doit faire partie d'un cours composé presque en entier dans la méthode analytique, et destiné à des lecteurs qui ne feront guère usage que de celle-ci. On peut donc craindre également d'être blâmé par les partisans des formes anciennes, pour s'être écarté de la rigueur qu'elles prescrivent dans les raisonnemens, et par ceux qui pensent que ces formes minutieuses sont propres seulement à embarrasser l'esprit, qu'on ne saurait trop habituer aux procédés analytiques, puisqu'ils constituent la méthode d'invention. Le milieu à saisir pour mériter le moins possible ces reproches, a été déjà indiqué par d'Alembert, dans ses *Mélanges de Littérature*, et semble résulter de l'observation d'un petit nombre de règles posées par Pascal, toujours admirable dans la partie philosophique de ses pensées. Ces règles sont :

1°. *N'entreprendre de définir aucune des choses tellement connues d'elles-mêmes, qu'on n'ait point de termes plus clairs pour les expliquer ;*

2°. *N'omettre* (1) *aucun des termes un peu obscurs ou équivoques, sans définition;*

3°. *N'employer dans les définitions que des termes parfaitement connus ou déjà expliqués;*

4°. *N'omettre aucun des principes nécessaires, sans avoir demandé si on l'accorde, quelque clair et évident qu'il puisse être;*

5°. *Ne demander en axiomes que des choses parfaitement évidentes d'elles-mêmes;*

6°. *N'entreprendre de démontrer aucune des choses qui sont tellement évidentes d'elles-mêmes, qu'on n'ait rien de plus clair pour les prouver;*

7°. *Prouver toutes les propositions un peu obscures, en n'employant à leur preuve que des axiomes très évidens d'eux-mêmes, ou des propositions déjà démontrées ou accordées.*

8°. *N'abuser jamais de l'équivoque des termes, en manquant de substituer mentalement les définitions qui les restreignent et les expliquent* (2).

---

(1) *N'omettre* signifie évidemment ici *ne laisser*.

(2) Le morceau dont les règles ci-dessus sont tirées, a paru, pour la première fois, dans l'article 1er d'une édition des Pensées de Pascal, donnée en 1776, par Condorcet, et très remarquable par les notes de l'éditeur et par l'Éloge de Pascal qu'il a mis à la tête. Voltaire fut si charmé de cet ouvrage, qu'il le fit

Ce qui peut cependant excuser ceux qui ont péché contre quelques-unes de ces règles, c'est peut-être la difficulté de saisir le point où il faut s'arrêter pour se conformer à toutes en même temps, parce qu'il s'en trouve qui paraissent d'abord contradictoires; mais cependant il est un moyen sûr de distinguer les propositions qui ont besoin d'être prouvées, de celles qui, tenant immédiatement aux sensations les plus répétées, et n'étant, à proprement parler, que des données d'expérience, n'ont besoin que d'être rappelées à l'esprit du lecteur. Si la proposition dont on veut faire voir la vérité est évidente par elle-même, on la retrouvera au moins implicitement dans le raisonnement que l'on emploie pour la démontrer, et l'analyse exacte de ce raisonnement fera toujours reconnaître un cercle vicieux. Pour se convaincre de ce que j'avance, il suffit de se rappeler que toutes nos connaissances tirent leur origine de nos sensations. Notre âme paraissant n'avoir en elle-même que la faculté d'apercevoir ces sensations, de s'y rendre attentive, de les comparer et d'en dé-

---

réimprimer en 1778, avec une préface et de nouvelles notes de lui. Le morceau cité ci-dessus se retrouve aussi dans le tome II des *OEuvres de Pascal,* en 5 vol., page 47.

duire des rapports, ou, ce qui revient au même, de former des jugemens individuels ou particuliers, généraux ou abstraits, c'est en vain que l'on essaiera de définir ou de prouver le résultat immédiat de la sensation qui nous fait connaître le plus court chemin pour aller d'un point à un autre. On désigne ce chemin par le nom de *ligne droite*, et c'est à l'énoncé de cette propriété que doit se borner la définition de la ligne droite, définition qu'il faut ranger parmi celles qui ne tombent que sur les mots (1).

---

(1) En parlant ainsi, je ne prétends point blâmer les auteurs qui ont essayé d'analyser les notions premières, et de les présenter sous des faces qui n'avaient point encore été aperçues. Bertrand, de Genève, me paraît un de ceux dont les efforts à cet égard ont été les plus heureux. Il commence le second volume de son *Développement nouveau de la partie élémentaire des Mathématiques* (in-4°, Genève, 1778), par des réflexions très lumineuses sur l'espace, le plan et la ligne droite. Après avoir remarqué que l'espace est nécessairement *homogène*, c'est-à-dire « que la portion d'espace qu'occuperait un corps en un lieu, ne » différerait pas de celle qu'il occuperait ailleurs;... » que l'espace est autour d'un corps placé quelque » part, ce qu'il est autour du même corps placé autre » part, » il ajoute : «... De cette notion de l'espace, il » suit qu'*on peut le concevoir divisé en deux parties* » *telles, qu'on ne puisse rien dire de l'une qui ne puisse* » *également se dire de l'autre; telles de plus, que leur*

Lorsque la manie de disputer sur tout était dans sa plus grande force, et que les sophismes

---

» *limite commune ait à chacune d'elles les mêmes* » *rapports, soit qu'on la considère en son entier, soit* » *qu'on n'en considère qu'une partie.* C'est cette limite » que l'on appelle *plan ;* et le plan, comme l'espace, » *peut être conçu divisé en deux parties telles, qu'on* » *ne puisse rien dire de l'une qui ne puisse égale-* » *ment se dire de l'autre; telles de plus, que leur* » *limite commune ait à chacune d'elles les mêmes* » *rapports, soit qu'on la considère en son entier, soit* » *qu'on n'en considère qu'une partie.* »

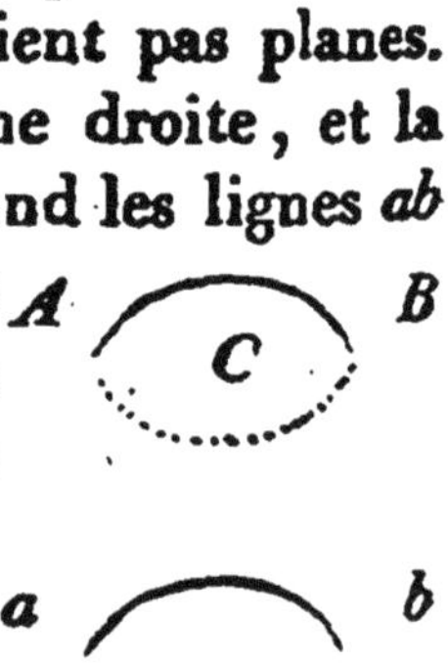

Il me semble que l'idée principale contenue dans les observations que je viens de citer, pourrait être présentée ainsi : *Les deux faces d'un plan sont semblables*, c'est-à-dire que, si l'on applique deux plans l'un contre l'autre, en opposant telle face que l'on voudra du premier à telle face que l'on voudra du second, ils coïncideront exactement, et ne comprendront aucun espace entre eux, ce qui ne saurait arriver à deux surfaces qui ne seraient pas planes. Le même caractère convient à la ligne droite, et la distingue des lignes courbes; car quand les lignes *ab* et *AB* se confondraient exactement lorsqu'on présente le côté convexe de l'une au côté concave de l'autre, elles cesseraient de le faire si l'on opposait les côtés semblables, et comprendraient entre elles un espace *C*. De même, si l'on voulait vérifier une règle, on pourrait appliquer le bord de cette règle contre deux points *A* et *B*, d'abord multipliés de quelques philosophes peu dignes de ce nom, avaient rendu problématique l'existence de l'espace, des corps et du mouvement, on élevait une ſoule de difficultés sur la nature

---

en dessous, et tracer exactement la ligne marquée par ce bord, puis retournant la règle, appliquer le même bord aux mêmes points A et B, mais en dessus, et voir s'il coïncide parfaitement avec la ligne tracée. Il suit de là que *toutes les parties d'un plan ou d'une droite sont semblables aux parties de même étendue de tout autre plan ou de toute autre droite, quelle que soit d'ailleurs cette étendue;* mais cette dernière propriété appartient en outre aux sphères et aux cercles décrits du même rayon.

En partant de ces définitions, Bertrand a prouvé plusieurs propositions que l'on ne pouvait démontrer sans leur secours, ou que l'on a coutume de regarder comme des axiomes; entre autres, que la ligne droite est le plus court chemin pour aller d'un point à un autre. Malgré ces avantages, qui résultent aussi d'une définition de la ligne droite, donnée par Laplace, dans le *Journal des séances de l'École Normale,* j'ai persisté dans la marche que j'avais prise d'abord, parce que je suis convaincu que la brièveté de la ligne droite est encore plus près des notions premières que les autres définitions que l'on peut donner de cette ligne, quoique fort simples en elles-mêmes; mais j'invite les lecteurs qui veulent approfondir les principes de l'Analyse et de la Géométrie élémentaire, à consulter l'ouvrage de Bertrand, auquel je suis redevable de plusieurs idées importantes.

de l'étendue, considérée comme l'objet de la Géométrie. Rien de ce qui n'est pas corps ou de ce qui ne tient pas à un corps, ne tombe sous nos sens; un corps ne saurait être privé de l'une de ses trois dimensions sans cesser d'exister : et cependant on regarde successivement le point comme n'ayant aucune étendue, la ligne comme étendue en longueur seulement, la surface comme dépourvue d'épaisseur, et ne retenant que les dimensions en longueur et en largeur.

On a disputé beaucoup pour savoir si les points, les lignes et les surfaces n'étaient que des idées abstraites et n'ayant aucun objet hors de nous. Quelques esprits faux, égarés par des raisonnemens subtils, ont révoqué en doute la certitude et l'utilité de la Géométrie, en se fondant sur la non-existence des parties de l'étendue dont elle enseigne les propriétés. Il me semble qu'on peut prévenir ces difficultés en faisant voir, au commencement d'un ouvrage élémentaire, que le point, la ligne et la surface existent réellement, quoiqu'ils ne puissent être conçus séparément du corps dont ils sont les attributs. En effet, quelque corps que l'on examine, il est nécessairement terminé, sans quoi il ne serait pas distinct de l'espace indéfini; les limites qui le bornent sont des surfaces qui ont pour limites des lignes, lesquelles ont elles-mêmes pour limites des points. Non-seulement ces limites existent, mais elles tombent sous nos sens, puisque ce n'est que par leur moyen que nous reconnaissons la figure des corps. « Comme nous ne pouvons que modifier » cette figure, nos opérations s'effectueront tou» jours sur des corps, et jamais sur des lignes » ou sur des surfaces; mais leur résultat s'é» loignera d'autant moins de celui du raison» nement, que nous apporterons plus de soin » à diminuer les dimensions étrangères à la li» mite que nous avons considérée sur le corps.» (*Élémens de Géométrie*, n° 1.)

Par la pensée, nous atteignons cette limite, et par le calcul, nous pouvons en approcher indéfiniment, tandis que l'exactitude des opérations graphiques trouve ses bornes dans l'imperfection inévitable des instrumens.

Les considérations précédentes sont très bien placées à la tête des Élémens de Géométrie, pourvu toutefois qu'on ne leur donne point trop de développement, afin de ne pas tomber dans des discussions qui feraient perdre de vue l'objet principal.

Lorsque la notion de l'étendue est approfondie autant que l'exige la nature du sujet, on entre en matière par le petit nombre de définitions nécessaires pour l'intelligence des premières propositions; car il est inutile, et même ridicule, d'entasser des axiomes à la tête d'un ouvrage, puisque ces propositions étant évidentes par elles-mêmes, doivent être reconnues pour telles par tous les bons esprits, lorsqu'on les leur énoncera, et que par conséquent elles ne les arrêteront dans le cours d'aucune des démonstrations.

Parmi les définitions qu'il convient de donner en ce moment, celle de l'angle mérite la plus grande attention ; on en trouve une très vicieuse dans Euclide, et il paraît très difficile d'en donner une qui soit parfaitement exacte (1).

En effet, si l'on dit que l'angle est la rencontre de deux lignes, on emploie une expression qui ne rappelle que l'idée du sommet ; en définissant l'angle par l'inclinaison de ces lignes, on fait un pléonasme ; enfin si l'on entend le mot *angle* de l'espace renfermé entre deux droites qui se coupent, où faudra-t-il arrêter cet espace? Le fermer par un arc de cercle, comme le propose d'Alembert, c'est introduire une idée surabondante.

Mais est-il indispensable de définir l'angle? Ne suffit-il pas de le montrer, et d'observer

---

(1) Voyez le chapitre IV de la quatrième partie de la *Logique* de Port-Royal.

ensuite que deux angles sont égaux lorsqu'étant posés l'un sur l'autre, leurs côtés coïncident chacun dans deux points, et qu'alors ils ne cesseront point de coïncider, quelque loin qu'on les prolonge? Il suit évidemment de là que la grandeur d'un angle ne dépend pas de la longueur de ses côtés. Quand ces remarques seront bien entendues, on aura la notion complète de l'angle, et toutes les conséquences de cette notion seront facilement saisies.

Quelques auteurs ont fait des efforts inutiles pour démontrer dans toutes ses parties la théorie des parallèles; d'autres l'ont traitée avec une négligence vraiment impardonnable. Il me semble qu'il y a entre ces deux extrêmes, un milieu qui remplit toutes les conditions que l'on a droit d'exiger dans les Élémens de Géométrie. Voici l'ordre des propositions qui m'a paru le plus propre à atteindre ce point:

1°. Définir les parallèles comme des lignes perpendiculaires à une même droite, parce qu'elles ne se rencontrent pas;

2°. Rappeler que, par la sensation qui nous fait discerner la ligne droite de toute autre, ou reconnaître si un alignement est bien pris, nous sommes assurés que toutes les lignes droites qui ne sont pas perpendiculaires à la *sécante*, iront rencontrer celles qui le sont, puisque nous apercevons, par la sensation même, le point où doit se faire cette rencontre (1);

3°. Conclure de là que, si une perpendiculaire est commune à deux droites, toutes les perpendiculaires sur l'une d'elles seront en même temps perpendiculaires sur l'autre;

4°. Démontrer, avec Robert Simson, que toutes les lignes qui font, avec une sécante, des angles correspondans égaux, sont perpendiculaires à une même droite, et réciproquement.

Après la difficulté qu'offre la théorie des parallèles, se présente celle qui tient aux rapports incommensurables dans les lignes proportionnelles. Euclide l'éluda en déduisant de la comparaison des aires des triangles, la proposition fondamentale de cette dernière théorie; mais il est résulté de là, dans l'ouvrage de ce père de la science, une espèce de désordre, dont beaucoup de bons esprits ont été choqués (2). Arnauld (de Port-Royal), nou-

(1) J'ai tiré de l'ouvrage de Bertrand une preuve assez satisfaisante, à ce qu'il me semble, de la proposition ci-dessus, qu'il n'est d'ailleurs permis de chercher à démontrer que lorsqu'on peut le faire avec brièveté.

(2) A leur tête est le judicieux Ramus, qui sut se dégager du respect superstitieux que la plupart des savans de son siècle avaient pour les anciens. (Voyez *P. Rami Scholarum mathematicarum*, lib. 3.)

seulement s'en est expliqué avec force dans *la Logique, ou l'Art de penser* (4e part., chap. IX); mais il a encore entrepris de corriger ce défaut dans ses *Nouveaux Élémens de Géométrie*, imprimés pour la première fois à Paris, en 1667. Cet ouvrage est, je crois, le premier où l'on a rendu l'ordre des propositions de Géométrie conforme à celui des abstractions, en considérant d'abord les propriétés des lignes, puis celles des surfaces, et enfin celles des corps. Quoiqu'il ne soit pas exempt de reproches, et que l'on puisse en conclure que l'auteur n'était pas assez versé dans la Géométrie pour en perfectionner les détails, on n'y saurait méconnaître les observations et le coup d'œil d'un esprit supérieur, qui conçoit à la première vue l'ensemble d'un sujet et l'enchaînement de ses parties.

Ce serait un travail intéressant pour l'histoire de la science, que de comparer successivement les traités élémentaires qui ont obtenu dans leur temps un succès marqué, et d'en tirer en quelque sorte la chronologie des propositions. On retrouverait ainsi l'origine de quelques propositions qui ont été oubliées pendant un certain temps, et qui ont reparu depuis comme nouvelles; on apercevrait même quelquefois des pas rétrogrades, parce que la mode, ou des circonstances particulières dans la position d'un auteur, peuvent, jusqu'à un certain point, donner de la vogue à ses ouvrages, ou les condamner à l'obscurité. Les Élémens de Géométrie fourniraient en ce genre des remarques piquantes; et je ne doute pas que l'on ne distinguât alors ceux d'Arnauld, qui paraissent oubliés aujourd'hui. On y remarquerait surtout l'idée de démontrer immédiatement sur les lignes, que *les parallèles menées par les points pris à égale distance sur les côtés d'un angle, coupent aussi l'autre côté en parties égales*, proposition dont ceux qui ont suivi l'ordre qu'il avait adopté, ont fait depuis la base de la théorie des lignes proportionnelles. A la vérité, la plupart d'entre eux n'ont mis aucune exactitude dans leur raisonnement; mais s'ils en ont usé ainsi, ce n'est pas qu'il ne fût très aisé de faire mieux; car l'évidence n'est pas tellement propre à l'enchaînement établi par Euclide, qu'on n'en puisse trouver un qui soit aussi satisfaisant, et cela en faisant usage des moyens employés par Euclide lui-même.

En effet, s'il prouve la proposition fondamentale de la théorie des lignes proportionnelles en toute rigueur, ce n'est qu'en s'appuyant sur le rapport des parallélogrammes de même hauteur, dans lequel peut se rencontrer aussi l'incommensurabilité; et les raisonnemens dont il s'est servi pour démontrer cette dernière proposition, sont propres à établir directement la vérité de l'autre, dans quelque hypothèse que ce soit. Si ces raisonnemens sont bons en eux-mêmes, pourquoi ne pas les répéter dans toutes les circonstances où ils sont applicables? On doit hésiter d'autant moins à les employer pour les lignes proportionnelles, qu'ils servent aussi à démontrer rigoureusement que les angles sont proportionnels aux arcs de cercle, comme l'a fait, dès 1778, Bertrand, de Genève, dans un ouvrage que j'ai déjà cité, et qui prouve incontestablement que l'on peut accorder la rigueur avec l'ordre; ce qu'on s'est encore obstiné depuis à regarder comme impossible.

Tous ceux qui ont approfondi ces matières, savent que la difficulté dont je viens de parler n'est due qu'à la nature de l'infini, qui entre toujours, soit explicitement, soit implicitement, dans le passage du commensurable à l'incommensurable. Le moyen le plus simple pour éviter la considération de l'infini est celui des limites; mais, sans recourir à l'idée de *limite*, qui peut paraître, à quelques égards, étrangère aux Élémens, les écrits d'Euclide et d'Archimède fournissent des considérations dégagées absolument de l'infini, et réunissant à une très grande évidence l'avantage de présenter dans toute sa pureté, la méthode synthétique qui semble consacrée aux Élémens de Géométrie, exclusivement à toute autre. D'ailleurs il faut convenir que rien n'est plus élégant que le raisonnement qu'ils appliquent à ces cas, et qui consiste à prouver que la quantité qu'ils ne peuvent atteindre, ne saurait être moindre ni plus grande que la valeur qu'ils lui assignent.

C'est par une pareille forme de raisonnement qu'on rend aux démonstrations relatives à la mesure du cercle et des corps ronds, la rigueur essentielle à la Géométrie, parce que la difficulté qu'offre le passage des lignes droites aux courbes, qui se rencontre ici, tient, comme la précédente, au passage du fini à l'infini; mais les principes par lesquels il s'effectue étant communs à toutes les propositions du même genre, doivent être mis à part, afin qu'on distingue mieux ensuite ce qui est particulier à chaque proposition. Tel est le parti que j'ai pris; et comme ces principes peuvent s'appliquer à d'autres grandeurs que celles que l'on considère dans les Élémens de Géométrie, il m'a paru convenable de rendre leur énoncé indépendant des lignes, ce que j'ai fait dans les deux théorèmes ci-dessous.

1°. *Lorsqu'on peut prouver que la différence de deux grandeurs invariables est plus petite qu'une grandeur donnée, quelque petite que soit celle-ci, il en résulte que les deux premières grandeurs sont égales entre elles.*

2°. *Lorsque trois grandeurs sont telles que la première, variable, surpassant toujours les deux autres, qui ne changent point, peut approcher en même temps de toutes deux, aussi près qu'on voudra, ces deux dernières grandeurs sont égales entre elles.*

Quoique ces théorèmes ne soient implicitement que les deux propositions fondamentales de la méthode des limites, je me suis convaincu que le dernier, qu'on n'avait pas encore présenté sous la forme que je lui ai donnée, rendait plus symétriques, simplifiait et abrégeait beaucoup toutes les démonstrations où il était nécessaire. Au reste, quand on a étudié ce sujet avec quelque attention, on s'aperçoit bientôt que toutes les tournures qu'on emploie pour sauver le passage du fini à l'infini renferment le même fond d'idées. Il fut toujours montrer que plus les figures rectilignes approchent de la figure curviligne que l'on y compare, plus leur mesure approche de celle que l'on assigne à cette figure, et qui n'a sûrement été découverte qu'en cherchant une méthode d'approximation, au bout de laquelle s'est offerte par induction la valeur rigoureuse.

Je n'excepte point de cette remarque le moyen ingénieux indiqué dans les *Élémens* d'Euclide (*Liv.* XII, *prop.* 16), et appliqué par Maurolicus, géomètre sicilien (*Voy.* p. 5 et suiv. de son édition d'*Archimède*, imprimée à Panorme en 1685), de la même manière qu'il l'a été depuis par Legendre, dans ses *Élémens de Géométrie*. En décrivant entre deux circonférences un polygone qui, circonscrit à la plus petite, n'atteigne pas la plus grande, ou qui, inscrit à la plus grande, ne touche pas la plus petite, on peut, à la vérité, montrer des termes de la différence hypothétique que l'on met entre la mesure assignée au cercle, et celle qu'il doit avoir. Ici l'infini se trouve dans le nombre illimité de constructions successives, dont il faut concevoir la possibilité pour descendre jusqu'au dernier degré de petitesse que l'on pourrait supposer à la différence dont il s'agit. C'est là, je ne dis pas une difficulté, puisqu'un esprit juste saisit sans peine cette possibilité, mais une condition inséparable de toutes les démonstrations, et que le mot *infini* comprend aussi, puisqu'il en est l'expression abrégée. La forme de démonstration de Maurolicus, assez anciennement connue pour être devenue la propriété de tout le monde, ne m'a pas paru, malgré l'avantage qu'elle a de parler aux yeux, préférable au tour abstrait dont je me suis servi, parce qu'elle exige que l'on répète la même construction pour chacune des propositions auxquelles on l'applique. J'en ai cependant donné en note une idée succincte, de sorte que le lecteur a, sur ce point essentiel des élémens, le choix de plusieurs considérations qui s'éclairent réciproquement, et qui préparent à la véritable métaphysique de l'application du calcul différentiel aux courbes.

Le principe de la *superposition*, qui sert à prouver l'égalité de deux figures planes, devient insuffisant lorsque l'on considère les corps avec toutes leurs dimensions. Il s'en trouve qui sont construits sur les mêmes parties, qui ont le même volume, et qu'on ne peut néanmoins faire coïncider, à cause d'un renversement de ces parties; de là résulte une espèce d'égalité presque évidente par elle-même, mais qu'il faut bien distinguer de l'égalité absolue ou de l'*identité* : les deux prismes triangulaires qu'on obtient en décomposant un parallélépipède sont dans ce cas. C'est à Robert Simson qu'on doit la remarque de cette imperfection des Élémens, que Legendre, dans les notes de la seconde édition de ses *Élémens de Géométrie*, a fait disparaître d'une manière très élégante, et qui a été depuis corrigée plus simplement par une démonstration immédiate de l'égalité des deux prismes dont on vient de parler.

Il faut remarquer, au reste, qu'elle n'existerait pas dans un ouvrage où l'on prouverait rigoureusement, au moyen de leur division en tranches, que deux prismes de même base et de même hauteur sont égaux en volume; mais ces considérations étant liées, au moins implicitement, avec l'infini, pourraient être regardées comme indirectes. Cette marche aurait d'ailleurs l'inconvénient de rompre l'analogie qui doit se trouver entre la théorie des aires et celles des volumes, et que la similitude des démonstrations sur lesquelles reposent l'égalité des parallélogrammes et celle des parallélépipèdes, lorsqu'ils ont même base et même hauteur, met bien en évidence.

La conservation de l'analogie entre les parties d'un même traité, est de la plus haute importance, puisqu'en même temps qu'elle aide la mémoire du lecteur, elle l'accoutume à généraliser ses idées. En effet, depuis qu'on a cultivé avec quelque étendue, la Géométrie dans l'espace revêtu de ses trois dimensions, on a remarqué que la plupart des propriétés des lignes et des figures tracées sur un même plan, n'étaient que des cas particuliers de celles des lignes, des plans et des corps, considérés dans l'espace; et il est devenu indispensable de traiter, autant qu'il est possible, dans le même ordre, et par des moyens semblables, la partie de la Géométrie où l'on n'a égard qu'à deux des dimensions de l'espace, et celle où l'on embrasse les trois à la fois. La conformité serait entière par rapport aux mesures des aires et des volumes, si les trois tétraèdres dans lesquels se décompose le prisme triangulaire étaient égaux en tout, comme le sont les deux triangles qui forment le parallélogramme; mais, en cédant à la nécessité dans cette circonstance, il convient au moins de conserver la similitude dans la succession des propositions et dans leurs énoncés.

En général, ces démonstrations, qu'on a quelquefois abrégées par la considération de l'infini, exigeant des attentions délicates, et demandant que l'on insiste beaucoup sur la théorie des plans et des corps (ou solides), accoutument les jeunes gens à se représenter les formes des corps et à imaginer de nouvelles combinaisons de ces formes. Cet exercice, très capable de fortifier l'attention, utile à tous ceux qui peuvent avoir à diriger des constructions, à concevoir des machines, ou à se rendre compte de leur effet, d'après un dessin ou une description, est, par tous ces motifs, bien préférable à des raisonnemens vagues, tels que ceux que l'on trouve dans les *Élémens de Géométrie* de Bézout, qui peuvent être répétés sans être compris (1).

On doit encore à Robert Simson d'autres remarques sur les conditions qui assurent l'é-

(1) L'imperfection de cette partie de son cours vient principalement de ce qu'il a voulu abréger la durée de ses examens, tâche aussi pénible pour celui qui est forcé d'écouter de longues redites, que pour le jeune homme qui lutte contre sa timidité et sa mémoire. Comme il s'agit presque toujours de faire le plus grand nombre d'examens dans le moins de temps possible, il y avait beaucoup à gagner en dispensant les candidats de construire des figures, pour la plupart assez compliquées; et l'on pouvait dire qu'en privant les élèves de ce secours, on les forçait à faire usage de toute leur sagacité; mais ce raisonnement, vrai quelquefois, est à peine spécieux ici. La comparaison réitérée des deux méthodes d'enseignement m'a montré qu'on ne parvenait que rarement, ou pour mieux dire jamais, à se former une idée nette de ce qui regarde les plans et les corps, non-seulement lorsque l'on ne s'aidait point de figures dessinées en perspective, mais même lorsqu'on n'en avait pas vu un certain nombre en relief : en voici les raisons.

On ne s'élève à la notion intuitive des objets composés, que par celle de leurs élémens contenus dans les objets simples, dont il faut nécessairement avoir eu la perception. Le tableau le mieux exécuté manquerait son effet s'il ne représentait que des objets totalement inconnus, ou si le spectateur exerçait pour la première fois le sens de la vue. Les figures de la Géométrie dans l'espace ne sont guère moins nouvelles galité et la similitude des corps; et l'on peut regarder l'édition qu'il a donnée des principaux livres des *Élémens* d'Euclide, comme très importante dans l'histoire de la Géométrie (1).

---

pour les yeux des jeunes gens de quinze à seize ans, qui, ne connaissant point les arts de construction, n'ont point remarqué comment la situation des parties assemblées dans des plans différens s'altère par les lois de la perspective. S'il n'est pas nécessaire de leur mettre sous les yeux toutes les combinaisons des lignes, des corps, considérés dans l'espace, il faut du moins leur montrer les principales, d'après lesquelles ils se figurent les autres, ainsi que l'homme qui n'aurait vu qu'une petite maison, parviendrait, en combinant et amplifiant toutes ses parties, à concevoir la description d'un grand édifice. Voilà pourquoi, dans cette partie de mes cours, à chaque proposition, je faisais voir une figure en relief, conjointement avec la figure en perspective; l'élève les comparait, en répétant sur chacune les raisonnemens du livre. Loin de remarquer que cette facilité préjudiciât en rien à l'habitude de se peindre intellectuellement les objets les plus compliqués, j'ai toujours vu qu'elle l'augmentait, et que bientôt on était en état de se passer pour toujours de la figure en relief, parce qu'on acquérait le sentiment des lois de la perspective, dont j'enseignais alors les principes, ainsi qu'on le verra plus loin.

(1) Cet excellent livre a paru d'abord en 1756, sous format in-4° et en latin; l'auteur en a depuis donné plusieurs éditions in-8° et en anglais, avec des additions considérables.

Cet ouvrage et celui de Bertrand, que j'ai déjà cité plusieurs fois, contenaient le petit nombre de propositions qui étaient nécessaires pour éclaircir les points épineux des Élémens de Géométrie, par des moyens tirés même des écrits des anciens, et ne laissaient plus de changemens importans à faire que dans l'arrangement des propositions. Il est sans doute très probable que nous aurions été prévenus à cet égard comme aux autres, si l'antiquité nous eût laissé des Élémens de Géométrie de diverses mains; mais parce que ceux d'Euclide sont les seuls qui nous soient parvenus, il ne s'ensuit pas qu'ils aient été les meilleurs, ni même les derniers composés; et quand cela serait, on pourrait encore, à cause du désordre qu'on y voit régner, croire que la science n'était pas assez avancée à l'époque où ils ont été rédigés, pour que tous les rapports des propositions aient été remarqués et discutés : c'est donc dans la disposition des Élémens de Géométrie, et dans leur rédaction, qu'il faut maintenant chercher le mérite dont ils peuvent être susceptibles.

L'enseignement répété pendant plusieurs années, de ceux qui font partie du cours à l'usage de l'École centrale des Quatre-Nations, n'a fait que m'attacher davantage à l'ordre que j'y ai suivi; et j'ose croire qu'il est à la fois naturel et rigoureux. J'ai considéré d'abord les lignes droites seulement dans la comparaison de leurs longueurs, sans avoir égard à leur situation respective; puis passant à la combinaison des lignes, sous ce dernier rapport, j'ai réuni tout ce qui regardait les triangles égaux ou semblables, parce que ces figures sont les élémens de toutes les autres, et déterminent de la manière la plus simple la position des points et des lignes sur un plan. Je passe ensuite aux polygones égaux ou semblables, et je traite à part la combinaison de la ligne droite et du cercle, courbe dont il n'a été question au commencement que pour sa description, qui sert à marquer tous les points placés à une distance donnée d'un point donné.

De l'ordre établi dans cette première partie des Élémens de Géométrie, dérive, par l'analogie que j'ai déjà fait remarquer, celui qu'il faut suivre pour enchaîner les propositions relatives à la mesure des aires, aux plans et aux propriétés des corps : je ne m'arrêterai donc pas sur ces dernières parties. Je ferai seulement observer qu'on retrouve par la mesure des aires, des propositions qui se sont présentées dans la théorie linéaire des triangles. De ce nombre est la propriété du triangle rectangle, par rapport au quarré de l'hypothénuse; et il convient de faire remarquer qu'elle est alors une proposition de Géométrie pure, tandis que quand on y parvient par la similitude des triangles, elle suppose les lignes rapportées à une commune mesure, et n'est qu'une proposition numérique. Il est d'autant plus à propos d'insister sur cette différence, que, d'une part, c'est sous le rapport purement géométrique, et en montrant immédiatement l'égalité des espaces renfermés dans le quarré construit sur l'hypoténuse, et dans ceux qui sont construits sur les côtés, sans recourir à leur mesure, qu'Euclide a pu placer ce théorème dès le premier livre de ses *Élémens*, et que d'autre part on a découvert depuis une proposition analogue par rapport au tétraèdre, ou en trois dimensions, mais dont l'énoncé ne peut s'entendre que des nombres (1).

L'usage constant de proposer des problèmes aux élèves, m'a fait sentir l'inconvénient qu'il y aurait de présenter une section entière de théorèmes, et de renvoyer après, les problèmes qui en sont la suite. Cet arrangement,

---

(1) *Le quarré de l'aire de la plus grande face d'un tétraèdre dont trois faces contiguës sont rectangles, est égal à la somme des quarrés des aires de ces faces.* Ceci ne peut être dit que des secondes puissances des nombres qui mesurent ces aires.

au moins très singulier, pour ne rien dire de plus, qui fait paraître le problème quand le théorème sur lequel il repose, et qu'il aurait éclairci ou confirmé, est déjà effacé de la mémoire, prive le lecteur des moyens de construire ses figures avec quelque soin; et quoique je sache aussi bien que tout autre, que c'est sur la rigueur du raisonnement, et non sur l'exactitude des figures que repose la vérité géométrique, je crois cependant que l'exercice du *tracé* n'est pas moins nécessaire en Géométrie, que celui du calcul en Arithmétique, puisque les usages les plus multipliés de la première science dépendent de la construction des figures, comme ceux de la seconde, de la pratique des règles.

En effet, celui qui n'a point l'habitude du tracé est incapable de penser même à s'aider d'un plan pour fixer le projet de construction le plus simple, ou pour mesurer un terrain tant soit peu irrégulier, opérations qui sont pourtant des plus fréquentes; et au contraire, lorsqu'on a contracté cette habitude, on est en état de rendre une foule d'idées qu'on ne saurait exprimer autrement. De plus, le choix des problèmes de Géométrie est plus embarrassant que celui des problèmes d'analyse, parce que ces derniers ne dépendent que d'un petit nombre de méthodes assez générales, et ayant entre elles des connexions évidentes, tandis que les premiers exigent des constructions variées et difficiles à imaginer. On découragerait cependant un auditoire nombreux si l'on ne présentait pas des questions accessibles à tout le monde ; et celles qui se rapportent au tracé sont de ce genre.

En exposant aux regards de tous les jeunes gens les figures les mieux faites, il s'élève parmi eux une émulation qui leur donne bientôt le goût de la netteté et de la précision.

Pour les empêcher de construire leurs dessins sur des échelles trop petites ou trop grandes, et leur apprendre à assembler des lignes mesurées, les données des problèmes étaient exprimées numériquement en parties d'une échelle convenue, ordinairement le décimètre ; et il y avait toujours une grandeur à conclure de la construction. Dès la première leçon, on cherchait le rapport approché du rayon d'un cercle, avec la distance de deux points déterminés en portant sur la circonférence deux fois ce rayon ; ce rapport qui est celui du rayon au côté du triangle inscrit, étant connu en nombres, il était facile de juger du degré d'exactitude de chaque opération. A ces problèmes, j'en associais aussi dans lesquels il fallait découvrir ou prouver quelques propriétés analogues à celles qui avaient fait l'objet des leçons.

Guidé par ces motifs et par l'expérience, j'ai placé les problèmes du texte à mesure qu'ils résultaient des théorèmes, ou qu'ils étaient nécessaires pour la construction des figures; et j'ai toujours observé que cet ordre était le plus convenable pour tous les esprits.

Le choix de propositions dont se composent les élémens de Géométrie, est suffisamment indiqué par le but qu'ils ont dans l'enseignement actuel; ils doivent contenir toutes celles qui sont indispensables pour faire concevoir la marche du raisonnement dans la méthode synthétique appliquée à la considération des figures, et en même temps celles d'où résultent les opérations de la Géométrie pratique, comme le tracé, le toisé, etc., mais en se bornant aux formules vraiment usuelles et commodes.

On sera peut-être surpris à ce sujet, que je n'aie pas mis dans mon ouvrage la décomposition de la pyramide tronquée en trois autres. Je répondrai que le volume du tronc de pyramide est presque aussitôt calculé, en cherchant la hauteur de la pyramide entière, ce qui est plus simple et s'applique plus facilement au cône tronqué : voilà pour ce qui regarde la pratique. Quant au tour de démonstration, j'observerai que la proposition relative à la mesure du prisme triangulaire tronqué, que j'ai développée avec soin, repose de même sur la décomposition d'un corps en parties, et sur leur transformation en d'autres qui leur sont équivalentes, et qu'un seul exemple suffit lorsqu'il est bien choisi. Si l'on voulait réunir toutes les propositions qui peuvent paraître curieuses, soit par leur énoncé, soit par la manière de les démontrer, on ferait un livre, agréable peut-être à quelques lecteurs qui aiment les spéculations géométriques, et qui ont du temps à y consacrer, mais beaucoup trop volumineux pour servir de texte à des leçons élémentaires. On ne saurait trop le répéter : à mesure que les sciences font des progrès, il faut sacrifier des détails pour porter l'enseignement au terme où il doit s'élever, et pour en proportionner l'étude avec la durée de l'éducation.

Pour ce qui regarde le style des démonstrations, j'observerai qu'on ne doit se servir de la réduction à l'absurde que le moins qu'il est possible. Par cette forme de raisonnement, on peut bien convaincre l'esprit, mais on ne l'éclaire point, au moins dès que la proposition dont il s'agit est un peu compliquée; car lorsqu'elle est très simple, on peut employer sans aucun inconvénient la réduction à l'absurde. Il y a même des cas où il paraît difficile de s'en passer; mais alors on doit éviter toute construction de figures, ou, s'il en faut absolument, faire du moins en sorte que l'absurdité de la figure ne choque pas trop la vue, parce que cette absurdité empêche l'esprit de suivre le fil du raisonnement, et l'imagination est obligée de faire un effort assez pénible pour redresser la figure de manière à y voir ce que l'on a voulu peindre dans le discours. En général, les meilleures preuves sont celles qui, en établissant une vérité sur des bases incontestables, en font sentir la liaison avec les autres vérités déjà connues, et rendent sensible le passage d'une proposition à celle qui la suit.

On pourrait appuyer les réflexions précédentes de l'autorité de la Logique de Port-Royal, où l'on trouve, sur la rédaction des Élémens de Géométrie, des observations dont on ne saurait méconnaître la justesse, à moins de croire qu'on doive pousser, dans ces traités, l'imitation des anciens jusqu'à copier des défauts évidens.

Si, en m'assujettissant à suivre, autant qu'il était possible, la liaison des idées, j'ai laissé entrevoir, à dessin, dans ces Élémens, quelques traces de la méthode analytique, je n'en suis pas moins persuadé de les avoir rédigés d'après le *style des anciens*, parce que j'ai toujours eu soin de me conformer à leur genre de démonstration, de m'attacher, ainsi qu'ils l'ont fait, à la rigueur des raisonnemens, et de n'employer, pour l'obtenir, que des moyens pris dans la nature du sujet. Je ne pense pas qu'un défaut d'ordre pareil à celui qu'offrent les Élémens d'Euclide, et qui rend les propositions plus indépendantes, qu'un grand nombre de réductions à l'absurde et des formes toujours dogmatiques, qui semblent atterrer l'esprit du lecteur, en l'empêchant de rien voir au-delà de ce qu'on lui présente, enfin que des locutions surannées, qui sont à la Géométrie ce que le style du palais est à la raison, soient les caractères essentiels de la méthode synthétique, et constituent ses principaux avantages. Je crois, au contraire, qu'à l'époque où le langage des sciences, dépouillé de toutes les formes pédantesques, a acquis par-là plus de netteté, et a perdu de sa sécheresse, il faut se garder d'imiter des défauts qui ont été justement relevés dès le dix-septième siècle (*voyez le chapitre IX de la 4e partie de la Logique de Port-Royal*), et dans lesquels les auteurs de l'antiquité ne seraient assurément pas tombés, s'ils eussent vécu de notre temps.

J'ajouterai que l'on ne doit pas négliger de présenter dans les démonstrations géométriques, un exemple des diverses formes du raisonnement, de montrer comment les règles de Descartes et de Pascal s'y trouvent observées, et comment la certitude de la Géométrie résulte de la détermination précise des objets qu'elle considère, et dont chacun, ne pouvant être envisagé que sous un nombre de faces très limité, se prête à des énumérations complètes, qui ne laissent aucun doute sur le résultat du raisonnement. Des Élémens de Géométrie traités ainsi, deviendraient en quelque sorte d'excellens élémens de Logique, et seraient peut-être les seuls qu'il faudrait étudier. Lorsque l'esprit est naturellement juste, il porte avec lui la faculté de reconnaître si une proposition simple est vraie ou non. Il est beaucoup plus utile d'exercer cette faculté, que de disserter à perte de vue sur sa nature. Si l'on voulait remporter le prix de la course, on penserait plutôt sans doute à exercer ses jambes qu'à raisonner sur le mécanisme de la marche. *Les règles*, dit Condillac, *sont comme des garde-fous mis sur les ponts, non pas pour faire marcher les voyageurs, mais pour les empêcher de tomber*. Si cela est, ainsi qu'il n'est pas permis d'en douter, il faut que les règles soient fort simples et en petit nombre. Celles de Descartes et de Pascal me paraissent suffisantes pour les esprits droits; quant aux autres, la Géométrie ne saurait exister pour eux.

Il reste encore à discuter ici la place que doivent occuper, dans un cours de Mathématiques, les Élémens de Géométrie. Doivent-ils précéder l'Algèbre ou lui succéder? On ne saurait faire à cette question une réponse absolue : il faut distinguer à quels élèves le livre est destiné.

La Géométrie est peut-être, de toutes les parties des Mathématiques, celle que l'on doit apprendre la première; elle me paraît très propre à intéresser les enfans, pourvu qu'on la leur présente principalement par rapport à ses applications, soit sur le papier, soit sur le terrain. Les opérations de *tracé* et de *mesurage* ne manqueront pas de les occuper agréablement, et les conduiront ensuite, comme par la main, au raisonnement. Ce n'est pas ici le lieu de développer ces idées, qui sont exposées d'une manière aussi vraie qu'éloquente, vers la fin du 2e Livre d'*Émile*. Les Élémens de Géométrie de Clairaut, ordonnés suivant la méthode des inventeurs, sont les plus convenables pour diriger le maître dans cette circonstance; car il ne faut pas de livre pour l'élève, et il me semble presque impossible d'en faire pour le premier âge, dans quelque science que ce soit. Le défaut de rigueur dans les démonstrations et le peu d'étendue de cet ouvrage, n'ont pas permis sans doute qu'il devînt classique; mais ces omissions, qui ont des inconvéniens à l'égard des élèves dont la raison est déjà formée, sont précisément ce qui le rend propre à l'enfance, qui n'aperçoit d'abord la vérité, pour ainsi dire, que par sentiment, et que des idées trop métaphysiques rebuteraient dès les premiers pas. Enfin, la Géométrie suppose peu ou presque point de connaissances en Arithmétique, et offre d'ailleurs les moyens de rendre palpables les opérations de cette science : cela est trop évident pour ceux qui sont susceptibles de quelque attention. Ce sont peut-être ces raisons qui ont porté Karsten, auteur d'Élémens très répandus en Allemangne, à commencer son ouvrage par la Géométrie; mais si les Élémens de Géométrie sont ainsi placés à la tête du cours, il semble qu'il faut les mettre après l'Algèbre, lorsqu'on les destine à des jeunes gens déjà avancés en âge, dont on veut développer le jugement, et que l'on se propose d'accoutumer aux formes sévères du raisonnement. La Géométrie, présentée sous ce dernier point de vue, est incontestablement plus difficile que les élémens d'Algèbre, dont elle peut tirer d'ailleurs des secours utiles; et je pense que, dans tous les cas, il n'y a jamais de raison pour mettre la Géométrie entre l'Arithmétique et l'Algèbre, parce qu'il ne faut pas séparer ces deux parties qui, à proprement parler, n'en forment qu'une, savoir, *la science du calcul des grandeurs*, ou *l'Arithmétique universelle* (1).

4°. *Complément des Élémens de Géométrie.* Quoique cet ouvrage ne fît pas essentiellement partie du cours élémentaire de Géométrie, j'en développais les commencemens, lorsque j'étais parvenu à la section des plans, où je n'avais plus de questions à proposer, comme dans les sections précédentes. En effet, la plus grande partie des Élémens de Géométrie est consacrée à la solution des problèmes qui naissent des propriétés que les lignes situées dans

---

(1) L'opinion énoncée ci-dessus, qui était aussi celle de d'Alembert (*voyez* le *IV*[e] *Éclaircissement sur les Élémens de Philosophie*), m'a toujours paru fondée; mais cependant comme il peut arriver certaines circonstances où l'on soit obligé de faire le contraire, j'ai mis, après la table de mon ouvrage, un supplément nécessaire pour compléter, par rapport à la Géométrie, la théorie des proportions donnée en Arithmétique. La table elle-même mérite quelque attention : les énoncés des propositions y sont indépendans des figures, condition essentielle pour les fixer dans la mémoire des jeunes gens qui se préparent à des examens, et qui ont besoin de repasser la Géométrie plus que toute autre partie, parce qu'elle renferme plus de détails et offre moins de liaisons.

un même plan ont les unes à l'égard des autres; et le reste ne renferme guère que des théorèmes sur les plans et les volumes des corps. Cependant chaque question prise sur un plan, ou dans deux dimensions, a son analogue dans l'espace; et le premier état n'est qu'un cas particulier du second.

L'un des problèmes les plus simples qui soient résolus dans les livres élémentaires, a pour objet de déterminer le centre et le rayon d'un cercle qui passe par trois points donnés. En transportant la question dans l'espace, on voit qu'il s'agit d'assigner le centre et le rayon d'une sphère, lorsque l'on connaît quatre points par lesquels elle doit passer. C'est par des moyens entièrement semblables que l'on peut résoudre l'un ou l'autre de ces problèmes; car la sphère n'est que le cercle généralisé.

Il existe néanmoins une différence très importante entre les opérations qu'exige la solution du premier problème, et celles qui sont nécessaires pour le second, quoique les unes et les autres soient fondées sur les mêmes principes. Lorsqu'il s'agit du cercle, on opère immédiatement sur les points donnés, parce qu'ils sont situés dans un même plan, mais quand on passe à la sphère, ces points se trouvent alors dans des plans différens; il en est de même des lignes qui les joignent, et sur la considération desquelles porte toute la solution : il n'est donc pas possible d'effectuer sur le papier, les opérations indiquées par rapport à ces lignes. Pour lever cette difficulté, on transforme les données de manière que l'on n'ait jamais à combiner ensemble que celles qui se trouvent sur un même plan, et que cependant le passage des anciennes aux nouvelles soit de la plus grande simplicité : tel est l'objet que la méthode des *projections* remplit complétement.

On voit par cet exposé que les Élémens de Géométrie sont incomplets et demandent à être étendus, relativement aux plans et à la sphère, comme ils le sont à l'égard des lignes droites et du cercle. Cependant les besoins des arts de construction avaient déjà forcé, depuis long-temps, des hommes très intelligens à s'occuper des problèmes de Géométrie qui embrassent les trois dimensions, et dont la solution repose sur des considérations relatives aux plans et aux surfaces courbes. Les charpentiers et les appareilleurs ont fait dans ce genre, qu'ils ont créé, des choses étonnantes, soit par leur complication, soit par l'élégance des moyens qu'ils ont employés pour vaincre des difficultés qui semblaient devoir les arrêter. Leurs pratiques ont été recueillies dans plusieurs ouvrages; mais dans quelques-uns elles se trouvent dépourvues de démonstrations, et dans tous, en général, elles sont compliquées par des notions techniques de charpente et de coupe des pierres, en sorte qu'on ne voit jamais la question proposée, réduite par l'analyse de son énoncé, au dernier degré d'abstraction dont elle est susceptible. Aussi ces ouvrages sont pénibles à lire, et n'éclairent point sur la manière dont il faudrait s'y prendre pour résoudre les questions qui n'y sont pas traitées.

Les artistes n'ayant jamais eu en vue que le besoin du moment, ont presque toujours recommencé les mêmes préliminaires à chaque question dont ils se sont occupés; ils ne paraissent pas avoir senti que la solution d'un problème quelconque renferme toujours deux parties bien distinctes : l'une, purement théorique, ne consiste que dans l'application ou le rapprochement de quelques propositions antérieures d'où dépend la solution cherchée; l'autre est l'exécution des opérations nécessaires pour arriver au résultat; et ces opérations ne sont elles-mêmes que les résultats des questions déjà traitées.

Ainsi, lorsqu'on veut trouver la position du centre du cercle qui passe par trois points donnés, après avoir démontré que ce centre doit être situé à la rencontre des perpendiculaires élevées sur le milieu des lignes qui joignent les points proposés, combinés deux à deux, on regarde la question comme résolue; car il ne s'agit plus que d'élever des perpendiculaires sur des lignes données, procédé dans les détails duquel on n'entre pas, puisqu'ils ont fait l'objet d'un problème antérieur à celui que l'on se propose de résoudre.

S'il fallait déterminer la position du centre de la sphère qui passe par quatre points donnés, on s'apercevrait aisément qu'en joignant ces points deux à deux par des lignes droites, les plans élevés perpendiculairement sur le milieu de chacune, passent nécessairement par le centre de la sphère demandée : la question serait donc résolue dans ce peu de mots, si l'on avait enseigné précédemment comment on mène des plans perpendiculaires à des droites données, et par quel procédé on détermine l'intersection de ces plans.

Les problèmes de Géométrie ont généralement pour objet la recherche d'un ou de plusieurs points de l'espace; et ils sont censés résolus toutes les fois que l'on sait sur quelles lignes ou sur quelles surfaces ces points se trouvent placés, parce que l'on a expliqué d'avance et par ordre les différentes manières dont on peut construire des lignes ou des surfaces, d'après des conditions données. Par là les questions se renvoient les unes aux autres ; l'enchaînement établi soulage la mémoire de celui qui étudie, en lui permettant de s'appuyer sur les notions qu'il a déjà acquises, et en réduisant au plus petit nombre possible les objets qui doivent partager son attention ; enfin les figures, débarrassées des lignes relatives aux opérations antérieures à celles dont il s'agit, deviennent beaucoup plus simples sans rien perdre de leur utilité et de leur généralité.

Il est évident que la même marche doit être suivie dans quelque science que ce soit, et à plus forte raison dans une branche de la Géométrie. Ainsi, lorsqu'on s'occupe des problèmes qui naissent des rapports de situation, de grandeur ou de figure des plans et des surfaces courbes, on doit classer ces problèmes de manière que les solutions des premiers servent à ceux qui doivent suivre : c'est là ce que j'ai essayé de faire ; et il est aisé de voir que je n'ai pu tirer aucun parti des livres de coupe des pierres, dans lesquels la Géométrie n'est traitée que par occasion ; j'avoue même qu'il ne m'a pas été possible d'en lire un seul. Je me suis donc proposé de résoudre, par rapport aux plans, une suite de questions élémentaires, analogues à celles qu'offrent les livres de Géométrie par rapport aux lignes. Le temps et les communications ont complété ces questions, et leur ont donné la forme sous laquelle je les ai présentées.

J'ai tâché de renfermer mon sujet dans une étendue proportionnée à son importance, en sorte que ce livre pût convenir à ceux qui veulent se borner aux connaissances purement géométriques, et qu'en même temps il mît sur la voie le lecteur qui se propose de les appliquer aux arts; mais je le préviens que, dans ce cas, il ne doit pas se borner à suivre la marche des solutions. Il faut qu'il prenne la règle et le compas, qu'il effectue les diverses opérations dans l'ordre où elles se succèdent, et qu'il se les rende assez familières pour les exécuter de lui-même partout où elles sont indiquées comme des préliminaires; car j'ai cru non-seulement qu'il n'était pas nécessaire, mais même conforme aux lois de la méthode, de reprendre dans chaque opération toutes celles qu'elle suppose. Ce serait comme si, dans des élémens d'Arithmétique, on joignait aux exemples de la règle de trois, la multiplication et la division qu'exige cette règle. Des figures chargées de toutes les lignes de construction sont aux planches d'un traité de Géométrie, ce que des minutes de calcul sont aux exemples d'un traité d'Arithmétique. Si ces exemples sont bien choisis, présentés dans un ordre convenable et expliqués avec soin, ils doivent mettre en état d'effectuer les calculs les plus compliqués, qui ne se composent jamais que des opérations élémentaires combinées entre elles.

Les tracés auxiliaires dans la solution des problèmes, sont les opérations élémentaires; pour éviter toute confusion, on les fait successivement au crayon, et l'on ne conserve que les lignes qui mènent immédiatement au résultat cherché.

J'ai déjà dit qu'en enseignant la Géométrie, j'avais soin d'exercer les élèves à la construction des figures; et pour cet effet je leur proposais des questions où les données, exprimées par des mesures connues ou résultant d'opérations déterminées, étaient isolées les unes des autres. Il fallait d'abord qu'ils remissent ces données dans leurs situations respectives, ce qu'ils ne pouvaient faire quand ils n'entendaient pas les questions; ensuite qu'ils conçussent le plan de la solution, et qu'ils l'exécutassent, en appliquant par eux-mêmes ce qu'ils avaient entendu à la leçon. J'ai toujours vu que, par cette marche, ils se fortifient bien plus que lorsqu'on leur met sous les yeux l'*épure*, c'est-à-dire la construction détaillée du problème. La symétrie des lignes dispense les paresseux, qui partout forment le plus grand nombre, de la peine de réfléchir sur les préceptes qu'ils ont reçus; et ils copient leur épure sans l'entendre.

Je ne me suis point borné à ce qui concerne les plans et les corps ronds, les seuls que l'on considère dans les Élémens de Géométrie; j'ai cru devoir faire connaître les surfaces courbes les plus simples, après celles dont on vient de parler, et qui sont d'un usage fréquent dans les arts de construction. Quoique les problèmes relatifs à ces surfaces donnent lieu à des courbes dont il n'est point question dans les élémens, celles-ci n'étant jamais construites que par points et en faisant usage de la règle et du compas seulement, elles ne supposent aucune connaissance étrangère à la Géométrie élémentaire, et doivent par conséquent trouver place à sa suite.

J'ai terminé mon ouvrage par quelques méthodes générales pour mettre les corps en perspective, et traitées fort succinctement par des raisons que je vais exposer.

La perspective n'offre à celui qui possède bien la Géométrie des plans et des surfaces courbes, qu'un problème dont la solution se présente dès qu'on en a saisi l'énoncé; et il est presque impossible de l'enseigner complétement au lecteur qui ne connaît que les premiers élémens de Géométrie. La difficulté ne consiste pas à faire entendre les procédés techniques de la perspective, c'est-à-dire ceux qui servent à conclure des différens points d'un corps, les apparences de ces points, mais à assigner, d'après la disposition de ce corps, ou d'après le sentiment que l'on a de sa forme ou du lieu qu'il occupe, la position respective de ses points principaux par rapport à l'œil et au tableau. Or cette dernière partie n'est plus du ressort de la perspective, elle rentre entièrement dans la Géométrie des plans et des surfaces courbes; et tous les traités qui ne supposent pas la connaissance de cette branche de la Géométrie, ou qui ne la donnent pas d'une manière méthodique, ne peuvent être considérés que comme des collections d'exemples, où l'on trouve, confondus ensemble, les procédés pour construire les corps d'après leur définition, et pour les mettre en perspective. Ce mélange des méthodes nuit à la clarté de leur exposition, rebute les lecteurs instruits : le livre ne sert aux autres que comme un dictionnaire où ils vont chercher des exemples à imiter mécaniquement; et s'ils n'y rencontrent pas celui qui les occupe, ils ne savent plus que faire.

Je ne pouvais avoir le projet de multiplier assez les figures pour former un traité de perspective qui pût servir aux personnes dépourvues de connaissances géométriques; et ce que j'aurais dit de plus aurait été superflu pour celles qui se sont familiarisées avec le reste de mon ouvrage. Je me suis donc borné à indiquer un moyen d'appliquer le calcul à la perspective, dans le cas où l'on aurait de grands dessins à construire, et où l'on voudrait en déterminer avec précision les points principaux. Voilà en effet tout ce qu'il faut faire, même en peinture; car, excepté pour quelques corps particuliers, terminés par des lignes parallèles ou perpendiculaires, tels que ceux qu'on rencontre en Architecture, les procédés de la perspective sont si laborieux, que jamais personne n'aura le courage de les mettre en pratique pour des contours irréguliers : on recourra plutôt à la nature et aux modèles. Si l'on veut pratiquer la perspective, il faut en acquérir le sentiment, qui constitue la partie essentielle de l'art du dessin, la seule qui soit généralement utile, et malheureusement la plus négligée; et puisque mon sujet me conduit à cette assertion, qu'il me soit permis de l'appuyer par quelques réflexions sur le but que doit avoir, à ce qu'il me semble, par rapport au plus grand nombre des élèves, l'enseignement du dessin dans les écoles publiques.

Les hommes ont remarqué l'art du dessin par sa partie la plus brillante sans doute, mais aussi la plus difficile et la moins utile à leurs besoins;

je veux dire par l'imitation de la nature animée et des effets des passions sur le visage de l'homme. A la renaissance des arts, des peintres célèbres ont fixé l'attention de leurs contemporains par leurs chefs-d'œuvre, et se sont attiré une foule d'élèves, jaloux de marcher sur leurs pas, et dont ils ont dirigé l'éducation vers le but qu'ils avaient atteint eux-mêmes. Cette méthode qui convenait aux vues de ces grands artistes, a été adoptée indistinctement par tout le monde, et sans égard pour les différens usages que l'on pourrait faire du dessin. Tous les jeunes gens ont été enseignés comme s'ils devaient devenir peintres, et sur ce pied, il aurait fallu faire débuter par la poésie les élèves dans l'art d'écrire. Je sais bien que l'on observe, à l'appui de cette méthode, qu'en faisant faire des choses difficiles, elle rend les autres aisées, que lorsqu'on sait dessiner la figure, tout le reste n'est qu'un jeu; mais on n'ajoute pas combien il faut passer d'années pour arriver à dessiner la figure, au moins d'après la bosse; car ce n'est que lorsqu'il est parvenu à ce point, que je regarde l'élève comme sachant dessiner la figure. Copier un dessin sur lequel on trouve la perspective toute faite, les teintes toutes placées, est un travail inutile pour la plupart des professions mécaniques et des arts de construction. Il faut porter le même jugement sur ces dessins de convention qu'on appelle l'*ornement*, et même sur le paysage, quand on ne fait que le copier : l'art de la gravure suffit pour multiplier les copies des originaux produits par le pinceau des artistes de génie.

Enfin, combien l'ennui que les jeunes gens éprouvent en barbouillant un œil qu'ils estropient, une bouche qu'ils ne sauraient reconnaître lorsqu'elle est détachée de l'ensemble du visage, ne les éloigne-t-il pas de l'étude du dessin, dont ils éprouveront le besoin par la suite ?

Revenons donc à des objets d'une utilité plus générale, et qui, par cette raison même seront plus attrayans pour la masse des élèves ; exerçons leur jugement en même temps que leur main et leurs yeux ; et que ce qu'ils feront dès leur entrée dans la carrière, puisse leur être immédiatement bon à quelque chose.

Les objets inanimés sont ceux qu'on a le plus souvent occasion de représenter. Ce sont des instrumens d'art, des machines, des détails de construction, des appareils de Physique et de Chimie ; tous sont composés de corps géométriques, ou peuvent s'y rapporter : c'est donc par ces corps qu'il faut commencer, et avec d'autant plus de raison qu'étant susceptibles d'un tracé et d'une exécution rigoureuse, l'élève peut lui-même corriger ses fautes à chaque instant. Ils sont si simples qu'on peut les faire dessiner d'après nature, dès les premières leçons, et prendre occasion de montrer comment leurs dimensions s'altèrent et se combinent, pour se placer dans leur représentation sur une surface plane. On exerce ainsi le jugement en même temps que l'œil, surtout si dans les premières leçons on s'aide de quelque machine facile à construire, pour rendre sensibles les phénomènes de la perspective : voilà pour le trait.

A l'égard des teintes, le jeu de la lumière sur les corps, en raison de l'inclinaison de leurs faces, par rapport au corps éclairant, ou des enfoncemens et des saillies qu'ils présentent, peut et doit s'étudier toujours d'après nature, sur les polyèdres, le cylindre, le cône et la sphère. Les apparences étant bien senties sur ces premiers élémens des corps, l'œil devenu capable d'observer, reconnaîtra bientôt l'effet et la cause de celles que montrent les objets les plus composés. A chaque leçon, pour redresser l'élève et lui donner le *faire*, il serait à propos de mettre sous ses yeux un dessin exact du corps qui lui a servi de modèle, et offrant les mêmes apparences que celles qu'il a dû voir. On ne me niera pas qu'en ombrant un cylindre, un cône, une sphère, vus par leur convexité, puis par leur concavité, la main ne se forme aussi bien qu'en copiant le dessin des bosses et des creux de la figure. Il paraît que Gérard de Lairesse était aussi de cet avis, du moins voulait-il que l'on commençât par des corps inanimés, familiers aux enfans. (*Voyez* les premières leçons de ses *Principes de dessin*, dans le *Grand Livre des Peintres* et les *Élémens de Perspective*, par Ch. Valenciennes, page 395 de la 1re édit. et 319 de la seconde.)

Après avoir appris à représenter des corps réguliers, on passera facilement à ceux qui ne le sont pas, mais dans lesquels on retrouve comme élémens de l'effet général, les effets particuliers que l'on a remarqués sur les premiers; et si l'on est forcé de s'arrêter à ce point, on aura du moins appris à *voir*, et l'on sera en état de rendre beaucoup d'objets assez clairement pour qu'ils soient reconnus par toutes les personnes qui auront à les considérer ou à les employer. Il en sera à cet égard du dessin comme de l'écriture ordinaire: un petit nombre de personnes parvient à la bien *peindre*, et cela suffit pour conserver les caractères dans leur pureté; mais presque tout le monde écrit ou doit écrire de manière à pouvoir être lu. S'il était possible, et je crois que ce ne peut être que par la méthode que je viens d'indiquer, de populariser le dessin comme l'écriture, à laquelle il sert de supplément, les arts mécaniques feraient des progrès immenses. En effet, combien de conceptions perdues faute d'avoir pu être confiées au papier par leur inventeur; que de moyens ingénieux remarqués en voyageant ou autrement, n'ont pu être retracés par ceux dont ils avaient attiré les regards!

Quant à la facilité d'apprendre par cette méthode, quelques expériences que j'ai vues m'ont convaincu qu'elle serait très grande, et que l'on pourrait même pousser ainsi le dessin fort loin par rapport à la figure; mais, quoi qu'il en soit, pour ne pas choquer les artistes, on pourrait laisser aux écoles spéciales de peinture et de sculpture, l'enseignement du dessin tel qu'ils le conçoivent, et donner à celui que je propose de substituer pour les écoles générales, le nom de *Stéréographie*, comme étant l'art de décrire les corps.

Si les vues que je propose échappent au reproche de bizarrerie que l'on pourra leur faire, lorsqu'on les comparera aux idées accréditées, par le temps et par les préjugés, on dira peut-être qu'elles ne sont pas nouvelles; et pour prouver que je ne l'ignore pas moi-même, je rapporterai un passage de l'*Émile*, auquel je m'étonne toujours que l'on ait eu si peu égard.

« On ne saurait apprendre à bien juger de
» l'étendue et de la grandeur des corps, qu'on
» n'apprenne à connaître aussi leurs figures et
» même à les imiter ; car au fond cette imitation
» ne tient absolument qu'aux lois de la perspec-
» tive, et l'on ne peut estimer l'étendue sur ses
» apparences, qu'on n'ait quelque sentiment de
» ces lois. Les enfans, grands imitateurs, essaient
» tous de dessiner ; je voudrais que le mien
» cultivât cet art, non précisément pour l'art
» même, mais pour se rendre l'œil juste et la
» main flexible ; et en général il importe fort
» peu qu'il sache tel ou tel exercice, pourvu
» qu'il acquière la perspicacité du sens et la
» bonne habitude du corps qu'on gagne à
» cet exercice (1). Je me garderai donc bien
» de lui donner un maître à dessiner qui ne lui
» donnerait à imiter que des imitations, et ne
» le ferait dessiner que sur des dessins : je veux
» qu'il n'ait d'autre maître que la nature, ni
» d'autre modèle que les objets. Je veux qu'il
» ait sous les yeux l'original même, et non pas
» le papier qui le représente ; qu'il crayonne
» une maison sur une maison, un arbre sur
» un arbre, un homme sur un homme, afin

(1) Ceci doit être bien apprécié par tous ceux qui s'occupent d'instruction publique ; car le but de cette instruction y est clairement énoncé.

» qu'il s'accoutume à bien observer les corps » et leurs apparences, et non pas à prendre » des imitations fausses et conventionnelles » pour de véritables imitations. Je le détour- » nerai même de rien tracer de mémoire en » l'absence des objets, jusqu'à ce que, par des » observations fréquentes, leurs figures exactes » s'impriment bien dans son imagination; de » peur que, substituant à la vérité des choses, » des figures bizarres et fantastiques, il ne » perde la connaissance des proportions, et le » goût des beautés de la nature. »

(ÉMILE, liv. II.)

Ajoutez à cela les graves inconvéniens d'une étude offrant à tous ceux qui l'entreprennent, un but où il y a peu d'exemples de succès. (*Voyez* ci-dessus, page 98).

Il me reste à parler de la conformité qu'on trouvera entre la plus grande partie de mon ouvrage et les leçons données à l'École Normale par Monge. Elle ne pouvait manquer d'avoir lieu, puisque cet illustre géomètre s'était occupé depuis long-temps de cette branche des Mathématiques, à laquelle il a appliqué l'analyse avec le plus grand succès; mais on aurait tort d'en conclure que mon travail a été calqué sur le sien, réservé alors pour les seuls élèves de l'École du *Génie;* car plusieurs personnes tenaient de moi, depuis une époque bien antérieure à la publication de ses leçons, tous les matériaux que j'ai employés : j'ai pensé à les mettre en ordre quand j'ai été adjoint à l'enseignement de la Géométrie descriptive dans l'École Normale (celle de l'an III, 1794).

5°. *Traité élémentaire de Trigonométrie rectiligne et sphérique, et d'application de l'Algèbre à la Géométrie.* Ce volume, le dernier du cours élémentaire, a surtout pour objet de montrer les diverses applications que les formules algébriques trouvent dans les considérations géométriques. J'en commencerai l'analyse par ce qui regarde l'étendue donnée aux matières : j'aurai peu de chose à dire à cet égard pour les deux Trigonométries.

La Géométrie élémentaire fait connaître trois parties d'un triangle au moyen des trois autres, par des constructions dont l'exactitude a des bornes très étroites, dans les limites de nos sens et dans l'imperfection des instrumens. La Trigonométrie rectiligne substitue à ces constructions des calculs susceptibles d'une approximation indéfinie; et elle n'atteint ce but qu'en déterminant, dans un cercle de rayon donné, une suite de triangles rectangles formés sur tous les angles aigus possibles, en sorte qu'il se trouve toujours un de ces triangles qui soit semblable à celui que l'on se propose de *ré-*

soudre : de simples proportions entre les côtés de ces deux triangles, font trouver les parties inconnues du second par leurs homologues dans le premier. Quant aux triangles obliquangles, leur résolution se tire facilement de celle des triangles rectangles. Tout consiste, comme on voit, dans la formation des tables qui contiennent les valeurs des parties de ces premiers triangles ; et par conséquent la tâche d'un auteur d'élémens est remplie dès qu'il a fait concevoir au lecteur la construction de ces tables, et qu'il l'a mis en état de les appliquer à la résolution des triangles, dans tous les cas qui peuvent se présenter. A cela j'ai ajouté la recherche des premières relations des lignes trigonométriques, et ce que j'en ai dit suffit pour parvenir aux principaux résultats qu'on emploie, soit dans le calcul différentiel et intégral, soit dans la Mécanique.

Je n'ai pas donné les expressions des sinus et des cosinus en séries ordonnées par rapport aux puissances de l'arc, quoique les moyens ne m'aient assurément pas manqué pour le faire d'une manière élémentaire (1). Dans une

(1) J'aurais pu sans doute employer, tel qu'il est, ou modifier le procédé dont je me suis servi dans l'introduction du *Traité du Calcul différentiel et du Calcul intégral* (en 3 vol. in-4°), qui est à la fois simple, direct et rigoureux.

matière aussi épuisée, on n'a que l'embarras du choix; mais j'ai eu tant d'occasions de me convaincre de la nécessité d'éviter les doubles emplois, que j'ai cru devoir renvoyer au calcul différentiel une recherche qui n'avait point d'utilité présente, puisqu'il ne s'agissait pas de faire réellement calculer des tables de sinus aux élèves, mais seulement de leur montrer la possibilité d'en construire.

Je n'ai pas dû non plus exposer la partie de l'usage de ces tables, qui tient à leur disposition particulière, parce que cet objet est toujours rempli par les auteurs des tables eux-mêmes, dans les discours qu'ils mettent à la tête de ces livres.

La Trigonométrie sphérique n'est guère appliquée qu'à l'Astronomie et à la Navigation; et les divers auteurs qui ont traité de ces deux sciences ont toujours eu soin d'exposer, conformément aux connaissances préliminaires qu'ils ont supposées à leurs lecteurs, les notions de Trigonométrie et les formules dont ils avaient besoin. Un livre destiné à l'enseignement général des Mathématiques devait, au contraire, renfermer une théorie à la fois simple et générale, qui se liât avec les parties précédentes; or le Traité que j'ai donné d'après Euler, où la Trigonométrie sphérique est déduite d'une seule équation, réunit à ces avantages une brièveté et une élégance remarquables : on y trouve même un grand nombre de formules que l'on chercherait vainement dans des traités plus volumineux. Quant aux applications, je n'en ai présenté qu'une seule, parce que les autres auraient exigé quelques notions de Mathématiques appliquées et étrangères à mon sujet.

Vient ensuite l'application de l'Algèbre à la Géométrie ; cette branche, due entièrement aux modernes, et dont la découverte leur donna bientôt une immense supériorité sur les anciens, devait nécessairement changer de forme à mesure qu'elle s'étendait et se perfectionnait.

On en voit les premières traces dans les écrits de Viète ; car on ne doit pas regarder comme appartenant à cette application, la manière dont les algébristes du quinzième siècle ont résolu les équations du deuxième degré ; c'était au contraire une application de la Géométrie à l'Algèbre, ou, pour parler plus exactement, à l'Arithmétique : de là vient que la plupart des termes relatifs à cette théorie sont tirés de la Géométrie.

Jusqu'à Descartes, l'Algèbre n'était employée que comme un moyen subsidiaire pour faciliter la combinaison des *théorèmes* de Géométrie, dans la résolution des questions déterminées ; mais ce philosophe, en la rendant propre à représenter la nature des lignes et des surfaces quelconques, en augmenta considérablement le domaine, et en fit la véritable méthode d'invention en Géométrie et en Mécanique.

Comme tous les inventeurs, il ne put connaître jusqu'où s'étendait la puissance du moyen qu'il avait introduit dans la science; et ne pensant qu'à l'appliquer aux questions dont s'occupaient le plus les géomètres contemporains, il ne s'attacha guère aux courbes que pour construire, par leurs intersections, les racines des équations déterminées, ou pour leur mener des tangentes. Que les anciens, qui étaient forcés par la nature de leurs méthodes, à ne considérer qu'un petit nombre de courbes des plus simples, se soient attachés à en détailler les propriétés, comme s'ils avaient cherché à les épuiser, rien de plus naturel. Ce travail fut aussi celui des géomètres prédécesseurs de Descartes, de ce philosophe même et de quelques-uns de ses disciples, pour qui les courbes formaient un spectacle nouveau; mais Newton sentit que l'idée de considérer les courbes par leurs équations, avait donné une telle étendue au sujet, qu'il était impossible d'en parcourir les détails même les plus curieux; et il le prouva bien dans l'énumération qu'il fit des diverses espèces de lignes courbes que pouvait représenter l'équation à deux indéterminées du troisième degré, et dont il fit monter le nombre à 73.

Au commencement du dix-huitième siècle, quelques géomètres de l'Académie des Sciences, à l'exemple de Newton, entreprirent aussi d'énumérer les courbes contenues dans l'équation générale à deux indéterminées, du quatrième degré. Les espèces se multiplièrent à tel point, qu'ils n'osèrent ou ne purent en donner le détail, et ils se bornèrent à des genres dont le nombre fut encore assez considérable.

Persuadés qu'il fallait renoncer à faire une revue générale des courbes, les géomètres sentirent que cette partie aurait atteint toute la perfection dont elle était susceptible, si elle fournissait des méthodes pour déterminer, par l'équation d'une courbe, ses principales propriétés, et les diverses circonstances de son cours; et c'est là ce qu'ont fait Euler et Cramer, et ce que le calcul différentiel facilite beaucoup.

Il semblait donc naturel de revenir sur ses pas, et de rattacher à un même fil toute la théorie des lignes droites ou courbes, classées naturellement par leurs équations : c'est cependant ce qu'on ne fit point. La force de l'habitude engagea encore les géomètres à amalgamer, pour ainsi dire, les méthodes anciennes avec les nouvelles; et cet assemblage informe portait toujours l'empreinte des premiers temps de la science. On n'employa la considération des équations qu'à partir des lignes du second ordre; on surchargea la théorie de ces lignes d'un grand nombre de propositions détachées, obtenues ou démontrées par des voies incohérentes, et qui ne laissaient pas entrevoir comment on devait s'y prendre dans les cas imprévus.

Cependant Descartes, Huygens, Newton, avaient créé la Mécanique des solides et des fluides, qui n'existait pas pour les anciens. Les Mathématiques, qui, passé l'Arithmétique et la Géométrie élémentaire, n'offraient que des théories purement spéculatives, étaient devenues les bases de la Physique, de l'Astronomie et de la Navigation. Le besoin d'en pousser l'étude plus loin que l'on n'avait fait jusque là, et d'y joindre les plus importantes de leurs applications, prouvait la nécessité de faire, dans les écrits des géomètres, un triage des propositions, pour ne donner dans les élémens que celles qui pouvaient servir aux applications, ou qui étaient indispensables au développement des méthodes, et de laisser celles qui n'étaient que curieuses, dans les auteurs originaux, que l'on peut regarder comme les archives de la science.

Il faut convenir cependant que cette opération n'a pu s'effectuer complétement que de nos jours ; car la prédilection que Newton avait pour la synthèse, et qui tenait plus encore à l'esprit du temps qu'au goût particulier de ce grand homme, a dû retarder la véritable application de l'Algèbre à la Mécanique. (*Voy.* la note page 210.) Les principales circonstances du mouvement des corps n'ont été déduites pendant long-temps que des propriétés particulières des courbes. C'est Euler qui chercha le premier à les tirer entièrement du calcul. Ses successeurs ont étendu et perfectionné ses travaux, au point de ne rien laisser à désirer ; car les difficultés qui restent à surmonter sont de nature à ne pouvoir être attaquées par des considérations géométriques.

Cet historique, en montrant les vues qui ont pu guider, dans le siècle précédent, les auteurs des traités d'application de l'Algèbre à la Géométrie, dans le choix et l'étendue des matières, fait voir aussi qu'il n'y a pas de raison pour les imiter, et que l'on doit au contraire prendre une marche opposée à celle qu'ils ont suivie, puisqu'on doit tendre à un but très différent. Tout ce qu'ils ont regardé comme essentiel à leurs ouvrages, devenant inutile pour la lecture de ceux auxquels les nôtres servent d'introduction, doit être remplacé par des notions qui soient analogues à celles que l'on donne des parties supérieures : surtout abrégeons ; car la multitude des richesses que les sciences physiques ont accumulées, les contacts multipliés qu'elles ont les unes avec les autres, ne permettent point à ceux qui ne veulent pas se consacrer entièrement aux Mathématiques pures, d'employer à des spéculations curieuses si l'on veut, mais sans aucune application pour le moment, un temps dont ils retireraient plus de fruit par l'étude des autres sciences.

On peut déduire facilement de ce qui précède, la réponse à cette question : *Que doit comprendre un traité d'application d'Algèbre à la Géométrie, lorsqu'on le destine à des élèves qui, pour se livrer ensuite aux sciences physico-mathématiques, se préparent à recevoir, sur l'Analyse et la Mécanique transcendantes, des leçons conformes à l'état actuel de ces sciences?*

Si, dans ces leçons, on ne considère les lignes que par leurs propriétés générales, on ne cite que quelques-unes de leurs propriétés particulières les plus remarquables ; si toutes les questions de Mécanique y sont ramenées, par le calcul, aux équations les plus simples, aux formules les plus immédiates, qu'est-il besoin de se perdre dans une multitude de propositions, dans une variété de méthodes, qui ne font qu'éblouir les commençans, et leur faire passer sur le même résultat un temps qu'ils emploieraient à en apprendre de nouveaux?

Qu'un auteur, engagé dans des recherches qui l'amusent, remarque en passant des procédés élégans, des propriétés nouvelles; de semblables matériaux peuvent être consignés utilement dans un livre destiné à ceux qui cultivent spécialement la branche des Mathématiques dont il s'est occupé; et encore, si l'on compulsait avec soin le très grand nombre de traités des *Sections coniques*, matière sur laquelle on a peut-être écrit autant que sur toute autre, on y retrouverait beaucoup de ces choses oubliées qui deviennent ensuite des nouveautés; mais tout ce qui n'augmente pas la puissance des méthodes, ou qui n'abrége pas la chaîne qui lie les résultats entre eux, ne doit pas entrer dans les élémens.

C'est après avoir médité long-temps ces idées, que j'ai cru pouvoir m'en tenir à ce que contient le *Traité élémentaire d'application de l'Algèbre à la Géométrie.*

Montrer le double point de vue sous lequel on peut envisager l'application de l'Algèbre à la Géométrie : d'abord ainsi qu'elle s'est présentée aux premiers inventeurs, comme un moyen de combiner les théorèmes de Géométrie; ensuite devenue, par l'heureuse idée de Descartes et les travaux d'Euler, de Lagrange, de Monge, le moyen général de déduire les propriétés de l'étendue, du plus petit nombre possible de principes;

Faire sentir par des exemples, les avantages et les inconvéniens de ces deux manières de résoudre les questions, et comment le choix des données et des inconnues influe sur la simplicité des solutions;

Classer en conséquence les lignes par leurs équations; faire remarquer que ces équations n'ont pas une forme unique, mais qu'elles se compliquent plus ou moins, suivant les relations que les lignes qu'elles représentent peuvent avoir avec celles auxquelles on les rapporte; en déduire la nécessité de savoir transformer les coordonnées, pour employer ce moyen à simplifier les équations des lignes, et à déterminer leurs caractères essentiels;

Revenir par un chemin opposé, en remontant de quelques propriétés des lignes à leur équation, pour montrer que toutes celles d'une même ligne ne sont que les énoncés de ses diverses propriétés, qui se contiennent les unes les autres dès qu'elles sont caractéristiques;

Déduire des équations générales des lignes du second degré, leurs propriétés communes, et s'en servir pour donner une idée de la manière dont les anciens les avaient considérées, afin de lier ces connaissances avec les nouvelles;

Déterminer les tangentes de ces lignes par une méthode qui soit analytique, uniforme, et qui s'étende même à toutes les courbes; faire remarquer les limites des tangentes de l'hyperbole, ou ses asymptotes; indiquer sommairement la manière dont les anciens menaient les tangentes aux sections coniques;

Passer aux principes de la détermination des courbes par le nombre de points qui les caractérise;

Enfin, esquisser rapidement l'usage des courbes pour construire les racines des équations déterminées, et pour peindre les circonstances de leur résolution:

Voilà ce que j'ai jugé devoir entrer dans mon ouvrage.

En se reportant à l'époque de la première édition (1799), on trouvera sans doute que ce plan était neuf; les moyens que j'ai employés pour le remplir l'étaient aussi, du moins à l'égard des élémens; et cette nouveauté a pu donner aux principes que j'ai exposés un air de difficulté qu'ils n'ont point par eux-mêmes. Au reste, je puis croire que l'on m'a accordé dans plusieurs ouvrages, à la vérité sans me nommer, les honneurs du commentaire; mais s'il en fallait réellement un pour se familiariser avec ce traité, j'indiquerais le *Recueil de diverses propositions de Géométrie, etc.*, par M. Puissant. Cet habile professeur, qui unit la délicatesse des procédés aux talens les plus distingués, a rempli son ouvrage de problèmes élégamment résolus, et très utiles aux élèves qui veulent s'exercer (1).

Quant à la méthode que j'ai suivie, elle peut paraître alternativement analytique et synthétique, et ceux qui auront lu le paragraphe II n'en seront pas surpris ; car ils penseront peut-être, ainsi que moi, que la réunion de ces deux méthodes est nécessaire pour compléter une doctrine quelconque ; mais la seconde doit être subordonnée à la première, si l'on veut mettre en évidence la liaison des propositions, et indiquer, dans toutes les circonstances essentielles, l'origine des notions qu'on expose, le but auquel on tend.

Lorsqu'il s'agit, par exemple, de montrer l'identité des courbes contenues dans l'équation du second degré, avec celles que les anciens ont considérées dans le cône, il est évident que c'est la méthode synthétique qu'il

---

(1) Les additions considérables faites par l'Auteur dans les éditions suivantes, ont donné à ce Recueil beaucoup plus d'importance.

faut employer pour mieux indiquer la route qu'ils suivaient dans ces recherches; mais on voit aussi qu'il ne convient pas aujourd'hui de considérer d'abord le cône, pour amener les courbes du second degré; car pourquoi commencer par cette surface plutôt que par toute autre? Et quand même on emploierait son équation, on ne ferait encore que de l'Algèbre et non pas de l'Analyse (1).

On pourrait peut-être regarder comme formant double emploi, les deux méthodes par lesquelles je traite successivement l'équation générale du second degré à deux indéterminées, puisque j'aurais pu commencer immédiatement par la transformation des coordonnées; mais je ferai observer que la première, dont s'est servi d'abord Descartes dans le livre II de sa *Géométrie*, et Hermann dans le tome IV des *Mémoires de Pétersbourg*, étant très propre à montrer comment on discute une courbe quelconque par son équation, devait par cette raison ne pas être omise.

---

(1) Il faut remarquer néanmoins que cette génération fait dériver du cercle toutes les lignes du second degré. En effet, si l'on suppose l'œil placé au sommet d'un cône à base circulaire, l'intersection de sa surface et du plan coupant sera, sur ce plan, la perspective de la base.

L'usage de ces deux méthodes m'a paru assez facile pour n'avoir pas besoin d'être expliqué sur beaucoup d'exemples, que le professeur peut d'ailleurs choisir à son gré. Elles ne conduisent pas toujours par le chemin le plus court à la nature des courbes proposées; mais celui qu'elles font parcourir est sûr, et les sentiers qui abrégeraient ne sauraient être indiqués que par des remarques de détail, beaucoup trop longues pour le petit nombre d'occasions où l'on peut s'en servir.

Après ces divers objets, on trouve un appendice contenant, sur les surfaces courbes et les courbes à double courbure, quelques notions, dont la publication du *Traité élémentaire de Calcul différentiel et de Calcul intégral* m'a fait sentir la nécessité, et que j'ai détachées du *Traité du Calcul différentiel et du Calcul intégral*, en 3 vol. in-4°.

Le premier de ces traités est préparé pour suivre immédiatement, si l'on veut, l'application de l'Algèbre à la Géométrie, et faire éviter le double emploi qui a nécessairement lieu, quand on obtient d'abord par des procédés algébriques, les expressions en série, des puissances fractionnaires ou négatives du binome, ainsi que celles des exponentielles, des logarithmes, des sinus et des cosinus, que le théorème de Taylor, base analytique du calcul différentiel, fait trouver sur-le-champ. En cherchant à renfermer dans le moindre espace tout ce qu'il est indispensable de savoir du calcul différentiel et du calcul intégral, pour étudier avec fruit la Mécanique, j'ai tâché de présenter la métaphysique du calcul différentiel avec un degré suffisant de rigueur et de clarté, sans tomber dans les longueurs qu'entraînent les détails où l'on se jette quand on veut prévenir trop tôt des difficultés qui se lèvent presque d'elles-mêmes, lorsqu'on ne les rencontre que successivement et à leur place naturelle. La méthode des limites m'a semblé la seule propre à remplir complétement cette intention; mais il fallait pour cela l'employer autrement qu'on ne l'a fait jusqu'ici. Les auteurs qui s'en sont servis, se sont contentés de trouver avec son secours quelques résultats simples et marquans, dont ils montraient la conformité avec ceux que donne le calcul différentiel, qu'ils exposaient d'ailleurs suivant la considération des *infiniment petits*, tandis qu'il aurait fallu conclure immédiatement *de la théorie des limites*, tous les principes et les plus importantes formules du calcul différentiel. C'est ce que j'ai fait, en distinguant avec soin le cas où l'on a l'expression analytique du développement de la fonction proposée, du cas contraire; parce que le premier réduit la recherche des différentielles au procédé analytique le plus simple, et que, dans le second, il faut recourir à la considération des limites, pour obtenir celle du rapport des accroissemens, d'où résulte le *coefficient différentiel*, et par suite la *différentielle*. Ne voulant pas m'étendre beaucoup ici sur un traité qui ne fait point partie du Cours élémentaire, je me contenterai d'en rapporter le passage suivant, contenant, à ce que je crois, l'idée la plus simple qu'on puisse se faire du sujet, et pouvant intéresser même les personnes qui ne s'en sont point occupées.

« C'est en cherchant à déterminer les tan-
» gentes des courbes, que les géomètres sont
» parvenus au calcul différentiel, qu'on a pré-
» senté depuis sous des points de vue très va-
» riés; mais quelle que soit l'origine qu'on
» lui assigne, il reposera toujours immédia-
» tement sur un *fait analytique* antérieur à
» toute hypothèse, comme la chute des corps
» graves vers la surface de la terre est anté-
» rieure à toutes les explications qu'on en a
» données; et ce fait est précisément la propriété
» dont jouissent toutes les fonctions (continues),
» d'admettre une limite dans le rapport que
» leurs accroissemens ont avec ceux de la va-
» riable dont elles dépendent. Cette limite,
» différente pour chaque fonction, mais cons-
» tamment la même pour une même fonction,

» et toujours indépendante des valeurs abso- » lues des accroissemens, caractérise d'une » manière qui lui est propre, la *marche* de la » fonction dans les divers états par lesquels » elle peut passer. En effet, plus les accroisse- » mens de la variable indépendante sont petits, » plus les valeurs successives de la fonction » sont resserrées, plus enfin cette fonction » approche d'être soumise à la loi de conti- » nuité dans ses changemens, et plus leur rap- » port à ceux de la variable indépendante » approche d'être égal à la limite assignée par » le calcul. On doit entendre par la loi de con- » tinuité, celle qui s'observe dans la descrip- » tion des lignes par le mouvement, et d'après » laquelle les points consécutifs d'une même » ligne se succèdent sans aucun intervalle. La » manière d'envisager les grandeurs dans le » calcul ne paraît pas admettre cette loi, puis- » qu'on suppose toujours un intervalle entre » deux valeurs consécutives de la même quan- » tité; mais plus cet intervalle est petit, plus » on se rapproche de la loi de continuité, à » laquelle la limite convient parfaitement.

» Il me paraît maintenant très évident que » la métaphysique précédente renferme l'ex- » plication philosophique des propriétés du cal- » cul différentiel et du calcul intégral, soit par » rapport aux recherches sur les courbes, soit par

» rapport à celles qui concernent le mouve-
» ment. La difficulté des unes et des autres ne
» vient que de ce qu'il y a continuité dans les
» changemens des lignes ou dans ceux des
» vitesses; et la considération des limites (ou
» toute autre équivalente) donne le moyen
» d'établir cette continuité dans le calcul.

» Les considérations géométriques prouvent
» d'une manière bien évidente, que le rapport
» des accroissemens d'uue fonction et de sa
» variable est en général susceptible de limite,
» puisque toute fonction d'une seule variable
» peut être représentée par l'ordonnée d'une
» courbe dont cette variable est l'abscisse, et
» que le rapport de l'ordonnée de la courbe
» avec la soutangente correspond à la limite du
» premier rapport » (p. 87 de la 5e édit.).

A ceci j'ajouterai que jamais l'*infini* et l'*infiniment petit* n'entrent d'une manière absolue dans le calcul; et si l'on rencontre des expressions qui paraissent indiquer le contraire, il suffira de les analyser avec quelque attention pour s'assurer qu'il ne s'agit au fond que de rapports qui tendent vers des limites assignables, dont l'existence est facile à concevoir. (Voy. le *Traité du Calcul différentiel*, t. Ier, p. 18, le *Traité Élém.*, p. 89 et 91.)

C'est ce que Newton a positivement reconnu dans le passage que j'ai cité page 704 du *Traité élémentaire*. C'est aussi la manière de voir que d'Alembert a exposée toutes les fois que ce sujet est revenu sous sa plume, soit dans l'*Encyclopédie*, soit dans ses *Élémens de philosophie*, et Laplace avait adopté les mêmes principes. (Voy. les *Séances de l'École Normale*, 1re édit., t. IV, p. 49.) Enfin Lagrange a composé sa *Théorie des fonctions analytiques*, pour éviter la considération des infiniment petits, dont, il faut en convenir, la définition est bien peu satisfaisante. En effet, quand on dit que *ce sont des grandeurs moindres que* TOUTE *grandeur donnée*, on n'exprime dans le vrai, que la *nullité absolue* (ou 0) : c'est ainsi qu'on l'énonce dans la preuve de l'une des propositions fondamentales de la méthode d'*exhaustion*. (Voy. les *OEuvres* de Wallis, tome II, page 307, les *Séances de l'École Normale*, t. IV, page 46, et mes *Élémens de Géométrie*, n° 153.)

Le *Complément des Élémens d'Algèbre* est encore, à mon avis, plus séparé du cours élémentaire que le *Traité élémentaire de Calcul différentiel et de Calcul intégral*, dont pourtant sa lecture faciliterait l'étude; mais, comme je l'ai déjà dit plusieurs fois, le nombre des matières qui doivent entrer dans l'instruction de la jeunesse est si grand, qu'il faut écarter, quelque intéressant qu'il puisse être en lui-même, tout sujet qui n'est pas d'une application fréquente. La théorie des fonctions symétriques des racines des équations, son emploi dans leur résolution, l'examen des diverses méthodes que les analystes ont inventées pour parvenir à cette résolution; enfin la formation algébrique des principales séries, où se montrent la puissance des artifices du calcul et la finesse des considérations, sont dans ce cas. Ces divers objets, liés les uns aux autres et développés sur une échelle commune, offrent une étude très convenable aux lecteurs qui veulent pousser loin celle des Mathématiques pures, et suivre pas à pas les efforts qu'ont faits les géomètres pour perfectionner la science; mais puisqu'on peut à la rigueur s'en passer pour les applications physico-mathématiques, ils ne sauraient entrer en ligne avec ce que ces applications exigent indispensablement.

FIN.

Addition à la Note de la page 81.

SUR L'ÉTABLISSEMENT DE LA MORALE.

La morale véritablement usuelle semble contenue tout entière dans cette maxime aussi ancienne qu'évidente :

« Ne faites pas aux autres ce qui vous irriterait s'ils » vous le faisaient à vous-même, »

à laquelle Isocrate revient dans trois discours différens, et qu'en la citant, Gibbon appelle une maxime d'or (*voyez* note 36 du chapitre LIV de l'*Histoire de la décadence et de la chute de l'Empire romain*). Elle remonte beaucoup plus haut ; car on la trouve littéralement dans les livres de Confucius, qui vivait environ 550 ans avant notre ère, et précéda Isocrate de plus d'un siècle (*voyez*, dans le tome X des *Notices et extraits des manuscrits de la Bibliothèque du Roi*, la traduction de l'*Invariable milieu*, par Abel Rémusat, accompagnée du texte chinois, p. 313, et les *Élémens de la Grammaire chinoise* du même auteur, p. 63). Elle est aussi dans le *Mahabarat*, poème sanscrit auquel les Brames attribuent une haute antiquité (*voyez* la page (16) à la fin de la 2e partie du tome III de la *Description de l'Inde*, par Bernoulli). Enfin Garcilasso de la Véga met ce précepte au nombre de ceux que Manco-Capac a donnés aux Péruviens. (*Histoire des Incas*, liv. I, chap. 21.)

D'ailleurs qu'y a-t-il d'étonnant que l'on retrouve dans des temps et dans des lieux très éloignés, une maxime que les circonstances les plus communes de la vie suggèrent naturellement, et que l'on met en action avec succès auprès des plus jeunes enfans. Quand l'un d'eux veut arracher le jouet d'un autre, on lui enlève le sien ; veut-il frapper, on le menace de lui rendre ses coups. C'est par un moyen semblable qu'*Émile* reçoit de son précepteur la première idée de la propriété. (*Émile*, liv. II.) Ceux qui craignent que la morale n'ait pas en elle-même une base solide, n'ont point fait assez d'attention à la disposition générale de l'esprit humain pour saisir et pratiquer ce précepte.

Quelques personnes aussi, n'y voyant qu'une maxime de *justice*, lui préfèrent la suivante :

« Faire aux autres comme on veut qu'ils nous fassent, »

qu'ils appellent maxime de *charité*. Je crois que la différence des deux énoncés n'est guère que dans les termes ; car bien sûrement chacun de nous serait blessé si on ne le secourait pas dans ses besoins, quand on peut le faire. L'homme qui dédaignerait de tendre la main au malheureux succombant sous le poids d'un fardeau, irriterait le patient et les spectateurs ; le premier énoncé, quoique négatif, s'étend donc à ce cas aussi bien que le second, qui est positif. Manquer de *faire* dans un sens, souvent c'est *faire* dans le sens contraire.

Ajoutez à cela que les notions les plus répandues et les plus essentielles de la morale naissent surtout de l'observation désintéressée des actions d'autrui, ainsi que le prouve ce qui se passe dans les jeux de l'enfance, et il sera évident que le raisonnement entre pour beaucoup dans l'établissement des règles de la morale.

En disant que « l'amour de la justice n'est, en la » plupart des hommes, que la crainte de souffrir l'in» justice, » La Rochefoucauld (*Maxime* 78 de l'édition stéréotype de Didot) explique, ce me semble, comment la probité a dû s'établir dans toute société. La prévoyance, fruit de la raison, a d'abord ménagé une sorte de traité de paix entre les intérêts des particuliers. La sécurité qui en a été la suite, ainsi que le besoin de l'estime des autres, ont favorisé le développement des dispositions bienveillantes, qui, sans ce premier arrangement, seraient demeurées infructueuses.

Bientôt les réflexions des penseurs et le perfectionnement moral que produit le bien-être dans les âmes douces et les esprits éclairés, ont, pour ainsi dire, éveillé la conscience, en donnant de l'autorité au blâme de la raison, dont les jugemens ont passé en habitude par le pouvoir de l'éducation. Enfin, lorsque de bonnes institutions ont tourné vers le bien de la société, cette faculté de s'exalter dont l'homme est doué pour tout ce qui agit fortement sur son imagination, et que met en jeu l'intensité qu'il donne à ses impressions, en se les rappelant sans cesse, elle a inspiré les pensées et les actions les plus sublimes. Mais ce qui ne peut être que le partage d'un naturel heureux ou perfectionné par une bonne culture, ne saurait jamais servir de base à la conduite générale. L'intérêt parlera toujours plus haut chez la multitude assiégée de besoins et tourmentée par l'envie. Tirer, de l'intérêt de chaque particulier la garantie de ceux des autres, sera donc le seul moyen vraiment efficace auprès de la masse des hommes ; et il manquera d'autant moins son effet, que la vigilance des magistrats et la force de l'opinion publique vérifieront mieux cette sentence de Sophocle :

« Le temps qui voit tout et entend tout, découvre tout. »

(*Sophoclis quæ extant omnia*, ed. Brunck., t. II, pars 3ᵉ, p. 17 ; ou *Aulu-Gelle*, liv. XII, chap. XI.)

L'histoire exacte de la morale, faite d'après les poètes, les orateurs et les philosophes anciens, et sans autre but que d'arriver à la vérité, ajouterait une grande confirmation à ce qui précède. On y trouverait beaucoup de maximes d'une haute sagesse, revêtues d'une expression touchante ; et l'on peut affirmer qu'il n'en manquerait aucune de celles qui conviennent à la civilisation la plus avancée. (Voyez *la Théologie payenne*, par Burigny.)

Homère revient plusieurs fois sur le devoir de secourir les pauvres, et le fait énoncer, à peu près dans les mêmes termes, par Nausicaa, la fille du roi des Phéaciens, et par l'esclave Eumée, quand ils reçoivent Ulysse caché sous les livrées de la misère. (*Odyss.* VI, 209 ; XIV, 56.) Si les passions que ce poète donne à ses dieux montrent bien qu'ils les a faits à l'image de l'homme, on voit aussi, par les principes auxquels il les ramène souvent (*Odyss.*, XIV, 83), l'importance qu'on attachait alors aux idées morales. Combien de fois ne fait-il pas condamner par les dieux et surtout par Jupiter, la fraude, la violence et la dureté envers les malheureux ? Il ne manque pas non plus d'opposer les malédictions que s'attire l'homme cruel, aux louanges qui accompagnent l'homme bienfaisant. (*Iliade*, IX, 492 ; *Odyss.*, XIX, 328.) Le pardon des offenses est recommandé aussi dans un grand nombre d'auteurs anciens ; mais quelle autorité et quel charme il a dans les réflexions de Marc-Aurèle, qui en a donné de si nobles exemples !

La morale s'épure quand les lumières augmentent :

les écrivains osent attaquer les usages barbares qui ont eu d'abord l'approbation générale. Dès le temps de Cicéron, les combats des gladiateurs répugnaient à beaucoup de personnes; mais c'est encore sous la forme du doute (*Tuscul.* II, 17) qu'il énonce cette désapprobation, que Sénèque exprime ensuite avec la plus grande énergie (*Lettres* 9, 47 et 95); et la manière dont celui-ci prescrit de traiter les esclaves (*Lettre* 47) n'est pas moins remarquable.

Si ces réclamations de l'humanité, qui, à coup sûr, ne furent pas les seules, sont demeurées stériles; si, lorsque après de grandes révolutions politiques l'esclavage disparaissant à peine de l'Europe, au seizième siècle, on s'est empressé de le rétablir en Amérique, doit-on s'en étonner, quand on voit les obstacles presque insurmontables que rencontre l'abolition de la traite des nègres, après toutes les raisons qu'on a données, toutes les autorités qu'on a invoquées contre cet odieux trafic? Est-il bien difficile de trouver aujourd'hui d'*honnêtes gens* qui regardent comme le marché le plus légitime celui d'acheter, pour le faire travailler à leur profit, un *homme* qui est au moins un *effet volé,* puisque c'est la violence qui l'a livré au *négrier?* Ils le font pendre quand il s'échappe, parce qu'il *vole* le prix qu'il leur a coûté (voy. le *Constitutionnel* du 25 mai 1828, et le *Revue Encyclopédique,* T. XIV, p. 153): auraient-ils plus de probité que lui, s'il leur arrivait d'être vendus eux-mêmes à quelque *planteur* maure, par un corsaire algérien? On en peut douter; mais, pour concilier l'intérêt et les principes, dans *ces consciences timorées,*

On trouve avec *le ciel* des accommodemens.

(*Tartuffe,* acte IV, scène V.)

Addition à la Note de la page 225.

SUR LA PHILOSOPHIE.

En laissant de côté les prodiges de cette *philosophie première* ou *transcendantale*, qui constitue d'une manière si prompte et si absolue les lois de notre entendement, et ne m'arrêtant qu'à ce qui me semble clair, je ne vois de bien assuré que la vérité fondamentale, *Nihil est in intellectu quod non priùs fuerit in sensu*, si ancienne, si bien développée par Locke, d'après les faits suivans.

1°. Nous *sentons*, nous *pensons* et nous *voulons*; voilà ce qu'éprouvent tous les hommes et dont ils conviennent, pour peu qu'ils se rendent compte de ce qui se passe en eux.

2°. La combinaison des sensations éprouvées par les divers organes, la constance de leur reproduction, de leur succession ou de leur simultanéité, nous découvrent toutes les propriétés que nous attribuons à la matière, mais ne peuvent nous apprendre ce qu'elle est réellement en elle-même. Nous ne savons autre chose, sinon qu'il existe une substance ou des substances qui produisent sur nous tels et tels effets. Jouissent-elles de propriétés qui n'aient pas de relation avec ces effets ou avec nous? Nous l'ignorons. Que nous paraîtraient-elles avec des sens différemment organisés? Nous l'ignorons encore.

3°. Nous rapportons constamment certaines sensations à des objets hors de nous; qui nous y porte? Apprenons-nous l'existence des corps, par la résistance que nous éprouvons à des *mouvemens voulus et sentis* par nous, ainsi que Tracy l'a établi d'une manière qui me paraît très satisfaisante, ou bien par la constance des phénomènes que nous annoncent nos sensations, ou enfin par une distinction inexprimable entre les sensations simples et les sensations doubles? De quelque manière que ce soit, le fait est suffisamment constaté par le jugement universel qu'en portent les hommes et les animaux eux-mêmes, et qu'il faut admettre, en disant avec Hume, qu'après la dispute la plus animée, le plus déterminé sceptique, pour sortir de sa chambre, n'ira pas à la fenêtre, mais bien à la porte. (*Hume's, Philosophical Essays*, t. IV, édition de Bâle, p. 87-88.)

4°. Nous plaçons les objets de nos sensations dans l'*espace* par le *mouvement;* nos sensations et ces objets dans le *temps*, par la *mémoire*.

Comment cela se fait-il, et que sont en eux-mêmes l'*espace* et le *temps ?* Le philosophe qui ne se fait pas illusion, n'y voit rien de plus que l'ignorant; mais tous les hommes s'accordent dans l'emploi de ces termes indéfinissables. C'est tout ce qu'on peut attendre de notre entendement, dans les bornes où il est renfermé; le reste n'offre que des arguties, heureusement sans influence sur la Physique et la Mécanique, sciences où la considération de l'espace et du temps joue cependant un rôle principal.

5°. L'attribution des procédés de la pensée à diverses facultés, indiquées avec plus ou moins d'exactitude et de détail dans toutes les langues, peut bien offrir des variétés, mais qui, tenant plus à la forme de l'expression qu'au fond des choses, sont peu importantes quand on sait s'arrêter à temps, et n'influent en rien sur l'application du raisonnement aux sciences.

Déjà les meilleurs esprits regardent comme oiseuse la recherche d'un *criterium* de vérité, puisqu'au bout des plus longues explications, il faut en venir à reconnaître dans notre entendement la faculté de saisir immédiatement, par une simple intuition, l'accord ou la convenance de deux idées ou de deux notions, du moins quand on est arrivé à des notions véritablement contiguës, si l'on peut parler ainsi; c'est ce qu'exprime bien ce passage de Cicéron : *Ut necesse est, lancem in librâ, ponderibus impositis, deprimi; sic animum perspicuis cedere* (*Acad.* Lucullus, cap. 12). Les individus diffèrent peut-être entre eux dans cette faculté, comme dans l'organe de la vue, par exemple; mais de même que, dans la grande majorité des hommes, les organes des sens extérieurs parviennent au degré de perfection suffisant pour l'exercice des fonctions nécessaires à leur existence, les facultés intellectuelles sont susceptibles du degré de développement nécessaire au maintien de la société, but essentiel et évident de l'organisation physique et morale de l'espèce humaine. La difficulté de faire acquiescer les esprits à des notions justes, du moins sur les sujets qui importent véritablement au bien de la société, vient plus fréquemment de ce que la place est occupée par des préjugés que l'intérêt, la vanité ou la paresse ont enracinés, que de l'imperfection du jugement.

Le moins d'élémens qu'on puisse admettre dans la faculté de penser, c'est de n'y reconnaître, avec Tracy, que celle de se *ressouvenir* (la *mémoire*) et celle de *juger*; et cela suffit pour établir les règles indispensables à la justesse du raisonnement, qui ne consistent guère que dans la stricte observation de la liaison des idées, et le contrôle perpétuel de l'exactitude des énumérations que nous en faisons, ainsi que je l'ai dit page 220, exactitude qui tient le plus souvent à la perfection de nos souvenirs, ce qui s'accorde avec le principe fondamental et unique posé par l'homme respectable que je viens de citer. (*Voyez* ses excellens *Principes logiques.*) Au reste, il est bon d'observer que l'on ne va pas plus loin en analysant les règles de Descartes et tout ce qu'ont dit les philosophes qui ont su se dégager de l'attirail scolastique.

6°. Les notions *absolues*, formées par une déduction ou une extension indéfinie des notions *relatives* que nous tirons immédiatement des sens, sont un des produits les plus remarquables de nos facultés intellectuelles. C'est ainsi que nous passons des figures *matérielles* à la conception des figures *rigoureuses* de la Géométrie, et qu'arrive la notion de l'*infini*, dans quelque genre que ce soit.

Ces idées ne sont pas primitivement en nous : si, par exemple, on n'avait pas vu les deux termes d'un chemin, des arbres droits, des fils tendus, etc., on n'aurait pas conçu la ligne droite ; mais dès qu'on aperçoit l'effet de la diminution de la largeur des surfaces et de l'épaisseur des corps, on la continue par la pensée jusqu'au point de les supposer nulles, non pas dans une idée ou *image*, mais dans une *notion* représentée par un signe qui en est le nom. (*Voyez* pag. 280 et suiv.)

De même, quand nous concevons qu'une augmentation peut s'opérer sans cesse, qu'une addition peut être répétée sans terme, ou que rien ne s'oppose à ce que des bornes apparentes soient toujours reculées, nous formons alors la notion de l'*infini*, dont on n'emploie le nom que comme le signe convenu d'une suite de raisonnemens, mais non pas d'un objet d'intuition. Aussi doit-on s'arrêter à ce point ; car quand on fait effort pour saisir, dans un sens précis et représentatif, la notion de l'infini, alors, de même que, quand on dissèque trop minutieusement les phénomènes intellectuels, arrive cette espèce d'éblouissement de l'esprit dont j'ai parlé (p. 222), et qui doit nous avertir qu'en nous écartant trop des idées appuyées sur le témoignage des sens, nous sortons des régions accessibles à nos moyens de connaître. Montaigne lui-même avait dit : « Les extrémités de notre perquisition » tumbent toutes en éblouissement. » (*Essais*, tom. II, pag. 291 de l'édition stéréotype.) On peut dire aussi que « l'infini est le gouffre où se perdent nos pen- » sées. » (Bailly, *Histoire de l'Astronomie moderne*, t. I, p. 26).

En quoi consiste la nature des diverses facultés que l'on peut reconnaître dans l'homme? Comment se réunissent-elles toutes dans un seul organe? Qui met en jeu cet organe lorsqu'il semble entrer spontanément en activité? Comment agit-il sur tous ceux qui sont soumis à son influence? Voilà des questions qui, jusqu'à présent, n'ont aucune solution satisfaisante. Mais si l'homme n'a pas besoin de cette solution pour faire un bon usage de ses facultés dans la recherche de ce qu'il lui importe de savoir non-seulement par rapport à l'ordre physique, mais aussi par rapport à l'ordre moral, à quelque époque et dans quelque région que ce soit (*voyez* pag. 78 et 347) ; « Vaut-il » pas mieux demeurer en suspens, que de s'infrasquer » en tant d'erreurs que l'humaine fantaisie a pro- » duites? » (*Essais de Montaigne*, tom. II, pag. 232 de l'édition stéréotype.)

Le penchant à remonter des effets aux causes, à percer l'obscurité de l'avenir, est sans doute la conséquence nécessaire des facultés qui rendent l'espèce humaine plus perfectible que les autres. C'est le désir de sentir et de prolonger notre existence, qui, nous faisant un besoin d'exercer nos facultés physiques et morales, est la base de notre sociabilité et la cause des développemens de notre industrie. Mais lorsque notre esprit cesse d'être captivé par les objets présens, son activité, ne trouvant plus d'alimens au dehors, réagit sur lui-même et le porte vers des spéculations qui, selon la trempe du caractère, engendrent presque toujours des espérances séduisantes ou d'affreuses terreurs. Si des législateurs bien intentionnés ont pu dans l'enfance des sociétés, tirer quelquefois un parti avantageux de cette disposition, trop souvent aussi des charlatans ont su la mettre à profit pour s'emparer des biens et de la liberté des peuples. Cependant l'obscurité profonde qui couvre encore le sujet de ces spéculations, dont les formes ont varié de tant de manières, toutes en contradiction les unes avec les autres, ne prouve-t-elle pas que ces mêmes spéculations, loin d'être, comme on voudrait nous le faire croire, les plus importantes de celles qui peuvent nous occuper, ne sont au contraire pour notre entendement que ce que sont pour notre corps les écarts de la sensibilité, lorsqu'elle est exaltée par un état maladif, ou pervertie par des habitudes vicieuses.

Au reste, on abuse de son esprit comme de son tempérament, et les suites en sont plus ou moins fâcheuses, suivant la nature et le degré des excès. Mais si des hommes guidés par le seul désir de satisfaire un penchant exclusif à la méditation, peuvent sans inconvénient laisser errer leur pensée dans le domaine des abstractions, n'est-il pas permis aussi de leur demander quelles lumières utiles, quels résultats avérés ont produits, par exemple, les éternelles discussions sur la *réalité du monde extérieur* et le *principe de la connaissance*, qui remplissent presque toutes les pages de l'histoire de la philosophie?

Si dans l'ordre physique nous n'avons fait aucun pas vers la connaissance des causes premières, du moins avons-nous recueilli une riche moisson de faits, dont nous avons su tourner l'enchaînement à notre avantage. L'ordre moral a aussi ses faits : ce sont les résultats de nos actions. Plus ces faits seront connus, et plus la société se perfectionnera. Ici les progrès ne sont pas douteux, parce qu'on peut continuellement appeler des conceptions de l'esprit au témoignage des sens. Mais prétendre s'élever à un ordre d'idées où cet appel ne saurait avoir lieu, où les effets ne sont pas plus connus que les causes, c'est, comme le disait Rabelais mourant, *chercher un grand peut-être*.

Dans le petit nombre de philosophes auxquels l'esprit humain est redevable de ses véritables progrès, si l'on ne veut parler que des auteurs originaux, on ne peut guère, ce me semble, compter que Bacon, Locke et Hume, parce que la tendance commune à tous leurs écrits est de nous ramener à l'expérience. C'est ainsi que le *scepticisme* de Hume me paraît faire suite à la doctrine de Locke, en brisant les barrières que celui-ci n'avait pas encore osé franchir; et c'est pour cela qu'on doit placer le sceptique Hume, qui nous ramène toujours à la vie réelle, bien au-dessus des sceptiques Malebranche et Berkeley, qui tendent au *mysticisme*, si propre à faire des imbécilles ou des fanatiques.

Leslie, physicien justement célèbre par ses belles découvertes sur la propagation de la chaleur, regarde Hume comme le premier qui ait traité d'une manière vraiment philosophique la question de la *causalité*, en montrant que le sentiment naturel n'implique autre chose dans la relation de cause et d'effet, qu'une constante succession (*Inquiry into the nature and propagation of heat*, p. 521, note XVI). Cela est si vrai, que nous ne pouvons savoir si deux effets qui arrivent toujours ensemble ou se suivent immédiatement, dépendent l'un de l'autre, ou ne dérivent point d'un troisième que nous ne connaissons pas, et qui peut-être ne saurait tomber sous nos sens. Mais quelque différens que soient ces états de choses, notre conduite ne doit pas changer tant que l'ordre des phénomènes demeure le même.

Après les hommes célèbres que j'ai nommés plus haut, je placerai Bolingbroke, dans les *Essais* duquel se montre la raison élevée d'un homme d'État, qui, long-temps occupé des plus grands intérêts des nations, a su apprécier à leur véritable valeur le jargon des écoles et l'autorité des vieux livres. Enfin, pour ne citer parmi les Français que des écrivains qui n'existent plus, j'indiquerai les ouvrages de d'Alembert et de Condorcet, pleins de réflexions lumineuses dont on pourrait faire un corps de doctrine très remarquable. J'ai rappelé quelques principes du dernier, dans mon *Traité élémentaire du Calcul des probabilités*, comme propres à satisfaire les esprits sages, en « donnant une base solide au *scepticisme*, qui, » dans les écoles grecques, avait dégénéré en une » ridicule charlatanerie, mais qui, chez les modernes, » dégagé de ces subtilités pédantesques, est devenu » la véritable philosophie, et qui consiste, non à » douter de tout, mais à peser toutes les preuves, » en les soumettant à une rigoureuse analyse; non à » prouver que l'homme ne peut rien connaître, mais » à bien distinguer et à choisir pour objet de sa curiosité ce qu'il est possible de savoir. » (*Éloge de*

Francklin, Œuvres de Condorcet, tome IV, page 94.)

Ce n'est encore là que de la philosophie *empirique*, diraient sans doute avec dédain les partisans des idées germaniques : soit ; mais, appuyée sur des bases dont tous les gens de bon sens conviennent, ne vaut-elle pas bien les hautes conceptions transcendantes qui excitent, « outre-Rhin, un brouhaha au milieu du-» quel, comme le dit M. Servois, géomètre habile, » on ne distingue bien clairement que ce refrain : *on » ne m'entend pas ?* » (*Annales de Mathématiques pures et appliquées*, t. V, p. 169.)

Du moins ceux qui n'estiment le savoir qu'autant qu'il augmente la puissance de l'homme sur lui-même et sur les choses, s'en contenteront volontiers ; car les sciences physiques n'ont commencé à prendre une marche assurée que lorsqu'on est revenu à cette philosophie ; et c'est aussi avec elle que les écrivains du dix-huitième siècle ont si glorieusement propagé et défendu les véritables principes de l'ordre social.

FIN.

www.ingramcontent.com/pod-product-compliance
Ingram Content Group UK Ltd.
Pitfield, Milton Keynes, MK11 3LW, UK
UKHW012153240726
13966UKWH00002B/298